外国语言文学评论

第2辑

丁建新 主编

LINGUISTIC & LITERARY CRITICISM

Vol.2

·广州·

版权所有　翻印必究

图书在版编目（CIP）数据

外国语言文学评论. 第2辑/丁建新主编. —— 广州：中山大学出版社，2024.7. —— ISBN 978-7-306-08159-9

Ⅰ. C53

中国国家版本馆 CIP 数据核字第 2024CC7715 号

WAIGUO YUYAN WENXUE PINGLUN. DI-ER JI

出 版 人：王天琪
策划编辑：熊锡源
责任编辑：熊锡源
封面设计：丹　飞
美术编辑：曾　婷
责任校对：赵琳倩
责任技编：靳晓虹
出版发行：中山大学出版社
电　　话：编辑部 020-84110283，84113349，84111997，84110779，84110776
　　　　　发行部 020-84111998，84111981，84111160
地　　址：广州市新港西路 135 号
邮　　编：510275　　　　　传　真：020-84036565
网　　址：http://www.zsup.com.cn　　E-mail:zdcbs@mail.sysu.edu.cn
印　　刷 者：广州市友盛彩印有限公司
规　　格：787mm×1092mm　1/16　14.25 印张　271 千字
版次印次：2024 年 7 月第 1 版　2024 年 7 月第 1 次印刷
定　　价：55.00 元

如发现本书因印装质量影响阅读，请与出版社发行部联系调换

《外国语言文学评论》编委会

主　编

丁建新　中山大学

编委会

陈新仁	南京大学	王馥芳	北京外国语大学
丁建新	中山大学	王晋军	广州大学
杜世洪	西南大学	王桃花	中山大学
葛云峰	山东师范大学	王羽青	闽南师范大学
胡春雨	广东外语外贸大学	魏在江	广东外语外贸大学
胡范铸	华东师范大学	吴英成	南洋理工大学
霍永寿	广东外语外贸大学	吴振军	天津科技大学
李成坚	西南交通大学	吴　庄	广东外语外贸大学
李福印	北京航空航天大学	肖坤学	广州大学
李洪儒	四川外国语大学	辛　斌	南京师范大学
廖益清	中山大学	杨　枫	上海交通大学
邵　璐	中山大学	杨　劲	中山大学
申小龙	复旦大学	袁传有	广东外语外贸大学
孙　毅	广东外语外贸大学	张广奎	深圳大学
陶东风	广州大学	章宜华	广东外语外贸大学
田海龙	天津外国语大学	赵蓉晖	上海外国语大学
王　峰	山东大学（威海）	宗世海	暨南大学

《外国语言文学评论》由中山大学语言研究所主办，厦门市韩礼德语言科学研究院与广州南方学院外国语学院共同承办。

《外国语言文学评论》官网：http://www.criticism.com.cn/。

目 录

谈学术的"公共性"问题（代前言） ………… 丁建新　赵　奕　1

语言与语言批评

博尔赫斯在《天朝仁学广览》中动物分类法的原型考论 ………… 王嘉暄　6
基于语料库的中国英语学习者议论文写作中模糊限制语的使用研究
　………………………………………… 于潇凡　郑海翠　17
乔治·斯坦纳阐释学视域下《兄弟》英译本的译者翻译策略 ………… 王莉莉　30
多模态话语分析视角下冼夫人形象构建 ………… 陈秋丽　廖益清　49
认知视角下童话《拇指姑娘》中性别隐喻研究 ………………… 吴雅菲　60

文学与文学批评

道德、爱和善：《黑王子》中的伦理哲思 ………………… 岳琼琼　70
揭露与纠偏：《哈姆雷特》中奥菲利娅的疯癫新论 ………… 宋子蕤　80
漂泊在失却与希望之间
　——《托马斯与比尤拉》中黑人大移民的家园诗学 ………… 李晨龙　88
自然与女性
　——生态女性主义视角下的《天根》 ………………… 于璐瑶　103
日本学术界"中国文学"研究的学术脉络与内容诠释
　——基于日本科学研究费补助金数据库的知识图谱分析
　………………………………………… 刘　岩　林丰琳　112
日光中的眩惑
　——《小城畸人》中的"畸"与孤独 ………………… 李宇尘　127

文化与文化批评

《十九号房》中的性别危机
——基于布尔迪厄象征暴力视角 ······················ 高文萱　140

数字人文视角下英语诗歌的张力研究：以艾略特为例 ············
·························· 成俊飞　周启强　149

《痕迹》中的病毒学、免疫学和细胞学 ················· 李宝虎　160

身份认同与治理：当代西方后人类背景下命运共同体研究
························ 黄宇维　伍　韵　王媛媛　170

剪不断的中国结
——谭恩美《灶神之妻》中儒家文化的孝表征 ········· 贾东旭　181

文明的空间对抗：论《百年孤独》中的"异托邦"建构 ········ 焦新淳　188

书　评

真理的历险：评安托万·孔帕尼翁的《理论的幽灵：文学与常识》
······································· 宋心怡　198

隐喻认知研究新突破
——《拓展概念隐喻理论》评介 ············ 王　敏　王馥芳　207

实践理论视域下的市场化翻译行为
——兼评《翻译与实践理论》 ············· 朱立刚　郭　铭　215

谈学术的"公共性"问题
（代前言）

丁建新　赵　奕[*]

2023年年初，在主编《外国语言文学评论（第2辑）》之余，中山大学丁建新教授和同学们谈及疫情与启蒙、自由主义、学术的公共性以及博雅教育等四个问题，特录于此，作为本文集的前言。

赵奕：丁老师，我们知道在三年疫情中，您做了许多社会科学的启蒙工作。我们想请您谈谈这一问题。

丁建新：疫情不仅仅是一个病毒的问题，它涉及社会的方方面面，远远超出医学的范畴。三年前疫情刚开始，我就在中山大学全校博士生课程"马克思主义与当代"讲疫情与启蒙的问题。不一定能取得完全的认同，但青年学子们还是给予了比较一致的支持。我连续讲了三年，同一个主题。

这个课程是团队授课，中大人文社科的每个主要学科都有代表授课，每个代表授课一次。尽管只有一次课，但尤为重要，因为要照顾到各个学科，同时这些学子将代表着未来，所以我很重视。我提出了一个"社会科普"的概念，也就是我们今天所谓的"启蒙"。人类历史上每次疫情的暴发，都伴随着政治、偏见。人们往往把疫情政治化、"他者化"，把病毒带来的恐惧扩大化，把受害者污名化。这些东西在社会学家涂尔干考察原始人群的分类形成过程时就指出过。我讲阳光是最好的消毒剂，信息、知识的透明化很重要。一个社区如果只有一个医生，死亡一定是病人的问题；如果有两个以上的医生，情况就大不一样。恐惧是恐惧，病毒是病毒，两者不能等同。山河异域，风月并"不"同天。文化的不同，使得我们对疫情的理解、抗疫的模式也可能完全不一样。疫情没有使世界更团结，相反，它更多的时候使我们更分裂。越是分裂的年代，我们越要加强人文沟通。人不一定饶过人，病毒最终还是要饶过我

---

[*] 丁建新，中山大学外国语学院教授、博士研究生导师，研究方向主要为批评语言学、体裁分析、功能语言学、文化研究。赵奕，中山大学外国语学院博士研究生，研究方向主要为批评语言学。

们。山花迟早要烂漫的,但蓦然回首已三年。

赵奕:请您谈谈自由主义。

丁建新:所有的范畴都是不可言说的。我们今天要谈的不是被污名化以后的"自由主义",而是回到自由主义的本意。对我而言,有选择就是自由的。人生而不自由,既不能选择生,也不能选择死,谈何自由?所以我们一直认为,自由是有限的,此事古难全。苏东坡自由吗?黄州、惠州、儋州,不是被贬,就是在被贬的路上。然而他一直在寻找自由。"料峭春风吹酒醒,山头斜照却相迎",这就是他找到的自由。有人说,一个人只需服从法律,就是自由。我们也认为这是自由的底线。不需要"摧眉折腰事权贵",不需要"为五斗米折腰"。我读哈耶克,读阿伦特,读桑塔格,觉得他们代表西方知识分子理想的一脉。这些东西不仅仅是理论,也是实践。自由从某种意义上说就是乌托邦。正因为它是理想,人们才趋之若鹜,因为有太多的东西束缚着这一理想的实现。我们必须归于常识。有一股力量,不仅要束缚别人自由,而且也心甘情愿自己不自由。电子时代,这样的情形似乎越演越烈。技术本身应该是解放的力量,却不幸地沦为人类的枷锁。主奴关系变换了、倒置了,这是人类面临的巨大挑战。当然,最可怕的是,一部分无知者获得了无所约束的自由,这是我们在未来将要受到的严峻挑战。

赵奕:请您谈谈学术的"公共性"。

丁建新:其实并不是所有的学术都具有"公共性"。很多学术是"躲进小楼成一统",是"风花雪月",是"独善其身",不具有公共性。这一点,人各有志,不能强求。在学术这个问题上,我们一贯主张各有各的旨趣,所有的"一律化"都值得解构。学术领域不能喊团结一致。我在中山大学教两门课,一门"批评语言学",一门"英国散文"。这涉及语言与文学两个领域,但其实两门都是语言,两门都是批评,两门都是英国传统。20世纪70年代,东英吉利大学的一些进步学者从语言着手,对第二次世界大战以后的英国这一没落帝国社会的种种进行了无情的、手术刀式的解剖。残阳如血啊!这样的批评传统其实来自文学、文体领域,其源头是新批评主义。在语言学领域,我读的是韩礼德的语言学。我的导师厦门大学资深教授杨信彰先生在澳大利亚悉尼大学读语言学的时候,韩礼德、麦蒂森这些学者是导师,他们做的是社会符号学。而批评语言学的开创者 Fowler 当年就是用韩礼德的理论分析奥威尔的小说《1984》中的语言与控制。韩礼德在20世纪70年代说过,许多社会问题不仅是社会学者的问题,也是语言学者的问题,比如阶级的问题、种族的问题、性别的问题、增长主义的问题、污染的问题、法律的问题。语言构建现实,也充满了偏见。而我们作为应用语言(语言规划、语言教学)学者,应该解释这些问题,帮忙解决这些问题。韩礼德是一个社会改良主义者,他相信语言是推动社会变革的重要力量。在这一点上,他完全不同于20世纪语言学另外一派的掌门人乔姆斯基。后者是左派、极左派,是永远的"持不同政见者"。但他们的社会关切是一样的。我读韩礼德的书,我寄希望于语言、寄希望于教育。我们在中山大学做批评理论,就是这样的一脉。其实所有的批评,无论是语言批评、文学批评,还是社会批评,都是一样的情怀,都是站在"被压迫者"的立场。

赵奕:您这些年一直推广"博雅教育"。请您谈谈这方面的理想。

丁建新:学者、知识分子、教育者,其实是三位一体的。如果能做到三者兼顾,也是一种幸福。我们今天谈论的一些话题也是相通的、相容的。我们的教育面临"空心化"的威胁。如果我们教的东西不能代表进步的方向,那一定是很危险的。在功利主义、专业主义盛行,学科分类越来越细化的时代,博雅教育的理念弱化了,我们对一些终极的、整合性的社会问题就会束手无策。Liberal education 如果能按其原意翻译成为"自由教育",可能更准确。我们当下,遗忘得最多的就是这样一种教育。在古希腊,自由教育是逃离奴役之途。陈寅恪主张"自由之思想,独立之精神",这也应该是我们教育的理想。

语言与语言批评

博尔赫斯在《天朝仁学广览》中动物分类法的原型考论

王嘉暄*

摘 要：博尔赫斯在《约翰·威尔金斯的分析语言》中引用的中国百科全书《天朝仁学广览》被学者考证为虚构之作，其中涉及的"动物分类法"也一并被视为伪作。通过对中国古代涉及动物分类等内容的相关文献的溯源，本文研究发现博尔赫斯对"动物分类法"的描述，可在《山海经》《庄子》中找到相似的语言模式及思想原型。博尔赫斯并非以自设的解读法曲解中国传统文化，用以表现东西方思维方式的巨大差异，而是基于对中国文学的文本阅读，提出富有文学想象力的动物分类路径，并衍生出对语言与思想边界的深度探讨。博尔赫斯"动物分类法"触及的词与物的问题，折射出无限与循环的概念，而这恰与中国晋代郭璞《山海经图赞》中的文本形成了一种内在的文化互动及观念呼应。

关键词：博尔赫斯 《天朝仁学广览》 动物分类法 《山海经》

Title：Exploring and Expounding the Prototype of Borges' Taxonomy of Animals in *Celestial Emporium of Benevolent Knowledge*

Abstract：Borges quoted a Chinese encyclopedia named *Celestial Emporium of Benevolent Knowledge* in *The Analytical Language of John Wilkins*, which was testified fictitious by scholars, and the taxonomy of animals involved in it was also regarded as a forgery. By tracing back to the relevant literature related to taxonomy of animals in ancient China, this paper finds that Borges' description of taxonomy of animals can be found in *the Classic of Mountains and Rivers* and *Zhuangzi* with equivalent expression and ideological prototype. Borges did not interpret Chinese traditional culture with his own interpretation, or used it to show the great difference between the eastern and western ways of thinking. Instead, he put forward the taxonomy of animals with literary imagination based on his reading of Chinese literature, and derived a deep discussion on the boundary of language and thought. Borges's taxonomy of animals touches on the order of things, which reflects the concepts of infinity and cycle, and it just forms an internal cultural interaction and an echo of the

---

* 王嘉暄，大连理工大学人文学院，主要研究方向为中国古代文学。

concept reflected in Guo Pu's *Figure Praise of the Classic of Mountains and Rivers* of the Jin Dynasty.

Key words：Jorge Luis Borges, *Celestial Emporium of Benevolent Knowledge*, taxonomy of animals, *the Classic of Mountains and Rivers*

一、引言

"我们不知道龙的意义，就像我们不知道宇宙的意义一样，但是它的形象中，有一些与人们的想象相符合的东西，因此龙出现在不同的纬度和时代。"（博尔赫斯，2021：13）

福柯在著作《词与物》的前言中提到，这部作品诞生于博尔赫斯的一个文本。这个文本使他发笑、困惑并进一步促使他思考，最终他写出《词与物》。福柯提到的文本是博尔赫斯《约翰·威尔金斯的分析语言》中的段落，博尔赫斯虚构了一部名为《天朝仁学广览》的中国百科全书："这种模棱两可、重复和缺陷使人想起弗兰茨·库恩博士对一部名为《天朝仁学广览》的中国百科全书的评价，书中写道，动物分为：（a）属于皇帝的；（b）涂香料的；（c）驯养的；（d）哺乳的；（e）半人半鱼的；（f）远古的；（g）放养的狗；（h）归入此类的；（i）骚动如疯子的；（j）不可胜数的；（k）用驼毛细笔描绘的；（l）等等；（m）破罐而出的；（n）远看如苍蝇的。"（博尔赫斯，2006a：428-429）福柯认为，这个令人惊异的分类是"通过寓言向我们表明为另一种思想具有的异乎寻常魅力的东西，就是我们思想的界限，即我们完全不可能那样去思考。"（福柯，2016：1）因为除了在语言中，这些动物原本是无法相遇以及并置的。他一并提及洛特雷阿蒙手术台上的缝纫机与雨伞，并以此为例进行说明。福柯注意到的并非这些文本中将极端不同的事物简单并置的古怪性，而是"列举"这项活动本身。这种列举打开了一个不可思议的空间，福柯将其表述为"大量可能的秩序的片段都在不规则事物之毫无规律的和不具几何学的维度中闪烁"（福柯，2016：3），能够使这些不规则事物平静地共存的秩序空间，被福柯称为"乌托邦"（Les utopies），而"扰乱人心""秘密地损害了语言""粉碎或混淆通用名词"（福柯，2016：4）的空间则被其定义为"异托邦"（les hétérotopies）。对于《天朝仁学广览》中的"动物分类法"，福柯认为，博尔赫斯想要引入的是另一种完全不同的思维，反思西方人自身思想的界限。中国学者车槿山（2012：27）也提到："他论述的也是语言与世界的关系,这和福柯的工作在定性上没有多大的本质区别。"

本文以《天朝仁学广览》为线索对中国古代动物分类学进行溯源;我们发现,过往研究者未曾提及的《山海经》可以为博尔赫斯的"动物分类学"原型提供新的线索。博尔赫斯曾谈及《山海经》中记载的动物"肥遗",极有可能是《山海经》中对于动物的诡谲描述,为其动物分类法提供了灵感。此外,郭璞《山海经图赞》中流露出的玄妙哲思与博尔赫斯的创作理念可以构成新的联系:博尔赫斯对于中国的想象并非凭空无依,《庄子》《山海经》等中国古代文本通过启发的方式回应着他对中国"神秘的眷恋"。由此,博尔赫斯在创作中引入中国文化,与中国古代文本形成了一种观念的呼应,并将其小说中"无限"和"循环"的叙事提升到更广阔的维度。

二、溯源:《天朝仁学广览》与中国古代动物分类

"百科全书"是博尔赫斯在创作中最常用到的意象之一。博尔赫斯曾说:"我的一生是一部错误的百科全书。一座博物馆。"(巴恩斯通,2016:14)在博尔赫斯的文本中,"中国百科全书"以两种不同的面目出现:一是庄严珍贵的《永乐大典》,一是《约翰·威尔金斯的分析语言》中引用的某部中国百科全书《天朝仁学广览》。百科全书通常是知识权威的象征,事物在百科全书中都能找到自己的特性与历史,相似的事物也能找到自己简洁而准确的归属,一部百科全书俨然就是一个有序的规范的世界,也构筑了乌托邦般秩序井然的文本空间。在《小径分叉的花园》中,中国百科全书就以一种庄重的面目出现。主人公余准在汉学家的房间中看到了《永乐大典》。"我认出几卷用黄绢装订的手抄本,那是从未付印的明朝第三个皇帝下诏编纂的《永乐大典》的佚卷。"(博尔赫斯,2006b:128)此处的《永乐大典》作为中国古代权威的类书,既是西方人认知意义上的百科全书,带着相当程度的权威性与科学性,也是一个著名而典型的中国意象,而佚卷更显出其神秘与珍贵。卡尔维诺曾评价博尔赫斯:"他的每一个文本都通过援引来自某个想象或真实的图书馆的书籍而加倍扩大或多倍扩大其空间。这些被援引的书籍,要么是古典的,要么是不为人知的,要么根本就是杜撰的。我最想在这里强调的,是博尔赫斯使我们看到文学的诞生可以说是被提升到了第二层次,与此同时,文学又是源自它本身的平方根:用后来法国流行的说法,就是一种'潜在文学'。"(卡尔维诺,2012:279)博尔赫斯将《永乐大典》引入小说的文本中,正如这部类书所包含的无限宽广的内容一样,他引入的实际上是一个遥远民族的历史与文化,仅仅这四个字,就已经使得他的小说有了一个确实的深远的背景,它同时是古老

的中国智慧的闪光与遭到毁灭的辉煌朝代的文化遗迹的象征。之所以会有这样的效果，则是由于"东方"对于那时的西方人来说，带有非科学性、迷信的刻板印象，又像一种遥远的、面目不清的遐想，引发了他们心中的某种激情，正如萨义德在《东方学》中所写的那样："因为它比西方任何可说的东西都更为悠久……人们关注的是风格、修辞、置景、叙述技巧、历史社会背景，而不是表述的正确性，也不是其逼真性。"（萨义德，2019：29）

而在《约翰·威尔金斯的分析语言》中，"中国百科全书"呈现的中国的动物分类，几乎是荒诞、混乱、难以理解的代名词。在这篇文章中，总共出现三个难以理解的分类。

第一次出现是约翰·威尔金斯的分析语言："他把万物分成四十大类或种类，然后下分中类，再下分为小类。每大类以两个字母的单音节命名，每个种类为一个辅音字母，每个小类为一个元音字母。例如：de 表示元素；deb 表示第一个元素——火；deba 表示一小团火——火焰。……美字出现在第十六类，那是一种胎生的、椭圆形的鱼。"（博尔赫斯，2006a：428）赵惊（2023：208）考证原文中"美"实际上是一个错误，这句话读来费解，只是因为"美"（belleza）实为"鲸"（balena）之误。然而这个错误使得文本更具有扑朔迷离的色彩。博尔赫斯表明，掌握了威尔金斯的分析语言，将会发现它是一个万能钥匙，一部暗藏的百科全书。他认为这种"分析语言"是认知广阔的知识世界的重要工具，这也是他在这篇文章中最核心的观点。

第二次出现是《天朝仁学广览》的动物学分类："这种模棱两可、重复和缺陷使人想起弗兰茨·库恩博士对一部名为《天朝仁学广览》的中国百科全书的评价，书中写道，动物分为：（a）属于皇帝的；……（n）远看如苍蝇的。"（博尔赫斯，2006a：428-429）

第三次出现是布鲁塞尔图书学会的分类。对于百科全书中这种荒诞、混乱、随意的分类，博尔赫斯将其指向了一个不可知论的哲学思考："我们不知道何为万物。"

探究博尔赫斯的中国动物分类法在中国是否有其原型，或博尔赫斯受到中国文化的何种启发继而提出这种分类法，则需要将目光转向古代中国。在《尔雅》中，已经可见较早的动物分类雏形。《尔雅》中有"释虫""释鱼""释鸟""释兽""释畜"五个名目，大抵按照生命在进化上的低级到高级和由小型到大型的顺序，将动物分为"虫、鱼、鸟、兽"四类。单列"畜"一项，则"主要强调人类家化畜养动物的特殊意义及其重要性"（郭郛等，1999：132）。"释虫"一篇描述的动物主要以昆虫类为主；"释鱼"一篇所列不仅有鱼类，还有水生生物和两栖类、爬行类等；"释鸟"一篇中则几乎与我们今天所认知的鸟类无异，只是还包含了"蝙蝠"等部分具有飞行能力的哺乳动物。《尔雅》对禽与兽的定义是："二足而羽谓之禽，四足而毛谓之兽。"（邵晋涵，2017：994）总之，《尔雅》中的动物分类是一种以最基础的体表结构为标准的分类方式。在《艺文类聚》和《太平御览》等类书中仍保留着这种分类方式。而在《管子》《月令》等典籍中，也涉及动物的分类，动物被分为"鳞、羽、臝、毛、介"五类。明代的《本草纲目》则将生物分为"虫、介、鳞、禽、兽、人"六种，并分卵生、化生、湿生。经以上列举可知，中国古代对于动物的分类并不像《天朝仁学广览》中那般荒诞，反而呈现出一种在朴素的科学观指导下合乎逻辑和认知规律的特点。然而中国古代的动物分类相较于现代分类仍是简易而不规范的。分类中的各个义项是包含某一类动物的总名（虫、介、鳞、兽等），总名被赋予了这一类动物共有的特征，并统摄着这一类下的动物。在中国古代文本中，更多的是对词的释义而非对事物作出完善而精准的定义或对类作出严格的区分。文本中对于定义的简洁书写，造成分类中各个义项边界的模糊，又因词（事物之名）的多义性，分类的边界便模糊了，矛盾也由此产生。如在不同的语境或分类模式下，广义的"虫"可以指各种小动物，狭义的"虫"又仅指昆虫。以此为参照，在博尔赫斯创建的这段分类的文本中，"（h）归入此类的"和"（l）等等"这两个义项使得这个分类呈现出整体既包含部分，又被部分所包含的矛盾特征。更重要的是，这种矛盾体现出序列的自我封闭。"归入此类的"使现有的分类形成了一种内部的循环，而"等等"又体现出包容事物的开放和无限性。这确实与古代中国的模糊分类有着相似之处。

而在战国时期，就已经出现"正名"的思想，如《荀子·正名》记载："故王者之制名，名定而实辨，道行而志通，则慎率民而一焉。故析辞擅作名，以乱正名，使民疑惑，人多辨讼，则谓之大奸。其罪犹为符节度量之罪也。故其民莫敢托为奇辞以乱正名，故其民悫；悫则易使，易使则公。其民莫敢托为奇辞以乱正名，故壹于道法，而谨于循令矣。如是则其迹长矣。迹长功成，治之极也。是谨于守名约之功也。"（王先谦，2013：489-490）荀子从儒家的立场出发，道出统一事物之名的政治意义，是统一思想，稳定统治。长久以来，奉行儒家思想的统治者将这种规范秩序的理念投射到世间万物，为各种事物分类正名。动物分类作为其中的一部分，并非作为区别于人类的生命主体而存在，而是在《尔雅》中作为小学的一部分，作为知识秩序的衍生物，或是作为指导农耕生活经验中的一环而存在。

经过以上对于中国古代动物分类的追溯，《天朝仁学广览》并不以中国古代真实的动物分类为基础。从严格意义上说，中国古代更多是从动物的外在特征出发，为各类体表结构相似的动物制定一个共有之名，以在书本中形成一种知识的秩序。不过就具体的义项而言，仅有"（a）属于皇帝的"似乎有一些中国的色彩，比如在中国古代文学作品选集或史传作品中，皇帝始终被列于统摄位置。至于中国那些不同寻常的"动物"，则被博尔赫斯列举在《想象的动物》一书中。他援引了包括《易经》《史记》《论语》在内的经典著作，以及王粲、韩愈等中国文人对于某些奇异动物的描述。其中，"中国动物群"一项中动物的出处标注着《太平广记》。《太平广记》为宋代官修类书，基于此，或许有这样两种可能：一则博尔赫斯将中国"类书"与西方"百科全书"的概念相混淆，误以为类书呈现的是中国人真实的认知，而实际《太平广记》只是文言小说的汇编；二则基于中国拥有如此丰富的奇异动物想象，才使博尔赫斯将"动物分类法"的归属地定为中国。不过，结合博尔赫斯丰富的中国文学阅读经历，本文认为这位博学的智者不会轻率地认为中国的分类是那般荒诞不经。总而言之，博尔赫斯确实看到古代中国在分类上存在着与现代的分类截然不同的面貌。

三、另一种联系：郭璞《山海经图赞》中的生死与循环

赵倞（2023：217）曾引《庄子·至乐》中的一段文本，并且提出"不是不可能，博尔赫斯曾读到这段文字。……'动物分类法'是否也包含了《至乐》'生物易变'章句中的'一瓢饮'？"《庄子·至乐》的引文为："种有几，得水则为继，得水土之际则为蛙蠙之衣……青宁生程，程生马，马生人，人又反入于机。万物皆出于机，皆入于机。"（陈鼓应，2020：470）这段话呈现出的现象是物种间没有严格的界限，可以跨越物种以一定的次序进行转化，并形成一种衍化的闭环。赵倞（2023：216）认为这段文本中暗含着语言的游戏，触碰到语言的极限。不过，这个引证仍稍有不妥，原因在于它将分类逻辑的闭合和循环与作为描述对象的动物融为一体。博尔赫斯在此处尚未触及"生物衍化"的命题，他的循环观念体现在分类逻辑层面上，而非动物在生命形态和描述语言上，因为这两个分类的义项不涉及任何与动物有关的表述。倘若以这段文本诠释博尔赫斯受《庄子》影响的循环观，尚有联想的空间，而将之应用于分类与动物两个主题，则有混淆的风险。

前文已经论及分类法中两个违反分类逻辑的义项，此处则以博尔赫斯动物分类法中各义项对动物的描述为路径，走向古代中国对于动物的描述语言。将这个怪诞分类中其他义项看作一种对于动物强烈特征的描写，与中国古代记录和形容动物的语言模式十分接近：充满神话色彩的对动物外形的奇异描述。鉴

于博尔赫斯的中国文学阅读经历,选择"动物"作为分类对象的缘由,或可在《讨论集》的《评注几则》一文中窥见端倪:"中国的动物学家创造了肥遗,一种超自然的橙黄色鸟,有六条腿和四只翅膀,但是没有脸和眼睛。"(博尔赫斯,2006a:231)肥遗是《山海经》中记载的一种生物,《山海经·西山经》中肥遗为六足四翼的蛇,"见则天下大旱"(袁珂,2013:20),又有"有鸟焉,其状如鹑,黄身而赤喙,其名曰肥遗,食之已疠,可以杀虫"(袁珂,2013:22)的记载,《山海经·北山经》中肥遗又成为"一首两身"的蛇。郭璞《山海经图赞》"肥遗蛇"条目的记述为:"肥遗为物,与灾合契。鼓翼阳山,以表亢厉。桑林既祷,倏忽潜逝。"(严可均,1999:1300)博尔赫斯或将《山海经》中的前两条记载混为一体,至少可以推测出博尔赫斯有过《山海经》相关的阅读经历。至于"(e)半人半鱼的",其原文与英译都为塞壬。通常认知中,塞壬是西方神话中的海妖,中译本将其翻译为"半人半鱼的"。以二者的共同特征为线索,《西山经》《北山经》《中山经》等都可见"人鱼"的记载,如"人面而鱼身,无足"(袁柯,2013:247)。各《山海经》注本中有"人鱼即鲵""盖即鲮鱼也"等多种解释。前文提到,博尔赫斯表明掌握了威尔金斯分析语言,将会发现它是一个万能钥匙,一部暗藏的百科全书。而郭璞在为《山海经》作注时也体现了相似的思想:"世之览《山海经》者,皆以其闳诞迂夸,多奇怪俶傥之言,莫不疑焉。尝试论之曰:庄生有云,人之所知,莫若其所不知。吾于《山海经》见之矣。夫以宇宙之寥廓,群生之纷纭,阴阳之煦蒸,万殊之区分,精气浑淆,自相溃薄。游魂灵怪,触象而构。流形于山川,丽状于木石者,恶可胜言乎?"(严可均,1999:1290)郭璞从《山海经》奇谲的文本中看到认知的局限,同时也认为语言也无法完全描述出世间万物。而《山海经》对于动物的描述,通常从外形到习性,最后介绍动物之名,呈现出以名为类的色彩,也由此产生许多自相矛盾的特征。以相同的名称命名和归类的事物,在不同的地域甚至连物种都发生了改变,归类和命名最终导向更加难解的混乱。《山海经》中这种任意性与博尔赫斯动物分类法走向了相同的终点。《山海经》中的超自然生物,或是由于古人观察的不细致,或是后世对文献的理解有偏差,还有后人为之添加不准确的图像,使《山海经》在真实的地理志、百科全书与虚构的神话之间不断游离。许多中国学者试图从《山海经》的描述中找到现实生物的对应,也取得显著的成果。博尔赫斯选择动物作为描述分类的对象,用描写奇异的语言构成分类,无形之中又与《山海经》文本与理解的偏差构成了一种互相佐证的联系。

同样受到《庄子》与《山海经》影响,与博尔赫斯在动物方向构成联系的是郭璞。郭璞《山海经图赞》中有不少描述动物怪异的外形特征和神秘特性的内容。如"马腹兽飞鱼"条目："马腹之物，人面似虎；飞鱼如豚，赤文无羽。食之辟兵，不畏雷鼓。"（严可均，1999：1312）也有将动物与其寓意或与其有关联的自然征兆一同书写的内容，如"鲑鱼颙鸟"条目："颙鸟栖林，鲑鱼处渊；俱为旱征，灾延普天；测之无象，厥数推玄。"（严可均，1999：1300）此外，又体现出一种世界神秘不可知的思想，也有循环论思想的流露，如"鲑"条目："鱼号曰鲑，处不在水；厥状如牛，鸟翼蛇尾；随时隐见，倚乎生死。"（严可均，1999：1298）又如"白猿"条目："白猿肆巧，由基抚弓；应响而号，神有先中；数如循环，其妙无穷。"（严可均，1999：1298）《山海经图赞》中的这些文本就如同简短的神话或小说，有着或无限，或循环，或生与死互相转化的结局，与博尔赫斯痴迷的"无限""循环"的理念不谋而合。

在对古代文本的探寻中，郭璞的《山海经图赞》与《庄子》中的思想从某种程度来说与博尔赫斯的创作产生了共鸣，博尔赫斯小说中许多抽象的思考与循环的特征同古代中国的哲学理念不谋而合。博尔赫斯发现了这一点。因此中国在博尔赫斯书写中的意义，就远不止"西方世界的乌托邦"这一简单的内涵了。中国不光能提供一个朦胧遥远的原始背景，引发他神秘的眷恋，并且中国与其蕴含的元素共同为博尔赫斯的作品增加了玄学思辨的色彩。

四、动物分类法：以文学性语言拆解分类的藩篱

仍以中国古代的文本为例，在广义的分类下，中国历史文本中的动物作为世间万物联系中的一环，能够和时令及阴阳五行联系在一起，它们共处在一个看不见边界的系统中。文本所描述各项事物背后隐含着更广阔的联系。这与福柯《词与物》中知识型的"相似"原则接近。如《礼记·月令》："孟春之月，日在营室……其日甲乙……其虫鳞，其音角，律中大蔟，其数八……孟冬之月，日在尾，其日壬癸……其虫介，其音羽，律中应钟，其数六……"（郑玄，2008）《月令》中的描述以动物配合四季，又兼顾方位、数字、声音、味道，在这个文本的世界中，万物有机联系在一起，任意一个事物在这个系统中都不是孤立的。将动物与宇宙及阴阳五行结合，或可称之为中国古代的另一种动物分类法，它提供的是与现实生活息息相关的叙述。使用在文学方面，光是提及它们的名称就已经勾连起互相联系的万千事物，打开多重空间。

不过，需要警惕的是，这更可能是中国古代学者在阴阳五行学说指导下将动物依据一定的标准放进这个框架，因此词仍是不自由的。福柯在《规训与惩罚》中对于空间分配的描写也可以应用于分类对语言的禁锢："每一个人都

有自己的位置，而每一个位置都有一个人，避免按组分配空间；打破集中布局；分解庞杂的、多变的因素。人们应该消除那些含糊不清的分配……其目的是确定在场者和缺席者，了解在何处和如何安置人员，建立有用的联系，打断其他的联系，以便每时每刻监督每个人的表现，给予评估和裁决，统计其性质和功过。因此，这是一种旨在了解、驾驭和使用的程序。纪律能够阻止一个可解析的空间。"（福柯，2012：162）近现代以来，科学、精确的分类使描述中的文学性被剥夺，每个词及每个被描述的物都固守于自己最精准的含义而失去了更多的可能性——成为专有名词。人类、动物甚至各种无生命的事物都无法避免，个体性被无视而追求同一性，甚至直接从固有的词汇出发将新的事物拉拢进来，在既有空间中建立起秩序。这种秩序封锁了语言与万物更多的可能性，切断了词与更多事物之间的联系，同时这也是一种思想的枷锁，因为人们已经熟悉词的约定俗成的含义。而回到动物分类中，或许正是《山海经》中的动物"肥遗"以及《庄子》中的动物寓言，以及中国动物分类中"以名为类"的特征，让博尔赫斯将其"动物分类法"的归属地定为中国。博尔赫斯曾多次表明自己对"庄周梦蝶"的偏爱，在与友人谈到庄周梦蝶时，博尔赫斯甚至对其他人的评价予以批驳："即便这段文字诞生于今天上午，仍然不失为对世界的一份馈赠。'您感受不到其中的诗意吗？还是您看蝴蝶看得这么近，别的什么也看不见了？对我们来说是某些文学流派的元素，而对她来说只是某鞘翅目昆虫？'"（比奥伊，2022：584）博尔赫斯这段带有些许讽刺意味的话语与他所推崇的毛特纳达成一致："大多数人都有这种智力缺陷：认为因为一个词存在着，它就一定代表着什么；因为一个词在那里，一些真实的东西必须与这个词相对应。"（Dapia，2006：47）

然而，正是这种仿佛是进步一般的、在现实生活中业已建立起来的知识的秩序，被博尔赫斯轻易地推翻了，特别是他以"百科全书"这种历来象征知识和智慧的权威动摇了共有空间的根基（洛特雷阿蒙的"手术台"），让人们回忆起含混不清的原始岁月：世间万物都在联系之中，语言与万物都有其更广阔的天地。博尔赫斯与福柯都在重新审视我们的知识结构。而在博尔赫斯的文本中，"中国百科全书"通过秩序的缺失构筑了语言的"异托邦"，这"异托邦"并非混乱不堪的污浊之地，而是寄寓着博尔赫斯对于万物的多样性以及语言在文本意义上沟通无限的向往。他引入中国，目的并非仅仅引入一种荒诞的思维方式，借以表现东西方思想的巨大差异，"语言首先是对流涌的感性经验的分类和组织，它产生出某种世界秩序。运用其特定的符号象征方式，一种语言很容易将世界的某个侧面表达出来"（沃尔夫，2012：26）。博尔赫斯想要借助中国的话语体系证明，世界或许并没有内在的分类，以任何特定的方式分类，都不可能有一个客观的知识体系，自然正是美在语言无法准确表述的随意性。诚然博尔赫斯与郭璞都受到庄子的影响，对于万物未知的思想都在与《山海经》有关的文本中生发出来。在《特隆、乌克巴尔、奥比斯·特蒂乌斯》一文中，博尔赫斯将人类建构的知识体系比喻成迷宫，并且提出人类自己创造了追求真理路上的阻碍。作家写作的文本是其思维的产物，而其思维又暗含着作家所使用的语言的规律。《约翰·威尔金斯的分析语言》实际上是一篇推翻既有思维边界的语言的颂歌，博尔赫斯使词重新拥有原本的自由，也打开了一个更加广阔的文本世界。联系到古老的中国，即使是具有科学性质的文本，也往往以混合多重学科的样貌呈现出来，事物不仅仅处于被陈述的状态，语言还将其与其他万事万物勾连起来，而词可以延伸的空间非常广阔，从这个意义上说，博尔赫斯即使尚未触碰到这一点，中国古代文本也确实回应了他的"神秘的眷恋"，成为他的最好例证之一。

正如博尔赫斯在《约翰·威尔金斯的分析语言》一文的结尾所写的："人们知道在头脑中有比秋天的森林中更紊乱、更不可胜数、更无名的色彩……但是相信，这些色彩及其一切搭配和变化，都能用高低不同的声音的随意性机制确切地表达出来。"（博尔赫斯，2006a：430）

参考文献

Dapia S G. 2006. The metaphor of translation: Borges and Mauthner's critique of language [J]. *Variaciones Borges* (21): 23-85.
博尔赫斯. 2006a. 博尔赫斯全集：散文卷 [M]. 杭州：浙江文艺出版社.
博尔赫斯. 2006b. 博尔赫斯全集：小说卷 [M]. 杭州：浙江文艺出版社.
博尔赫斯. 2015. 诗艺 [M]. 上海：上海译文出版社.
博尔赫斯. 2021. 想象的动物 [M]. 台北：麦田出版社.
巴恩斯通. 2016. 博尔赫斯谈话录 [M]. 桂林：广西师范大学出版社.
比奥伊，马蒂诺. 2022. 日记中的博尔赫斯：1931—1989 [M]. 上海：华东师范大学出版社.
陈鼓应. 2020. 庄子今注今译 [M]. 北京：中华书局.
车槿山. 2012. 福柯《词与物》中的"中国百科全书" [J]. 文艺理论研究（1）：24-27, 127.
福柯. 2012. 规训与惩罚 [M]. 北京：生活·读书·新知三联书店.
福柯. 2016. 词与物：人文科学考古学 [M]. 上海：上海三联书店.
郭郛，李约瑟，成庆泰. 1999. 中国动物学史 [M]. 北京：科学出版社.
胡司德. 2020. 古代中国的动物与灵异 [M]. 南京：江苏人民出版社.
卡尔维诺. 2012. 为什么读经典 [M]. 南京：译林出版社.

邵晋涵. 2017. 尔雅正义［M］. 北京：中华书局.
萨义德. 2019. 东方学［M］. 北京：生活·读书·新知三联书店.
王先谦. 2013. 荀子集解［M］. 北京：中华书局.
沃尔夫. 2012. 论语言、思维和现实［M］. 北京：商务印书馆.
袁珂. 2013. 山海经校注［M］. 北京：北京联合出版公司.
严可均. 1999. 全晋文［M］. 北京：商务印书馆.
赵侃. 2023. 具体的探索：博尔赫斯动物分类法及中国"异托邦"再考论［J］. 中国比较文学,（1）, 202 – 220.
郑玄. 2008. 礼记正义［M］. 上海：上海古籍出版社.
张汉行. 1999. 博尔赫斯与中国［J］. 外国文学评论,（4）, 46 – 52.
张隆溪. 2005. 中西文化十论［M］. 上海：复旦大学出版社.

基于语料库的中国英语学习者议论文写作中模糊限制语的使用研究

于潇凡 郑海翠*

摘　要：本文基于中国学生万篇英语作文语料库（TECCL），分别建立中学生、普通高校学生和重点高校学生议论文子语料库，通过与英语本族语者英语作文语料库（NESSIE）进行对比和子语料库间的横向对比，探究不同阶段和不同水平的中国英语学习者议论文写作中模糊限制语的使用情况。研究发现，中国英语学习者在议论文写作中模糊限制语的使用与本族语者有显著差异，存在少用、滥用及缺乏多样性现象。不同阶段和不同水平英语学习者在议论文写作中直接缓和型模糊限制语的使用也存在显著性差异，高水平者和本科生直接缓和语的使用情况更接近于本族语者。希望本文能对今后的二语写作教学有所启发。

关键词：二语写作　模糊限制语　语料库

Title：A Corpus-based Study on the Use of Hedges in Chinese English Learners' Argumentative Writing

Abstract：Based on the Ten-thousand English Compositions of Chinese Learners (TECCL) corpus, the study creates 3 subcorpora, composed of argumentative essays written by students from middle schools, general colleges, and key universities in China. Through comparing with Native English Speakers' Similarly or Identically-prompted Essays (NESSIE) corpus and comparisons between the 3 subcorpora, the study investigates the use of hedges in argumentative writing by Chinese English learners at different stages and levels. Research has found that there are significant differences in the use of hedges in argumentative writing between Chinese English learners and native speakers, with phenomena of underuse, abuse, and lack of diversity. There are also significant differences in the use of plausibility shields in argumentative writing among English learners at different stages and levels. The use of plausibility shields by high-level and undergraduate students

---

* 于潇凡，内蒙古大学外国语学院硕士研究生，研究方向为语用学、批评话语分析。郑海翠，通讯作者，内蒙古大学外国语学院教授，研究方向为话语分析、社会语言学、语用学。

is closer to that of native speakers. This article can provide inspiration for future teaching of second language writing.

Key words：second language writing，hedges，corpus

一、引言

长期以来，二语写作都是外语学习者学习中的一个重要部分，尤其是议论文写作，而模糊限制语的使用在议论文写作中对表达个人立场、陈述个人观点、实现说服目的、创造良好作者—读者关系中发挥着关键作用。近年来，二语写作中模糊限制语的使用情况受到国内外语言学界的普遍关注，且成果颇丰。境外文献中对二语模糊限制语使用的研究涉及不同语言和水平的二语学习者。Abdollahzadeh（2011）对比英美学者和伊朗学者应用语言学论文结论部分的人际元话语使用情况，发现两者在模糊限制语的使用上并无显著差异，且模糊限制语在所有人际元话语中占比较大。Lee & Deakin（2016）通过对比 3 组议论文，发现低分的中国学生在英语议论文中模糊限制语的使用频率与英语本族语者存在显著性差异，且前者的模糊限制语使用频率低于高分议论文及本族语者议论文。Crosthwaite & Jiang（2017）基于历时研究，发现通过一学期的英语学术写作课程学习，香港学生在英语论文写作中模糊限制语的使用频率明显上升，而强势限定语和自我提及语出现频率下降，能够用更谨慎和中立的方式来表达他们的立场，并指出立场标记语的使用学习对于提升学生的论文写作水平十分重要。

中文文献中针对二语写作中模糊限制语的使用研究主要关注学术语篇，涉及不同学科和类型的论文，如医学类期刊论文（仇桂珍，2015）和博士生课程论文（王晶晶、吕中舌，2016），研究普遍发现，中外学者英文论文写作中不同类型模糊限制语在使用频率上存在显著差异。徐江等（2014）对比分析了中国学者和英语本族语学者发表在同一国际期刊上的英文论文各部分模糊限制语的使用情况，发现除结论和引言外，论文其余各部分中国学者模糊限制语的使用频率均超出本族语学者，部分模糊限制语在使用频率上呈现显著差异，且存在误用的情况。而王晶晶、吕中舌（2016）通过对比理工科博士生课程论文与国际期刊论文，发现在模糊限制语使用方面理科博士生比工科博士生存在更大的问题。模糊限制语作为立场标记语的使用情况也受到国内学界的关注，如陈庆斌（2021）基于 Hyland（2005a，2005b）的框架，对比国内期刊论文摘要和国际期刊论文摘要中作者立场标记的分布特征，发现国内期刊论文摘要中模糊限制语和自我提及语两类立场标记语的总体使用频率显著低于国际期刊论文摘要。

综上所述，当前国内外二语写作中模糊限制语的研究语料主要为学术英语，很少有针对二语议论文写作的研究，且对二语写作的发展特征关注不足。鉴于此，本研究通过将中国学生的议论文与英语本族语者的议论文进行对比，以及不同水平和不同阶段中国英语学习者的议论文的横向对比，考察中国英语学习者在英语议论文写作中模糊限制语的使用特征，以期为学生的二语议论文写作教学提供有益借鉴。

二、研究设计

（一）语料来源及研究问题

研究用于对比分析的两个语料库分别为中国学生万篇英语作文语料库（Ten-thousand English Compositions of Chinese Learners，简称 TECCL）和英语本族语者英语作文语料库（Native English Speakers' Similarly or Identically-prompted Essays，version 2，简称 NESSIE）。TECCL 是规模约为 1 万篇作文（1,817,335 词）的英语作文语料库，具有语料新、题目丰富、学习者分布广、代表性强等特点。该语料库所收录的文本来自课堂限时作文、课后家庭作业、课堂演讲稿以及小组协作作文等，涉及一千多个作文题目，且以议论文为主。NESSIE corpus 2.0 版是一个容量约 30 万词的英语本族语者英语作文语料库，其中所收文本主要是英语本族语者依照中国四六级、专业四八级作文题目所撰写的英语作文，也有部分语料文本取自 BAWE、MICSUP 等英美大学生语料库中话题近似的文本，因此，该语料库与 TECCL 在写作话题及体裁方面均有很高的可比性。

研究基于语料库，通过与英语本族语者的议论文进行对比，探究中国英语学习者在英语议论文写作中的模糊限制语使用特征，具体考察以下两个问题：第一，与英语本族语者相比，中国英语学习者在英语议论文中的模糊限制语在总体数量、类别以及分布上有哪些特征？第二，不同阶段和不同水平的二语学习者在议论文写作中模糊限制语的使用是否存在差异？

（二）研究方法和技术路线

1. 语料库检索

本研究基于 Prince et al. 对模糊限制语的分类进行数据统计。Prince et al.

(1982)将模糊限制语分为变动型模糊限制语（approximators）和缓和型模糊限制语（shields）；变动型模糊限制语又分为程度变动型（adaptors）和范围变动型（rounders），缓和型模糊限制语又分为直接缓和型（plausibility shields）和间接缓和型（attribution shields）。在前人研究的基础上，本研究拟选用35个模糊限制语作为检索对象，变动型模糊限制语和缓和型模糊限制语分别为18个和17个，如表1所示。

表1 研究检索对象

模糊限制语类别		检索对象
变动型模糊限制语	程度变动型	much, some, most, only, many, few, several, quite, kind of, almost
	范围变动型	more than, around, at least, less than, approximately, nearly, essentially, roughly
缓和型模糊限制语	直接缓和型	must, could, can, will, would, may, might, shall, should, I think, if clause, I hope, I want
	间接缓和型	according to, it appears, it seems, presumably

TECCL语料库规模不大，但取样分布代表性较好，语料来源于包括香港、台湾在内的33个省、市、自治区和特别行政区，所收作文涵盖大学、中学、小学三个学段，其中以大学为最多，985、211和非985、非211高校的收录比例与我国高校的实际构成接近，涉及的不同作文题逾千个，皆为英语课程体系内的学业任务，而非高风险的标准化考试作文。根据CQPweb的语料库原信息呈现及下载的该语料库生语料，库中所收小学生作文全部为记叙文和应用文，中学生作文以记叙文居多，而大学生作文几乎全部为议论文，因此检索时需人工剔除所有小学生作文和中学生、普通高校学生、重点高校（即985、211高校）学生作文中的非议论文，并建立S_1（中学生议论文子语料库），F_9（普通高校学生议论文子语料库）和H_9（重点高校学生议论文子语料库），并将三者合并形成中国英语学习者议论文写作子库TECCL-A。NESSIE corpus 2.0不做处理，可直接作为参照语料库使用。各语料库及其代表性如表2所示。

表2　各语料库及其代表性

语料库	S_1	F_9+H_9	F_9	H_9	TECCL-A	NESSIE
代表性	中学生议论文写作	大学生议论文写作	低水平英语学习者议论文写作	高水平英语学习者议论文写作	中国英语学习者议论文写作	英语本族语者议论文写作

2. 数据统计与计算

数据统计与计算工作利用 CQPweb（http://114.251.154.212/cqp/）平台和 Excel LL Calculator（http://www.bfsu-corpus.org/static/BFSUTools/BFSULL.xls）完成。第四代语料库工具 CQPweb 所能实现的基本功能包括：在线生成词频表（frequency list）；查询（query）字词、语言结构等，以获取大量语言实例或相应结构的出现频次，并可按语体、年代、章节、学生语言水平级别、写作题材等分别呈现查询结果；计算特定词语在语料库中的典型搭配（collocation）；计算语料库的主题词（keywords）。该项目所用到的功能主要为：①编辑 TECCL 的 3 个子语料库 S_1、F_9 和 H_9，剔除库中的非议论文；②在两个语料库中分别检索各模糊限制语，获取语言实例和频次，以及在 3 个语言水平不同的子语料库中的具体分布。频率计算按每十万词出现的频次进行标准化处理［标准化频数（Normalized Frequency）＝某词的出现频数/语料库容量×100000］。Excel LL Calculator 可用于对数似然比（Log-likelihood ratio）计算，用于对比数据差异。当对数似然比为负时，表示在同一语言现象的检测中，前一语料库较后一语料库表现为使用不足，为正时则表示使用过多。当对数似然比的绝对值超过 10.38 时，则说明两个语料库在某一词的使用上存在显著性差异，且绝对值越大，两个对比语料库间的差异也就越大。分别在各语料库中检索前文所列的模糊限制语，可获取其频次和分布情况。将 S_1 与 F_9+H_9 对比，可研究不同阶段英语学习者模糊限制语使用情况，将 F_9 与 H_9 对比，则可探究不同水平英语学习者模糊限制语的使用情况。

三、研究发现

（一）总体使用情况及发展特点

数据统计工作首先应用于整体分析，统计数据见表3、表4及表5。由表3可见，在使用频率上，中国英语学习者与英语本族语者存在显著性差异，对数

似然比为 +2024.47，中国英语学习者的议论文中模糊限制语出现频率远高于英语本族语者。

表3　语料库及模糊限制语使用整体情况

语料库	TECCL – A	NESSIE
总形符数	993832（H_9：95344；S_1：123049；F_9：775439）	321768
总模糊限制语频数	51425	10528
对数似然比	+2024.47	

表4　不同类型模糊限制语总频数

语料库	S_1	F_9	H_9	F_9 + H_9	NESSIE
模糊限制语			标准化频数		
程度变动型	1526	1589	1638	1595	1063
范围变动型	76	79	80	79	112
直接缓和型	3885	3455	3068	3412	2070
间接缓和型	25	41	39	41	27
总数	5512	5164	4825	5127	3272

表5　各语料库中不同类型模糊限制语使用对比

语料库	S_1 vs. NESSIE	F_9 vs. NESSIE	H_9 vs. NESSIE	F_9 + H_9 vs. NESSIE	TECCL-A vs. NESSIE	F_9 + H_9 vs. S_1	H_9 vs. F_9
模糊限制语				对数似然比			
程度变动型	+152.78	+466.14	+189.41	+488.99	+490.05	+3.02	+1.27
范围变动型	−12.43	−27.61	−7.89	−28.39	−30.25	+0.14	+0.01
直接缓和型	+1049.09	+1541.45	+297.30	+1503.16	+1688.92	−67.06	−38.40
间接缓和型	−0.08	+14.06	+3.41	+13.99	+11.09	+7.86	−0.14
总数	+1069.79	+1888.54	+456.97	+1877.84	+2024.47	−30.30	−19.40

从表5可以看到，中国英语学习者议论文中程度变动型、直接缓和型、间接缓和型3类模糊限制语使用均超过英语本族语者，其中，直接缓和型模糊限制语远超英语本族语者，对数似然比为1688.92，而范围变动型模糊限制语使

用略低于英语本族语者。中学生和大学生在程度变动型、范围变动型和间接缓和型模糊限制语的使用上均不存在显著性差异，整体使用情况相近。结合标准化频数（见表4），大学生直接缓和型模糊限制语的使用更接近于英语本族语者，明显高于中学生。同样，重点高校学生和普通高校学生在程度变动型、范围变动型和间接缓和型模糊限制语的使用上并不存在显著性差异，但前者的直接缓和型模糊限制语使用情况更接近于英语本族语者。可见，随着进一步的英语学习，学习者直接缓和型模糊限制语的使用能力有所提升，高水平的中国英语学习者的直接缓和型模糊限制语使用能力明显高于低水平的英语学习者。

（二）单个模糊限制语使用特点及发展特征

1. 单个模糊限制语使用特点

统计各语料库中不同模糊限制语使用频数并计算 TECCL-A 各子库及总库与 NESSIE 对比所得的对数似然比，结果见表6。

表6 单个模糊限制语频数及对数似然比

语料库		S_1	F_9	H_9	NESSIE	S_1 vs. NESSIE	F_9 vs. NESSIE	H_9 vs. NESSIE	TECCL-A vs. NESSIE
模糊限制语		标准化频数				对数似然比			
程度变动型	much	186	144	166	106	+41.76	+25.73	+20.55	+37.90
	some	531	511	489	226	+241.76	+491.40	+157.04	+520.14
	most	178	189	179	157	+2.30	+13.23	+2.16	+12.21
	only	222	253	229	148	+27.06	+121.28	+26.48	+115.78
	many	320	354	394	291	+2.47	+27.47	+23.57	+29.00
	few	26	28	30	46	-9.36	-21.26	-4.38	-22.71
	several	15	23	29	38	-17.85	-16.81	-1.57	-19.51
	quite	15	20	27	18	-0.73	+0.43	+2.69	+0.45
	kind of	16	48	64	11	+1.97	+107.01	+72.27	+102.05
	almost	17	19	30	22	-0.99	-1.06	+2.19	-0.45

续上表

语料库		S_1	F_9	H_9	NESSIE	S_1 vs. NESSIE	F_9 vs. NESSIE	H_9 vs. NESSIE	TECCL-A vs. NESSIE
	模糊限制语		标准化频数				对数似然比		
范围变动型	more than	33	21	24	29	+0.56	-5.21	-0.62	-3.17
	around	28	37	35	41	-4.36	-0.87	-0.72	-1.74
	at least	4	8	8	17	-14.53	-16.00	-4.45	-19.87
	less than	2	4	2	7	-4.42	-6.54	-4.26	-9.06
	approximately	2	0 (0.26)	0	4	-0.93	-23.68	—	-20.33
	nearly	6	7	10	10	-2.01	-2.46	+0.02	-2.31
	essentially	0	1	0	3	—	-8.91	—	-11.87
	roughly	0	1	2	0	—	+0.52	+2.60	+0.71
直接缓和型	must	135	131	114	80	+26.08	+53.94	+9.16	+55.14
	could	60	78	71	98	-15.44	-11.16	-6.13	-15.72
	can	1474	1231	1109	546	+851.44	+1171.54	+308.30	+1292.14
	will	639	561	453	328	+190.25	+271.01	+30.40	+285.80
	would	84	106	94	243	-134.60	-268.48	-92.40	-312.70
	may	154	174	187	215	-17.38	-20.21	-2.91	-23.02
	might	13	20	22	42	-26.91	-37.97	-9.03	-44.63
	shall	12	5	7	2	+15.56	+4.65	+4.89	+8.51
	should	661	625	551	234	+408.59	+790.93	+209.71	+825.12
	I think	220	161	114	20	+408.53	+507.76	+125.51	+544.57
	if clause	392	329	299	251	+57.10	+47.25	+6.22	+56.14
	I hope	23	15	18	7	+17.62	+14.83	+8.18	+19.05
	I want	18	20	27	3	+21.66	+53.62	+37.42	+58.13

续上表

语料库	S_1	F_9	H_9	NESSIE	S_1 vs. NESSIE	F_9 vs. NESSIE	H_9 vs. NESSIE	TECCL-A vs. NESSIE
模糊限制语	标准化频数				对数似然比			
间接缓和型 according to	14	32	27	16	-0.25	+23.17	+4.74	+18.18
间接缓和型 it appears	0	1	1	2	—	-3.03	-0.32	-3.63
间接缓和型 it seems	11	9	10	9	+0.65	+0.01	+0.25	+0.12
间接缓和型 presumably	0	0 (0.26)	0	0 (0.31)	—	-0.02	—	-0.12

基于以上表格，TECCL-A 中单个模糊限制语的使用情况可分为 4 类：过多使用（LL > +10.83）、过少使用（LL < -10.83）、接近英语本族语者（-10.83≤LL≤+10.83）、几乎不用（raw frequency <10）。具体见表 7。

表7 TECCL-A 中过多和过少使用的模糊限制语

	程度变动	范围变动	直接缓和	间接缓和
过多使用	much, some, most, only, many, kind of	—	must, can, will, should, I think, if clause, I hope, I want	according to
过少使用	few, several	at least	could, would, may, might	—
接近本族语者	quite, almost	less than, more than, around, nearly	shall	it seems
几乎不用	—	approximately, essentially, roughly	—	it appears, presumably

由表7可见，中国学生的议论文写作中近一半（15/35）模糊限制语存在多用、滥用现象，主要为程度变动型和直接缓和型模糊限制语；两成多（7/35）的模糊限制语出现频率偏低，包括 few、several、at least、could、would、may、might；仅有略超五分之一（8/35）的模糊限制语使用频率接近于本族语者；it appears、presumably、roughly 在 TECCL-A 和 NESSIE 中出现频率都很低，而 approximately 和 essentially 在中国英语学习者的议论文写作中出现频率明显

低于本族语者。

尽管有部分模糊限制语的使用频率与本族语者无显著性差异,如 quite、almost、less than、more than、around 等,但很多程度变动型模糊限制语,如 much、some、most、only、many,以及直接缓和型模糊限制语,尤其是部分情态动词 must、can、will、should,呈现过多使用的倾向,而 can 和 should 尤为突出(见表3)。而且,不管是中学生、普通高校学生还是重点高校学生,都偏好 I think、I hope 和 if 从句这一类的直接缓和型模糊限制语,I think 尤甚(LL=544.57)。

同样,中国学生在议论文写作中,对有些模糊限制语会少用或基本不用。英语本族语语料中频繁出现的直接缓和型模糊限制语 would、may 在中国学生的语料中出现相对较少;本族语语料库出现较多的 few、several、at least、could、might 在中国英语学习者语料库中用得也很少。可见中国英语学习者在议论文写作中对模糊限制语的使用比较单一,缺乏多样性,过度依赖 must、can、should 等情态动词,much、some、only、many 等程度变动词和 I think、I hope 等口语高频词,较少使用 could、would、may、might 这类语法功能比较复杂的直接缓和型模糊限制语。

2. 单个模糊限制语发展特征

单个模糊限制语的发展特征也值得探究,通过 S_1、F_9、H_9 这 3 个子语料库间的横向对比,可以显示出不同水平的中国英语学习者使用单个模糊限制语的差异,探究学习阶段和英语水平对模糊限制语使用存在的影响。为对比中学生与大学生整体的模糊限制语使用情况,将 F_9 和 H_9 两个字库各模糊限制语的频数相加,并与 S_1 对比,单个模糊限制语使用情况对比如表8。为探究不同水平的英语学习者的模糊限制语使用情况,默认重点高校学生的英语水平高于普通高校学生,将 F_9 和 H_9 对比,所得情况同样见表8。

表8 S_1、F_9、H_9中单个模糊限制语对比

语料库		F_9 + H_9 vs. S_1	H_9 vs. F_9	语料库		F_9 + H_9 vs. S_1	H_9 vs. F_9
模糊限制语		对数似然比		模糊限制语		对数似然比	
程度变动型	much	−10.82	+2.76	直接缓和型	must	−0.29	−1.84
	some	−1.06	−0.87		could	+4.32	−0.45
	most	+0.60	−0.44		can	−54.12	−10.53
	only	+3.62	−2.05		will	−14.83	−19.05
程度变动型	many	+4.58	+3.75		would	+4.78	−1.05
	few	+0.14	+0.24		may	+2.80	+0.79
	several	+4.58	+1.24		might	+3.41	+0.13
	quite	+2.38	+1.84		shall	−7.09	+0.88
	kind of	+34.64	+3.84		should	−3.25	−7.90
	almost	+0.49	+5.12		I think	−25.10	−12.85
范围变动型	more than	−5.64	+0.28		if clause	−13.29	−2.48
	around	+2.64	−0.12		I hope	−2.92	+0.29
	at least	+2.91	+0.00		I want	+0.46	+1.99
	less than	+0.36	−0.65	间接缓和型	according to	+13.48	−0.53
	approximately	−6.33	—		it appears	—	+0.18
	nearly	+0.44	+1.29		it seems	−0.58	+0.23
	essentially	—	—		presumably	—	—
	roughly	—	+1.63				

从表8可以看出,中学生和大学生的单个模糊限制语使用除了个别模糊限制语如much、can、will外,均不存在显著性差异,且存在显著性差异的模糊限制语主要为直接缓和型。但结合表6中的标准化频数,进一步观察发现,大学生大部分模糊限制语的使用相比中学生更接近英语本族语者,说明进一步的英语学习使学生的模糊限制语使用能力有一定提高,但效果并不显著。表8还展示了重点高校学生和普通高校学生单个模糊限制语的对数似然比,与中学生同大学生的对比情况类似,只有个别模糊限制语(can、will、I think)的使用呈现出显著性差异,且这三者都属于直接缓和型模糊限制语。结合表6,发现

重点高校学生和普通高校学生的单个模糊限制语使用情况相近,但大部分重点高校学生直接缓和型模糊限制语的使用更接近英语本族语者。研究显示,在must、can、will、should、I think的使用方面,重点高校学生和普通高校学生都高于英语本族语者,普通高校学生过度使用频率更为明显,重点高校学生过度使用的频率相对较低。这与前面的结论是一致的,也就是说,高水平的中国英语学习者直接缓和型模糊限制语的使用能力更高。

四、结语

研究发现,中国英语学习者议论文写作中对模糊限制语的使用总体上来说并不理想,4种类型的模糊限制语都与英语本族语者呈现显著性差异,少用、滥用和使用类型单一的现象严重。受母语影响,中国英语学习者在议论文写作中存在滥用must、can、will、should、I think等词的情况,而few、several、could、would、may、might等词的使用频率较低。不同阶段学习者议论文写作中总体上只有直接缓和型模糊限制语使用呈现显著性差异;就单个模糊限制语而言,大学生和中学生的使用情况相近,只有个别模糊限制语使用差异显著,但从标准化频数来看,大部分大学生的模糊限制语使用较中学生而言都更接近于英语本族语者,可见通过进一步的英语学习,学习者的模糊限制语使用能力有所提升,但是效果极微。不同水平学习者的议论文写作中总体上同样只有直接缓和型模糊限制语使用差异显著,高水平英语学习者直接缓和型模糊限制语使用情况总体好于低水平英语学习者,单个模糊限制语使用基本无显著性差异。因此,在英语写作教学中有必要通过适当的教学干预,提高学生的语用意识。本研究对英语写作教学中如何提高学生的语篇能力、文体意识和语用能力具有启示意义,值得外语教学界思考。

参考文献

Abdollahzadeh, E. 2011. Poring over the findings: Interpersonal authorial engagement in applied linguistics papers [J]. *Journal of Pragmatics*, 43: 288 – 297.

Crosthwaite, P. & Jiang K. 2017. Does EAP affect written L2 academic stance? A longitudinal learner corpus study [J]. *System*, 69: 92 – 107.

Hyland, K. 2005a. *Metadiscourse* [M]. New York: Continuum.

Hyland, K. 2005b. Stance and engagement: A model of interaction in academic discourse [J]. *Discourse Studies*, 7: 173 – 192.

Lee, J. J. & Deakin, L. 2016. Interactions in L1 and L2 undergraduate student writing: Interactional metadiscourse in successful and less-successful argumentative essays [J]. *Journal of*

Second Language Writing, 33: 21 – 34.

Prince, E. F., Frader, J. & Bosk, C. 1982. On hedging in phisician-phisician discourse [M] //R. J. Di Pietro (ed.) *Linguistics and the Profession*. New Jersey: Ablex Publishing Corporation, 83 – 97.

陈庆斌. 2021. 学术期刊论文摘要中作者立场标记的对比研究 [J]. 外语学刊, (2): 41 – 47.

仇桂珍. 2015. 中美医学期刊英文摘要模糊限制语对比分析 [J]. 中国科技期刊研究, 26: 1212 – 1216.

王晶晶, 吕中舌. 2016. 中国理工科博士生学术英语写作模糊限制语研究 [J]. 外语教学, 37: 52 – 56.

徐江, 郑莉, 张海明. 2014. 基于语料库的中国大陆与本族语学者英语科研论文模糊限制语比较研究：以国际期刊《纳米技术》论文为例 [J]. 外语教学理论与实践, (2): 46 – 55, 95 – 96.

乔治·斯坦纳阐释学视域下《兄弟》英译本的译者翻译策略*

王莉莉**

摘　要：《兄弟》是中国当代先锋派作家余华的一部享誉国内外的重要作品，2009年其英译本诞生后在英语世界好评如潮。本文以乔治·斯坦纳基于阐释学基础上提出的阐释学翻译理论为指导，采用比较分析法探析译者是如何在翻译的四步骤（信任、侵入、吸收与补偿）中，基于对读者接受情况与文化传播交流的充分考虑，对归化与异化翻译策略以及具体翻译方法进行抉择，旨在从实践角度探究阐释学翻译步骤与《兄弟》中译者翻译策略的内在联系。

关键词：乔治·斯坦纳　阐释学翻译理论　翻译四步骤　《兄弟》　翻译策略

Title：A Study on the Translational Strategies of *Brothers* from the Perspective of George Steiner's Hermeneutic Translation Theory

Abstract：*Xiongdi* is a great work written by Yu Hua, one of the avant-garde contemporary Chinese writers, who enjoys great fame both at home and abroad. *Brothers*, the English translation of this novel translated in 2009 by Eileen Cheng-yin and her husband Carlos Rojas, was well received in the English-speaking world. This article, based on George Steiner's translational hermeneutic motion theory, takes the method of comparative analysis to analyze how the translators, in the translational four steps (trust, aggression, incorporation and compensation), make choices of translation strategies and methods, depending on the consideration of readers' acceptability and effectiveness of cultural communications.

Key words：George Steiner, translational hermeneutic theory, four steps of translation, *Brothers*, translation strategies

---

* 本文为2019年浙江省教育厅一般研究项目"中国现当代小说'走出去'之译者模式与翻译策略"的研究成果之一。

** 王莉莉，中国计量大学现代科技学院讲师，研究方向为外国文学、文学翻译。

一、引言

余华是中国当代先锋派小说代表人物，1960年生于中国浙江杭州，迄今已经出版长篇小说4部、中短篇小说集6部、随笔集3部，其作品被翻译成20多种文字，在近30个国家出版，并在国际上夺得多项大奖，如《活着》获得格林扎纳·卡佛文学奖（1998）、詹姆斯·乔伊斯奖（2002）与法兰西文学和艺术骑士勋章（2004），《许三观卖血记》荣获美国巴恩斯-诺贝尔新发现图书奖（2004），《在细雨中呼喊》被法国文化交流部授予文学和艺术骑士勋章（2004），《兄弟》获得法国著名的《国际信使》周刊设立的"首届《国际信使》外国小说奖"（2008）等，成为在国际文坛声望最高、获奖最多以及被译介最多的中国当代小说家之一。

然而，相对于诺贝尔获得者莫言的英译本研究而言，截至目前，学术界针对余华作品海外译介情况的研究成果非常稀少，在现有文献中，研究余华作品英译及海外传播情况的论文仅有19篇，学位论文有14篇，其中涉及其长篇小说《兄弟》的学术论文仅有3篇，主要涉及《兄弟》中文化专有词的英译策略（汪宝荣等，2017）、《兄弟》中习语的翻译策略（董国俊，2014）与《兄弟》在英语世界的翻译与接受（郭建玲，2010）；涉及《兄弟》英译的学位论文也仅有5篇，主要从图里翻译规范视角（苗娇，2018）与布尔迪厄社会学视角研究《兄弟》英译本（常妙沁，2017），以及研究《兄弟》英译本中的反义复合词（高菲，2015）、文化专有词（全喻彬，2017）与英译过程中的文化过滤现象（胡娟娟，2016）。

二、"译者主体"转向与阐释学翻译研究的应用

长久以来，传统翻译理论一直强调原作的重要性，将原著与译著比作"主仆"关系。翻译一直处于一种"被遮掩""被压制""被排斥"的"仆人"状态（刘云虹，2002）。译者一直活在作者的阴影之下，挣扎于"形"与"神"的悖论之间（许均，2003）。20世纪以来，伴随改革开放的发展步伐，我国的翻译理论逐渐摆脱了原先的桎梏，呈现多元性发展（袁榕，2020）。查明建提出：译者与作者一样，都是翻译的主体，译者与作者不是主仆关系而是合作关系（查明建，2003）。陈大亮在《谁是翻译主体？》一文中进一步强调了译者的主体地位，图示描述作者的创作过程与译者的翻译过程为：客观世界—作者—本文//本文—译者—译文。他认为，作者在创作本文之后已经失去

了对文本的控制,而译者所面对的本文,已不再是作者的本文,必须历经译者的再创造才能脱离原文语境,以全新的面貌呈现为译文(陈大亮,2003)。许均认为译者是翻译活动中最为重要的一环,将文学翻译的特征图示为:作家—原著—翻译家—译本—读者,将翻译家摆到了翻译活动中最为重要的主体性地位(许均,2003)。

20世纪70年代在西方翻译理论界兴起的阐释学强调了译者在翻译中的中心地位。1975年乔治·斯坦纳的著作《通天塔之后:语言与翻译面面观》首次将阐释学与翻译研究结合,指出了翻译中的四个步骤(信任、入侵、吸收与补偿),强调了翻译中译者身份的重要性与翻译标准的多元性,被视为是当代西方翻译研究的里程碑式著作。斯坦纳所提出的阐释翻译理论在西方学术界引发广泛的讨论,很多翻译界著名学者都积极肯定了斯坦纳著作的学术价值。美国著名翻译学家韦努蒂(Lawrence Venuti)称赞它是"'二战'后翻译理论界最广为人知的著作"(Venuti,2000)。英国著名翻译理论家彼得·纽马克(Peter Newmark)也认为需要把阐释学应用于翻译,认为当单纯的语义翻译无法阐明作者意图时,译者需要增加一些必要的解释进行补充(Newmark,2001)。美国翻译理论家雷纳(Frederick M. Rener)将阐释学与西方传统翻译理论进行了结合,认为"阐释学视角贯穿了整个西方传统理论的历史,翻译应当被看作对翻译过程的阐释,而不仅仅是语言的操作。"(Rener,1989)英国翻译家苏珊·巴斯内特(Susan Bassnett)与比利时裔美籍翻译家安德烈·勒菲弗尔(Andre Lefevere)也充分认可阐释学的翻译应用,将翻译的过程看作是译者持续采用创造力解码(decode)阐释源文本的过程(Bassnett & Lefevere,2001)。

2000年以来,以阐释学翻译理论视角来研究译本的学术论文逐年递增,斯坦纳的阐释学翻译理论在我国英译本研究方面应用广泛。本文依据斯坦纳的阐释翻译理论对《兄弟》的中文本与英译本进行对照研究,采用对比分析法探究《兄弟》英译本中译者主观能动性在翻译四步骤中的具体体现,从实践角度探究阐释学翻译步骤与译者翻译策略的内在联系。

三、阐释学翻译步骤与译者翻译策略抉择

(一)"信任"与译者文本选择

斯坦纳阐释学在翻译活动中的第一步骤为trust,中文译为"信任"。在《通天塔——文学翻译理论研究》中将之定义为"值得翻译"(斯坦纳,

1987)。此处的"值得翻译"包含三重含义：首先，作者层面，标志着译者信任作者，肯定该作者作品的价值。其次，文本层面，标志着译者对文本语言特色与思想内核的认可，并认为自身所具备的双语转换能力足以完成对作者原文内容与形式的传递。第三，市场层面，该作者作品有一定的市场受众，翻译该作者的作品具备经济价值。

在作者层面，余华是获外国文学奖最多的中国当代作家之一，其作品获得世界的推崇。余华的几部作品在各国广受欢迎，《许三观卖血记》在韩国十分火爆，甚至还被改编为本土化电影，《活着》在意大利获得最高文学奖格林扎纳·卡佛文学奖，《兄弟》在法、德、美、日均获得高度评价。在外国文学出版最为困难的美国，《活着》销售3.4万册，十年之后，每年依然能销售近4000册，美国最著名的出版商兰登书屋（Random House）连续出版了余华多本书籍，甚至在《兄弟》一书还没有被翻译之前，就以15万美元买下了版权。这些"战绩"足以佐证余华在国际文坛获得了热烈的关注与很高的评价（高方，2014）。

《兄弟》在美国、法国、德国、日本、挪威等国家的读者和专业圈内均获得高度评价。《兄弟》分上下部出版，是余华的第四部长篇小说，也是迄今为止余华篇幅最长的小说。在澎湃新闻2017年12月1日对余华的专访中，余华说，《兄弟》是他最满意的作品。《兄弟》凝聚了中国四十多年的社会变迁，在余华看来，"一个西方人活了四百年才能经历这两个天壤之别的时代，一个中国人只需四十年就经历了"（余华，2012）。该书一经面世就获得广泛讨论。2009年版的译者在前言中将余华所塑造的当代中国历史描述为"惊心动魄"（tumultuous）："《兄弟》以独特视角审视中国当代历史，以一种在美（beauty）与反常（perversity）之间摇摆不定的眼光来看待它。这种叙事凝视的对象通常是女性的身体（及其各种替代品），但同样代表着中国的身体政治（body politic）——余华所经历的深刻的民族历史，他在小说中试图赋予它生命。"（Yu, 2009）这无疑代表着译者对余华本人以及其作品价值的充分肯定。

除了对《兄弟》所涉及的中国历史感兴趣外，译者也非常欣赏余华在文本中体现出的个性化语言特色与深刻思想。译者对余华在文本构造中体现出的"颠覆性的幽默"（subversive humor）与"令人难以忘怀的感伤"（haunting sentimentality）印象深刻。译者对余华设计的"处美人大赛"情节赞叹不已，认为与2004年12月余华创作时中国正在举办的人工小姐选美大赛相互映射，都承载了"一种重新净化的幻想"（an illusion of refurbished purity）。除了辛辣的讽刺之外，译者也感动于《兄弟》的温情内核——父母为了保护孩子不受疯狂世界的侵害而付出的不懈努力。"我们自己也开始更加欣赏这部小说的这

一方面，因为在这段时间里，我们发现自己自豪地成为了'小李光头'的父母。"（Yu，2009：8）

余华作品在海外得到了较为普遍的译介，并斩获多项国际性大奖，因而在国外文学批评界与普通读者中都受到欢迎。2009年《兄弟》英文版在美国发行时，《纽约时报》特意做了一个中国新书的专号，其中《兄弟》的评介占据了整个版面，由此可见余华在海外的影响力。同时，余华作品《兄弟》最终由世界闻名的纽约锚图书出版社（Anchor Books）出版，也从市场经济层面保证了小说在海外的顺利发行与推广。

总之，正是对作者余华及其作品价值的肯定，对文本语言特色与深刻思想的欣赏，以及文本市场前景的信赖决定了译者 Eileen Cheng-yin Chow 与 Carlos Rojas 对该文本的最终选择。

（二）"侵入"与译者的归化翻译策略

斯坦纳阐释学在翻译活动中的第二步骤为 aggression，中文译为"侵入"。由于译入语与源语分属两种语言和文化系统，其冲突必然难以避免，必然会产生不同系统、因素之间的侵犯（金敬红，2005）。此处的"侵入"就是指译者在翻译过程中，为了达到成功译介的目的，以西方读者可以理解的方式介绍源文本中的内容，并在此过程中不可避免地或刻意为之地采用省译、意译或替换的方式来"侵犯"源文本中的文化概念。译者"侵入"分为以下两个层面：句法结构层面与内容层面。

1. 句法结构层面

所谓句法结构层面的译者"侵入"是指译者在翻译过程中，必须满足译入语读者的阅读习惯，改变源文本中的汉语习惯的句式结构，使译文符合英语句法构造，减少读者的阅读障碍。

［例1］她嘴里"咝咝"地响着，其实这时候她不头痛了，她咝咝叫着是因为她的喘气越来越急，第二次新婚即将来临，让她脸红耳热心里怦怦跳个不停。（余华，2012）

Her teeth were chattering. This time though, it wasn't because of a migraine but rather, because she was breathless and flushed at the prospect of another wedding. (Yu，2009)

汉语重视意合，句子往往以动词为中心，以时间顺序为逻辑语序，一个小句子接一个小句子，有很多流水句。流水句也是汉语中特有的句式，不重视句子结构形式上的完整，只要求句子语意连贯，一般不需要连词连接。吕叔湘曾指出："汉语中特多流水句，一个小句接一个小句，很多地方可断可连。"（吕叔湘，1979）汉语中的逗号，可以将所有描述同一场景或同一概念的句子集合为一个长句，而英语中则强调句法规则，两个或以上的句子需要有句号隔开，或是将其中一个句子改变为状语或分词结构。如果译者想翻译出符合西方读者阅读习惯的英语句子，就需要在翻译时理清汉语流水句之间的逻辑关系。

在例1中，译者明显侵入了原文句式结构，将一逗到底的蕴含多重逻辑关系的流水句，分解为两个符合英式语法逻辑的句子：原文流水句中的第一部分拆解为一个短句。第二句中以"though"引导让步状语从句，解释了李兰此时的喘气不再是因为疾病，而是因为第二次新婚即将来临。如果沿用原句流水句形式，势必造成目标语读者的阅读障碍，不符合西方读者的阅读习惯，因此译者选择侵入原文句法结构，对原句进行结构性重写，将原文的一句拆解为不同主语的两个句子。

［例2］李光头和宋刚也顾不上他们了，这是两个孩子第一次在夏天吃到冰镇的东西，在此之前他们吃过的最凉的东西也就是喝一喝井水。（余华，2012）

Baldy Li and Song Gang didn't pay attention to them either. This was the first summer the two kids had enjoyed this sort of ice treat. Previously, the chilliest thing they had tasted was a bowl of well water.（Yu，2009）

与例句相似，译者为了符合英语句法习惯，侵入原句结构，将原本的一句拆分为三个主语不同的短句，以保证英语读者的顺畅阅读。

除了以上长句之外，原作中一些短句也被译者采用更符合英式句法习惯的方式译出。如：

［例3］他们说："明天再来吃，好吗？"（余华，2012）

They asked："Could we come back again tomorrow?"（Yu，2009）

原句中的"明天再来吃"属于汉语中典型的无主句，是现代汉语非谓语句的一种。这种无主句的主语需要依靠上下文或特定语境来确定，译者在翻译该无主句时，采用了补充完整主语的翻译方式，帮助目的语读者了解到底是谁希望明天再来吃，以求更贴合西方读者阅读习惯。对原文中的大多数无主句，译者多采用补充主语的方式，向读者说明该行为的施动者。

［例4］宋凡平……对两个孩子说："进去吧。"（余华，2012）

Song Fanping suggested："Why don't you go back inside?"（Yu，2009）

［例5］他们说："就这样吧，今天就放过他了。"（余华，2012）

They said,"Fine, then we'll let him off the hook."（Yu，2009）

句式结构改造在 *Brothers* 译本中十分常见，这种句式结构层面的"侵入"步骤在翻译过程中必不可少，能够使译本更符合目的语读者的阅读需求，是中国现当代文学成功"走出去",获得广泛海外传播的重要因素。

2. 内容层面

所谓内容层面的译者"侵入",是指译者在翻译过程中,为了保证译文的流畅,往往根据具体情况,省略或更改源文本内容,使译文更符合译入语文化习惯,以减少或减弱读者阅读障碍。译者在内容层面的"侵入"又可细分为以下两种类型:对源文本内容的省译或删除,以及替换或省略源文本中意象、习语。

第一,对源文本内容的省译与删除。

[例6] 白糖就像融化的积雪一样在冰绿豆上面湿了,变黑了,他们的勺子插了进去又舀了出来,一勺子的冰绿豆进了他们的嘴巴,他们舒服呀,他们高兴呀,他们的嘴巴在炎炎夏季迎接了又凉又甜的冰绿豆。(余华,2012)

With the sugar on the top dissolving like melting snow, each spoonful was sheer ecstasy. (Yu, 2009)

除了原句中的白糖如积雪意象之外,原作中白糖在冰绿豆上的融化过程、李光头与宋刚吃冰绿豆的过程与两个孩子吃冰绿豆时的兴奋状态都统统被译者省略,只简化为"每一勺都是纯粹的欢喜"。译者此处基于归化翻译策略,简化、删除原作内容,以保证英语读者的阅读顺畅。

[例7] 宋凡平搔了搔脑袋说:"算了,还是叫绰号吧,叫李光的时候总是忍不住滑过去叫成李光头了。"(余华,2012)

Song Fanping scratched his head and said, "Well, okay, let's use the nickname then. It's impossible not to call him Baldy Li." (Yu, 2009)

在汉语中念叨"光"时容易顺嘴念成"光头",这一语言特点在目的语中难以体现,因此译者采用归化策略。

[例8] 屋外挤满了看热闹的人,这些人把二婚的一男一女看够了,就想看看二婚的两个儿子。(余华,2012)

A crowd had gathered outside, and now that they had examined the second-time-around newly-weds, they wanted to examine the two sons. (Yu, 2009)

原文中作者重复了两次"二婚的"这一具有中国特色的形容词,是指离婚或丧偶之后的再一次结婚。在中国的社会文化中,夫妻终究是"原配"的好,"二婚"往往具有贬义,"二婚"的婚礼往往比初婚低调,"二婚"中双方带来的子女也被贬称为"拖油瓶",有给新家庭增加负担之意。原作中看热闹的人把"二婚"的男女主角看够了,把目光转向"二婚"的两个儿子,明显带有不怀好意的调侃之心,也解释了后文中出现看热闹的人群让两个"拖油瓶"儿子一人叼住一只白瓷杯盖,模仿叼住李兰奶头这种低级趣味的闹洞房行为。译文中对第二次出现的明显具有暗示作用的"二婚"这一形容词进行了省略，则有可能造成源文本中作者隐含涵义的流失。

第二，替换或省略源文本中的意象、习语。Susan Bassnett 曾将语言比作文化的心脏，正是文化与语言的相互作用，才使生命能量得以延续。（Bassnett, 2001）翻译的困境不仅仅在于语言转换本身，更在于源文本中的文化负载部分是否能够在转换后的译入语中得到完整的体现。在《兄弟》英译本 *Brothers* 中有很多负载中国文化特色的习语或意象在译文中遭到了译者的替换或省略。

[例 9] 李光头和宋钢嘴里鼓鼓囊囊地走了出去，两个孩子的脸被挤肿了，眼睛被挤小了，屋外的人看到两个孩子就哈哈地笑，他们说："嘴里塞了什么山珍海味？"（余华，2012）

Baldy Li and Song Gang rushed outside, their mouths stuffed so full that their eyes squinted and their cheeks puffed out, making everyone burst out laughing, "What treasures do you have in there?" (Yu, 2009)

此句中的"山珍海味"是中国文化中特有的表述，指代山野和海里出产的各种珍贵食品，泛指丰富、美味的菜肴。原文中的"山珍海味"是刘镇群众对孩子的嘲讽，译入语中省略了这一有文化负载意味的说法，意译为"treasures"以保证译入语读者阅读顺畅。

除此之外，该例句也涉及前文提到的译者"侵入"对原句结构的更改：原作中"嘴里鼓鼓囊囊地"是作为副词修饰两个孩子走出去的状态，译者为了更符合英语的句法习惯，将"嘴里鼓鼓囊囊地"作为独立主格结构来修饰两个孩子走出去时的状态，原文中的流水句"屋外的人看到两个孩子就哈哈地笑"也被更改为现在分词结构对两个孩子的行为的结果进行补充说明，这样句式层面的逻辑性整理修改无疑更符合英语的构句习惯。

[例 10] 这时宋钢抬起头来倔强地说："我和他已经一刀两断了。"（余华，2012）

Song Gang lifted his head and said stubbornly, "I have already severed my relationship with him." (Yu, 2009)

[例 11] 林红心想这时候把自己的委屈告诉宋钢，对宋钢只会雪上加霜。（余华，2012）

It seemed to her that telling him about her humiliation now would merely add salt to his wounds. (Yu, 2009)

[例 12] 李光头欢呼起来，"我要说的就是欲擒故纵。"（余华，2012）

Baldy Li cried out, "She is playing cat and mouse with me." (Yu, 2009)

[例 13] "天天去追求她,锲而不舍,直到她以身相许。"宋刚说。(余华,2012)

"Pursue her every day without giving up, until she finally gives you her hand in marriage." (Yu, 2009)

[例 14] 林红将真相一五一十地告诉了这个迷茫忧愁的年轻女子后,警告她:"你的男朋友是个刘镇陈世美。"(余华,2012)

After Lin Hong told this confused and anxious young woman the full truth, she warned her, "Your boyfriend fancies himself Liu Town's resident Don Juan." (Yu, 2009)

以上例句的共同特点在于译者用符合译入语文化语境的表述替换了源文本中的具有文化负载内涵的表述内容。尽管作者在源文本中的用词遭到了替换或省略,但译文基本符合作者原意,译者在"侵入"过程中,将具有汉语文化特色的表达转换为符合译入语语言文化系统的相应表述,虽没有达到文化层面的完全等同,但都不影响读者的阅读体验。然而,译本中有些意象或习语的省略与更改由于无法有效传递源文本中隐含的社会含义或讽刺意味,造成了翻译中的语义缺损。

[例 15] 拖油瓶李光头和宋刚走在板车后面。(余华,2012)

The tagalong children followed behind. (Yu, 2009)

[例 16] 他们说这样两家人合在一起,哪家孩子才算是拖油瓶?他们商量到最后说:"两个都是拖油瓶。"(余华,2012)

All along the street, people pointed at Baldy Li and Song Gang, debating which of the kids would be considered the proverbial *excess baggage* in the new family. After much discussion, they eventually concluded, "Both of them are *excess baggage*." (Yu, 2009)

以上两个中文例句中均提到"拖油瓶"一词,该词汇在中国文化中有特殊含义,是江浙一带的方言,指代旧社会妇女改嫁后带到后夫家去的子女。其正确的说法应该是"拖有病"而不是"拖油瓶"。古时候寡妇再嫁的家境一般都较差,一旦寡妇带到后夫家去的子女有疾病,往往会引起前夫亲属的责难,给后夫带来甩不掉的麻烦。后夫为避免这类纠葛,在娶寡妇时就要请人写明字据,言明前夫子女来时就有病,今后如有不测与后夫无关。因而人们就把再嫁妇女的子女称为"拖有病"。由于"拖有病"与"拖油瓶"字音相近,就被人说成了"拖油瓶"。

此外,以讹传讹的"拖油瓶"说法也具备比喻含义。江南地带穷苦乡下人上街所带的油瓶,大都是别人家托带的东西,拖在手里又十分累赘。与此意象类似,再嫁寡妇带到后夫家去的子女,由于冠以前夫的姓氏,在后夫看来,也是别人家的东西,并且像上街托带的油瓶似的,十分累赘,因此将拖带子女比作"拖油瓶"也不难理解了。

以上两个例句中提到了三次"拖油瓶"概念,但译者采用了三种不同的方式进行翻译。例15中的"拖油瓶"被翻译为形容词tagalong,删除了源文中的"拖油瓶"文化概念,仅仅以偏正结构译出孩子们跟在父母身后的伴随状态。而例16中的"拖油瓶"这一说法的文化讽刺意味强烈,译者没有继续采用前文译法,将之意译为excess baggage(超重行李)。译者特意将这一文化概念斜体,并增译了proverbial这一形容词在前,以告知英语读者这一词汇是中国习语,其含义为"多余的,累赘的行李"。然而事实上,这两者之间绝不等同,在译者的归化策略占主导地位的"侵入"翻译步骤中,"拖油瓶"一词复杂的社会含义与讽刺意味消失殆尽,并没有实现源文本到目的文本的成功转换。

[例17] 终于到了宋凡平的家门口,这游街式的婚礼终于进站了。(余华,2012)

Finally, the newly melded family arrived at Song Fanping's house, and with that the wedding parade reached its destination. (Yu, 2009)

例17中作者使用了"游街式的"这一形容词来修饰这场婚礼。"游街"这一词汇在中国特指人们有目的地在街上游行,多为押解罪犯坏人以示惩戒,有时亦为簇拥英雄模范人物以彰功绩。在《兄弟》第一部所描述的特殊历史时期,"游街"成为绝对的贬义词。在"文化大革命"历史语境下,成分低下的"地富反坏右"阶层往往需要以"游街"形式接受"正义群众"的批斗。源文本中"游街式的"这一形容词,结合上文"拖油瓶"的贬义概念,昭示了刘镇群众对宋李二人双重"二婚"的嘲讽、奚落态度。译者将"游街式的"这一形容词转译为名词"parade",不具备源文本中的政治文化含义,也不能体现作者对刘镇群众的辛辣讽刺,造成了目的文本中文化涵义的缺损。

[例18] 虽然这样的喜悦都是昙花一现,她还是继续着她的激动。(余华,2012)

Though the joy was always short-lived, she remained undaunted. (Yu, 2009)

成语"昙花一现"典出《法华经·方便品第二》:"佛告舍利弗,如是妙法,诸佛如来,时乃说之,如优昙钵花,时一现耳。"比喻美好事物出现的时间很短。译本中"昙花一现"翻译为short-lived,去掉了"昙花"这一独特的汉语意象,原文用"美而脆弱,美而短暂"的昙花指代李兰在美好爱情中获得满足时间的短暂,该意象在译作中被直接省略,形成了无可辩驳的语义缺损。

[例19]最后李光头抹了一下满嘴的唾沫,使劲握一下张裁缝的手,豪迈地说:"这里就交给你了,我要到上海借东风啦。"(余华,2012)

Finally, he firmly gripped Zhang's hand and said, "I will now hand everything over to you while I go to Shanghai to secure the final ingredient." (Yu, 2009)

"借东风"典出古典小说《三国演义》。三国时期曹操所建立的魏国强盛,吴、蜀联合抗曹。东吴将领周瑜欲火攻曹操,却发现吴军位于东南,曹军位于西北,这时候正是刮西北风的冬季,若用火攻,必烧自己而不能破敌,遂忧虑成疾。鲁肃见主帅卧病,求计于孔明。孔明伪言自己会医病,写了一张药方给周瑜,上书:"欲破曹公,宜用火攻;万事俱备,只欠东风。"在译者侵入中,原作中的李光头以诸葛亮自比的文化因素在译本中流失,译者将充满文化意味的"借东风"典故,简化为直接告诉读者他(李光头)要去做什么,厂址、人手、股东、资金等各要素齐备,只差李光头到上海去找到推销成品的销售门路——这一最后的要素,在清除文化障碍的同时,也减少了目的文本的文化含量。

[例20]李光头一点都不领情,他头都没抬地说:"你没看见我正在日理万机?"(余华,2012)

Baldy Li was not at all impressed, and without even bothering to look up he retorted, "Haven't you noticed that I am sorting through thousands of opportunities every day?" (Yu, 2009)

"日理万机"原指帝皇每天处理纷繁的政务,现多用以形容工作繁重。作者在原作中使用的"日理万机"明显存在刻意为之的用语不当;该词本身是用来形容重要领导每天必须处理很多事务,小人物李光头使用"日理万机"明显是不合适,不恰当的。也因此才能解释文中县长听到李光头这一说法后,大发雷霆,说:"他算什么日理万机?我才是日理万机……"(余华,2012)译者没有解读出该成语的这重含义,错误地采用了直译的方式,失去原作中的前后照应,也成为对源文本内容的一个明显误译。

(三)"吸收"与译者异化翻译策略

在翻译过程中,为了减少译入语读者的阅读障碍,译者常采用意译、省译的手法减少、省略或替换源文本中的文化负载词,但为了增加读者对源语文化的兴趣,译者也需要根据情况采用异化翻译策略,在保证译入语读者可以理解的基础上,尽力保留原文本中作者采用的内容、形式,使原文本中的说法、意象、比喻、观念融入/植入译入语文化。

[例21] 让大街上围观的群众急得连连跺脚，好比是三国时期的曹操揍了刘备，又揍孙权，刘备与孙权却不知道联手还击。（余华，2012）

The onlookers were now so giddy that they repeatedly stomped their feet, sensing that this was even better than returning to the Three Kingdoms period and watching Cao Cao beat Liu Bei and Sun Quan. (Yu, 2009)

《三国演义》内容在《兄弟》中多处出现，是作者表述中引用频率最高的中国古典文学作品。在例21的翻译过程中，译者为了实现忠实于原文的目的，在保证读者能够理解的基础上，采用了异化翻译策略，并对其中作者类比的故事情节与人物身份进行了简要介绍，引导译入语读者更多了解源文本中表述内容与源语文化。

[例22] 这时林红父亲当着满街的群众，用扫帚指着李光头骂道："你是癞蛤蟆想吃天鹅肉！"

"告诉你，"林红母亲举着鸡毛掸子对他喊叫："我女儿这朵鲜花不会插在你这堆牛粪上。"

李光头在林红父母那里遭受了癞蛤蟆和牛粪之耻，让他窝囊了整整一个星期。（余华，2012）

Lin Hong's father gestured at Baldy Li with his broomstick, said: "You are the proverbial ugly toad who thinks he can have the swan."

"I tell you" —Lin Hong's mother pointed at him with her feather duster as she shouted— "My flower of a daughter will never be planted in a pile of cow dung like yourself."

The ugly-toad-and-cow-dung humiliation that Baldy Li had suffered at the hands of Lin Hong's parents left him annoyed for an entire week. (Yu, 2009)

该例中的"癞蛤蟆"是"癞蛤蟆想吃天鹅肉"这一意象的简化说法。在李光头向林红求婚时，林红父亲将李光头比作想吃天鹅肉的癞蛤蟆，林红母亲将他比作想让鲜花插在其上的牛粪，都是英语语境中不存在的意象。译者在译本中保留了"癞蛤蟆与天鹅""鲜花与牛粪"两对意象，并对谚语稍加改动，把癞蛤蟆"想吃"天鹅肉改为"想拥有天鹅"，在忠实反映作者原文中的意象比喻之外，更加兼顾到了译入语读者的需求，相当成功地实现了两种文化的兼收并蓄。

[例23] 这叫留得青山在，不怕没柴烧。（余华，2012）

As they say, as long as you own the mountain, there's no need to worry about firewood. (Yu, 2009)

"留得青山在，不怕没柴烧"是汉语中的习语，在英语语境中译者本可以采用英文中有相应含义的谚语 "Where there is a will, there is a hope." 来翻译该句。但该句中的"青山"与"柴"的概念非常有中国文化特色,译入语读者不难从"柴"与"山"的关系中推测出该谚语的真实含义,因此译者基于异化策略,在译文中保留了该意象,实现了文化的兼容。

除此之外,译文中大量保留了原作中的生动比喻,有助于保留原作语言特色,有效地帮助译入语读者进一步了解中国当代社会文化。

[例24] 就是丢了西瓜捡芝麻的买卖也比他父亲的上算;李光头觉得自己是其次倒霉的人,他也就是做了一笔拿西瓜换芝麻的买卖。(余华,2012)

Even if someone were to, as the proverb has it, *pick up a sesame seed only to lose a watermelon*, he would still get a better deal than Baldy Li's father had. Meanwhile, Baldy Li felt that he himself was the second-unluckiest person in the world. (Yu, 2009)

"丢了西瓜捡芝麻"是汉语中著名的歇后语,表达的概念是"因小失大"。译者在译文中如实保留了原文中的比喻,增译了 "as the proverb has it",并将直译部分斜体处理,提示读者该句为中文谚语,并在后文中意译这场被比喻为"丢了西瓜捡芝麻"买卖的倒霉程度可以相当于"be the second-unluckiest person in the world",帮助译入语读者充分领会该句谚语背后生动、饱满的文化内涵。

[例25] 你的动作就像游泳选手比赛时准备跳水的模样,你的头和身体插得越来越深,你看到的屁股面积就越来越大。(余华,2012)

You could bend over like a competitive swimmer at the starting block about to dive into the pool, and the deeper you bent over, the more butt you would be able to see. (Yu, 2009)

作者余华巧妙地将流氓偷看屁股的动作比喻为游泳选手准备起跳的动作,译者原样保留原作中作者生动、活泼的比喻,让读者充分感知作者诙谐、幽默的语言特色。

[例26] 他的转身,他的出拳,又快又准又猛,把那个人打翻了过去,就像一条扔出去的旧被子。(余华,2012)

His punch was swift and devastating, and the man promptly topped over like an old blanket being tossed aside. (Yu, 2009)

源文本中作者对宋凡平拳头的杀伤力做了极为生动的比喻,把人打得翻了过去,"像一条扔出去的旧被子"。译者在译本中用符合西方认知的 "blanket" 替代了汉语中的"被子",保留了原作中形象、生动的比喻。

译者基于异化翻译策略,以跨文化交流为目的,积极保留源文本中生动、形象、饶有趣味的各种比喻，使原作中的语言特色得以在译入语文化中留存，与此同时，也满足了英语读者进一步了解中国社会文化的兴趣需求，也有助于中国文化走出国门，实现中国当代小说作家特色语言风格在目的语文化中的成功植入。

（四）"补偿"与翻译任务的达成

阐释运作的第四步翻译步骤是补偿（compensation）。Baker在其主编的《翻译研究百科全书》中将阐释学中的补偿定义为"译者在这一过程中，因原文经翻译获得阅读体验的提升而感到满意"。刘志军在《西方翻译理论通史》中相对完整地提出"补偿"所具备的两层涵义：一是译者从语言的角度对源文本进行补偿，使原文语言、风格、句法、习语等从翻译角度上而言的"不可译"部分得到某种形式的补偿；二是基于译者的理解对源文本进行补充说明，从而增强源文本的表达力量（刘志军，2009）。

1. "不可译"部分的译者补偿

本雅明在《译者的任务》中强调，所谓翻译"忠实"并不是机械、呆板地忠实于原文，而是要求译者充分展示双语才华，在跨语言的转换中充分发挥译者的主观能动性，展现翻译的可译性（Benjamin，1969）。

余华的《兄弟》一书横跨四十多年时光，其中有很多充满文化含义、时代色彩、个性化的表述，如果没有足够的语言功底与社会背景，译者很难在目的语文化中做出相对应的转换。余华自己都在访谈中承认，《兄弟》中的有些表述很难获得恰当的转化。但Chow与Rojas夫妇在2009版的英译本 *Brothers*，在语言的"不可译"方面做出了了不起的尝试，以高超的语言能力尽全力对源文本中的难点予以攻克与消解。

［例27］他头戴纸糊的高帽子，胸前挂着一块大木牌，木牌上写着"地主宋凡平"，他们不认识上面的字，他们只认识字上面打了红色的五个×。（余华，2012）

Baldy Li and Song Gang didn't recognize the characters on the placard, LAND X LORD X SONG X FAN X PING X....（Yu，2009）

源文本中的"地主宋凡平"是五个汉字，但英语为三个单词"Landlord Song Fanping"。译者巧妙地将Landlord与Fanping都拆解为两个单词，使源文本中的汉语字数与目的语中的英语词数相对应，译者利用自身语言能力对源文本实现翻译补偿，使"不可译"的翻译行为成为可能。

除此之外，源文本中还有一处也很难翻译。

［例28］李光头继续说："我就把'98'两个数字写在手掌上，'98'念

起来不就是'98'吗?"(余华,2012)

Baldy Li continued: "Therefore, I wrote the number 8 on my palm, which, read out loud, sounds like the word for 'bar', right?" (Yu, 2009)

此例句需要结合上下文一起分析。李光头从日本回来后声称日本人缺乏文化,群众问他原因,他说自己想去日本酒吧消费,由于不懂日语,也不会说日本话"酒吧",说中国话"酒吧"日本人又听不懂,为了解决问题,他手写"98"两个数字在手掌上,认为念起来就是"酒吧",却没想到日本人都看不懂。作者设计这一情节十分巧妙。在翻译转换时,译者不得不面对以下难题:其一,阿拉伯数字"98"在中文中发音为"酒吧"。其二,李光头很聪明,想到以数字形式让日本人理解他的用意。其三,刘镇群众们在汉语语境下,对李光头所说十分认可。其四,其实李光头是自作聪明,数字"98"在日语中的发音并不是"酒吧"。

译者利用自身的双语优势对该处文本进行了重构,将数字"98"简化为"8",使之对应英语中的单词"bar",非常有创造力地完成了近乎不可能的翻译任务。

[例29] 几个男孩咯咯笑着齐声喊叫:"李光头要向你求爱啦!"
……五个孩子对着关上的大门齐声喊叫:"李光头要和你性交啦!"(余华,2012)

The boys giggled and hallered in unison, "Baldy Li wants to court you!"
……They shouted in unison in the direction of the closed iron gate, "Baldy Li wants to have intercourse with you." (Yu, 2009)

除以上两例之外,原文中还有一处非常有趣的表述:李光头发动街上孩子向林红求爱时,本来使用了"求爱"这一文雅词汇,可惜孩子们太小不理解给忘了,李光头的潜在情敌赵诗人故意引导孩子们喊出最下流的用词"性交",彻底打乱李光头原本的战略部署。孩子们的懵懂配上大人们的各怀鬼胎,使原文的风趣幽默跃然纸上。译者本可以简单地直译为 have sex with you,但为了在译入语单词外形上更相似,更方便读者理解这是孩子们可爱的错误,译者选用了与 court 发音类似的 intercourse,在不改变作者原意的同时,提升了译本的可读性与生动性。

[例30] 这时候李光头喊叫起来了:"你是骗我们的,你根本没教会我们扫堂腿……你还骗我们木牌上的字,明明是'地主'两个字,你说是'地'上的毛'主'席。"(余华,2012)

Baldy Li started yelling, "You lied to us. You didn't teach us how to do the sweeping leg kick. You lied to us about the characters on the wooden placard. They mean 'landlord', but you told us they meant 'Chairman Mao of the land.'" (Yu, 2009)

此句极难。孩子的童言无忌最终导致了继父宋凡平被彻底打倒,终致死亡。宋凡平引导孩子认识木牌上的"地"与"主"两个字时提到了"土地"与"毛主席",然而结合当时政治环境,孩子喊出的无心之语成为宋凡平"反动思想"的铁证。尽管译者通过 landlord 与 Chairman Mao of the land 将"地主"与"土地之主"概念结合起来,但对目的语读者而言,要意识到这样一句话的杀伤力还是有很大困难的。由此可见,尽管译者可以在"补偿"步骤中充分发挥能动性,但由于文化与时代的隔阂,原文的"不可译性"仍然客观存在,不以译者的主观意志为转移。

2. 译者任务:向目标读者提供补充说明

阐释学运作的第四步补偿中,译者需要根据具体情况,增加注释或解释性文字,针对源文本中目的语读者不一定能够理解或意会的部分进行补充说明。

[例31] 刘作家虽然筹办婚事了,可是他身在曹营心在汉,他对林红的美色垂涎三尺。(余华,2012)

Even though Writer Liu was in the thick of his wedding preparation, he was still dreaming of greener pastures. (Yu, 2009)

此例中的成语"身在曹营心在汉"语出古典小说《三国演义》。其第二十五回至二十七回记载,关羽和刘备走散后,被曹操留在营中,恩礼非常;但关羽却挂念刘备,后来得知刘备在袁绍处,遂过五关斩六将,终于回到刘备身边。该语比喻身处对立的一方,但心里想着自己原来所在的旧主一方,含有明显的褒义。但此句中刘作家所挂念的林红与他自己的未婚妻并非敌对,而他人在筹办婚事,心里却对他人垂涎三尺的行为也十分可耻,因此译者在此处不采用直译的方式,而是根据该成语在文中的实际含义,将之意译为英语谚语 greener pastures,意为 a new place or activity that offers new opportunities,神似汉语中的"吃着碗里的看着锅里的",更符合原文中的潜在含义。

[例32] 李光头没来,那个刘作家也没来,吃喜酒就要送红包,他表示不屑于参加宋刚的婚宴,其实他是不舍得花钱。(余华,2012)

Baldy Li didn't attend. Neither did Writer Liu. While Liu suggested that he was disdainful of attending Song Gang's wedding banquet, the real reason was that he was simply too cheap—if he come, he would have had to give the newly-weds a red envelope full of money. (Yu, 2009)

原文中的"红包"在中国语境下含义明晰,但对于不了解中国文化的目的语读者而言,不一定能了解红包(red envelope)所具备的社会文化含义。

因此，译者在此句中对于红包内放的是给新婚夫妇的现金这一文化含义进行补充说明，以利于西方读者对源文本的理解。

［例33］刘镇的姑娘就不会这么客气了，她们私下里议论这两人：一个像唐三藏，一个像猪八戒。（余华，2012）

The young women of Liu, meanwhile, were not so polite, instead comparing them to the Buddhist monk Tripitaka in the folktale *Journey to the West* and his companion Pigsy. (Yu, 2009)

由于社会文化背景不同，对于不熟悉中国古典文学的西方读者而言，源文本中的"唐三藏"与"猪八戒"可能形成阅读障碍，因此译者在翻译此句时，对于语出典故进行了补充说明，并在译文中标注唐三藏与猪八戒的身份与两者关系，对于源文本中的文化概念向读者做好详尽的补充说明。

四、结语

在余华《兄弟》一书的翻译过程中，译者根据源文本中的具体情况，通过执行翻译阐释学理论中的四大步骤——信任、侵入、吸收、补偿——实现了归化翻译策略与异化翻译策略的兼收并蓄。在翻译过程中，译者为了减少译入语读者的阅读障碍需要采用归化翻译策略，对源文本中的有文化负载含义的谚语、习语、俗语等进行恰当的意译、省译或替换。在此过程中，译者需要特别注意是否对负载源语文化的词汇或表达产生了漏译甚至误译，以避免文化因素在译入语文本中的流失。与此同时，为了让读者产生对源语文化深入了解的兴趣，译者在秉持归化翻译策略的同时，也须根据实际情况，采用异化翻译策略，在保证译入语读者可以理解的基础上，尽力保留源文本中作者采用的内容、形式，使原文中的说法、意象、比喻、观念有效融入、植入译入语文化。

在兼顾归化与异化翻译策略的同时，译者还需凭借自身在双语方面与社会文化认知方面的优势，对源文本的"不可译"文本内容进行挑战与尝试，并根据具体情况，增加注释或解释性文字，针对源文本中可能对目的语读者形成阅读障碍的部分进行进一步的补充说明。

《兄弟》一书在海外的成功译介，凸显出译者在翻译过程中的重要地位。成功的译者不再囿于完全的归化或异化翻译策略，而是根据不同的翻译内容与个人双语能力，采用各种恰当的翻译方式如直译、意译、删减、替换、增加注释等，积极吸收源文本中的文化意象与语言方式，并尝试补偿源文本在转换中的文化流失，增加源文本对译入语读者的吸引力。《兄弟》一书在英语世界的大获好评离不开译者 Eileen Cheng-yin Chow 与 Carlos Rojas 高超的中英双语、双重社会文化认知能力,也佐证了中国现当代小说的成功译介离不开译者充分发挥主观能动性对源文本进行细致阐释的无尽努力。该译本在西方评论界与文化市场上的双重成功也为中国现当代小说的"走出去"尝试提供了相当有益的借鉴与启示,值得学术界对此进行更为全面、更为深入的研究。

参考文献

Bassnett, S. & Lefevere, A. 2001. *Constructing Cultures: Essays on Literary Translation* [M]. Shanghai: Shanghai Foreign Language Education Press.

Benjamin, W. 1969. The Task of Translator [M] //Arndt, H. ed. *Illumintaions: Essays and Reflections* [M]. Trans. by Zohn, H. New York: Schocken.

Newmark, P. 2001. *A Textbook of Translation* [M]. Shanghai: Shanghai Foreign Language Education Press.

Rener, F. M.1989. *Interpretation: Language and Translation from Cicero to Tytler* [M]. Amsterdam and Atlanta, GA: Rodopi.

Venuti, L. 2000. *The Translation Studies Reader* [C]. London and New York: Routledge.

Yu, Hua. 2009. *Brothers* [M]. Trans. by Chow, E. C-Y. & Rojas, C. New York: Anchor Books.

常妙沁. 2017. 布尔厄迪社会学视角下《余华》兄弟英译接受研究 [D]. 长沙: 湖南大学.

陈大亮. 2003. 谁是翻译主体?[J]. 中国翻译, (2): 5.

董国俊. 2014. 忠实的美人:《兄弟》中习语的英译策略分析 [J]. 语言与翻译, (5): 60.

高方. 2014. 尊重原著应该是翻译的底线: 作家余华访谈录 [J]. 中国翻译, (3): 59-60.

高菲. 2015. 基于构式压制的余华小说《兄弟》反义复合词英译研究 [D]. 大连: 辽宁师范大学.

郭建玲. 2010. 异域的眼光:《兄弟》在英语世界的翻译与接受 [J]. 文艺争鸣, (12): 66.

胡娟娟. 2016. 从改写理论看《兄弟》英译过程中的文化过滤 [D]. 广州: 广东外语外贸大学.

胡雪娇. 2020. 乔治·斯坦纳阐释学翻译视角下《土门》的英译研究 [D]. 西安: 西安理工大学.

金敬红. 2005. 阐释翻译理论与阐释过程 [J]. 东北大学学报, (5): 384-386.

刘云虹. 2002. 论文学翻译批评的多元功能 [M]. 张柏然, 许均. 面向 21 世纪的译学研究. 北京: 商务印书馆.

刘志军. 2009. 西方翻译理论通史 [M]. 武汉: 武汉大学出版社.

刘霁. 2000. 阐释的步骤导言 [M] //陈德鸿、张南峰. 西方翻译理论精选. 香港: 香港城市大学出版社.

吕叔湘. 1979. 汉语语法分析问题 [M]. 北京：商务印书馆.
苗娇. 2018. 图里翻译视角下《兄弟》的英译研究 [D]. 上海：上海外国语大学.
全瑜彬. 2017. 余华小说《兄弟》中的文化专有词英译研究 [D]. 杭州：浙江财经大学.
斯坦纳. 1987. 通天塔：文学翻译理论研究 [M]. 庄绎传，译. 北京：中国对外翻译出版公司.
汪宝荣，全喻彬. 2017. 余华小说《兄弟》中的文化专有词英译策略：基于数据分析和实例分析的考察 [J]. 山东外语教学，(4)：90.
余华. 2012. 兄弟 [M]. 北京：作家出版社.
许均. 2003. "创造性叛逆"和翻译主体性的确立 [J]. 中国翻译，(1)：9.
叶芳芳. 2020. 乔治·斯坦纳四步骤阐释运作理论辨析 [J]. 兰州文理学院学报，(1)：105.
袁榕. 2020. 精心构筑"经典"的文学翻译家：孙致礼先生翻译《老人与海》访谈录 [J]. 中国翻译，(6)：83-84.
查明建. 2003. 论译者主体性 [J]. 中国翻译，(1)：23.

多模态话语分析视角下冼夫人形象构建*

陈秋丽　廖益清**

摘　要：冼夫人作为岭南政治家、军事家，在维护国家统一、民族团结和社会稳定，发展岭南经济文化方面发挥了重要作用。本文基于 Kress & van Leeuwen 的视觉语法，以茂名高州冼太庙官方宣传栏宣传画为研究语料，分析了该宣传语篇的文化语境和情景语境，从再现意义、互动意义和构图意义三方面对五幅宣传画进行多模态话语分析，从不同视角探讨冼夫人的形象话语构建。结果显示，多模态宣传语篇通过图像、视角、颜色等符号，与文字说明相互补充，实现意义共建，从而立体构建了"中国巾帼第一英雄"的冼夫人形象。该研究为多模态文化宣传语篇中的人物形象构建提供了启示。

关键词：多模态话语分析　冼夫人　形象构建

Title: Image Construction of Lady Xian from the Perspective of Multimodal Discourse Analysis

Abstract: Lady Xian, a prominent figure in the political and military history of Lingnan during the Southern Dynasties, played a significant role in maintaining national unity, ethnic cohesion, and social stability, and promoting the economic and cultural development of the Lingnan region. Under the theoretical framework of Kress and Van Leeuwen's Visual Grammar, through an analysis of the cultural and situational contexts, and a multimodal discourse analysis of the representational, interactive and compositional meanings, this study examines Lady Xian's image construction in the official promotional discourse in Xian Tai Temple in Gaozhou, Maoming. The findings reveal that three types of meanings complement one another, and together with the textual descriptions, co-construct the image of Lady Xian as the "Heroine of China". This study contributes to the image construction in multimodal promotional discourse.

---

* 本文为2020年广东省哲学社会科学"十三五"规划外语学科专项重点项目"新媒体语境下广东英雄人物形象的话语构建与传播研究"（项目号：GD20WZX02-02）成果。

** 陈秋丽，广州新华学院外国语学院，广东外语外贸大学英语语言文化学院，研究方向：话语分析、外语教学理论与实践。廖益清，中山大学外国语学院，研究方向：功能语言学、批评语言学、社会性别。

Key words: Multimodal Discourse Analysis, Lady Xian, Image Construction

一、引言

形象构建是语言学研究的重要组成部分。随着视觉语法的兴起以及新媒体时代的到来，不少学者开始研究多模态语篇中的形象构建，如娱乐短视频、纪录片中国家和国家领导人的形象建构与传播（杨益天、田力，2020；赵玉倩，2020）、广告语篇中的城市形象分析（何竞平，2018）、影视剧中的英雄形象（刘广远、张欢，2011；王乃华、赵春霞，2020）、新闻漫画中的农民工形象建构（王凯，2020）等。这些研究为多模态话语分析与形象构建作出重要贡献的同时，存在两方面不足。一方面，它们将多模态话语分析的理论应用于纪录片、广告、新闻、影视剧、漫画等，但对于包含图片和文字、关于城市文明建设和文化宣传的文化宣传栏的多模态话语分析并不多见。另一方面，该研究现状与当今女性话语不断增多、不同媒介中女性英雄形象不再被固化或边缘化的社会现状不太相符。这些研究通过多模态话语分析，更好解读了国家、领导人、城市、民众、英雄人物的形象，但专门探讨女性英雄形象的研究不多，并且几乎没有关于岭南巾帼英雄冼夫人的多模态语篇分析。

冼夫人是古代南朝梁、陈和隋初时期的高凉地区俚人首领。她荣获多个封号，如"护国夫人""谯国夫人"等，被誉为"岭南圣母"。她致力于维护国家统一和民族团结，成为受人尊崇的政治和军事领袖，被赞誉为"中国巾帼英雄第一人"（田丰，2018）。国内外探讨冼夫人的现有成果为本研究提供了理论基础和方法借鉴，但研究现状也反映了两个问题。第一，学界对于冼夫人形象构建的多模态话语分析匮乏。国内有关冼夫人研究的文献持续增加，民族学与文化学、政治学、历史学、文学、宗教学、管理学领域的学者从冼夫人文化、军坡节、冼夫人信仰等领域进行了文献整理，对冼夫人文化功能特点或冼夫人资源开发利用的趋势发展进行分析（闫晓萍、王友文，2018）。同时，海外不少研究者对冼夫人身世与婚姻、冼夫人信仰、冼夫人在文化传播中的作用、冼夫人与花木兰形象对比等进行了探究（林天蔚，1971；贺喜，2008；Nguyen，2018；塚田诚之，2018；Lan，2011）。这些研究从不同视角对冼夫人进行深入分析，但大多基于单一的文本分析，对图片、影片等资料进行多模态话语分析的探究极少。第二，新媒体语境下对冼夫人形象传播途径探讨寥寥。国内近年来逐渐兴起有关冼夫人文化、形象的传播策略探讨（张均绍，2012；陈肯、杨晓霞，2018；梁苇等，2018；李炎升等，2020）。这些研究多从传播途径现状、传承与发展路径等方面进行理论分析，从旅游开发、文化传承、学校教育等方面探究传播途径。海外关于冼夫人的形象研究"强于解构短于建构，强于思辨短于考证"（张绍兵，2019），但有关冼夫人形象在新媒体语境下传播途径的研究几乎没有。冼夫人的形象传播除了小说、图片等传统媒介外，新媒体时代是否应该有更多样化、更高效的传播途径，是亟待探究的。

本文尝试运用多模态话语分析方法，以广东省茂名市高州冼太庙文化宣传栏的五幅宣传画为例，探讨图像模态的意义构建，解读文化宣传话语中构建的冼夫人形象，为新媒体语境下女性英雄形象建构和传播途径提供参考。

二、多模态话语分析

多模态语篇是一种融合图片、声音、文字等多种交流模态来传递信息的语篇（Kress & van Leeuwen，2001）。其分析的理论依据和方法包括系统功能语言学。系统功能语言学认为，解读语言应该在社会文化语境中进行，语境主要分为文化语境和情景语境（Halliday，1978）。多模态话语的文化语境是整个文化的意义潜势；情景语境是文化语境的具体实例，包括三个变项：话语范围，即发生了什么事，从事什么活动等；话语基调，即谁和谁谈话，两者之间存在何种角色关系；话语方式，即语言在语境中的作用（张德禄，2018）。

基于语境的三个变项解读的语言文字具有三大元功能：概念功能、人际功能和语篇功能（Halliday，2000）。Kress 和 van Leeuwen 认为，多模态话语的解读同样需要考虑语境因素，并对照语言文字的三大元功能，提出了视觉语法的三个意义层面：再现意义、互动意义和构图意义。其中，再现意义解释意义参与者与过程的关系，分为叙事的和概念的。叙事包括动作过程、反应过程、言语及心理过程。互动意义表示图像的制作者造成的图像所表征的事物（包括人）和图像的观看者之间的关系，同时提示观看者对再现的事物应持的态度，主要通过距离、接触、视点和情态等要素实现。构图意义指图片的整体构成，主要分析信息值、取景和显著性三种资源（李战子，2003）。

多模态话语的意义系统，是由参与多模态话语建构的符号系统的意义系统共同组成的（张德禄，2018）。因此，多模态话语分析探讨不同模态之间相互协作、创造完整话语、实现意义共建的途径。

三、多模态文化宣传语篇中冼夫人形象构建

（一）冼夫人文化宣传语篇的语境构建

多模态文化宣传语篇一般融合具有地方特色的文字、图片甚至声音等多种模态，展现地域或民族文化元素。其文化语境是文化宣传者和接收者所处的社会文化背景，情景语境则是符号使用过程中的具体情景，包含话语范围、话语基调、话语方式。高州冼太庙文化宣传栏的五块展板图文内容记录了冼夫人"我事三代主，惟用一好心"的英雄事迹，再现了她"中国巾帼英雄第一人"的形象，是典型的文化宣传语篇。

文化语境方面，冼夫人文化宣传语篇处于21世纪中国社会主义文化意义潜势中，内部表现为当今中国人的思维方式、行动方式、价值观、意识形态等。冼夫人文化宣传图文的制作、使用、解读首先应基于中国文化传统、风俗习惯、价值理念等。同时，改革开放促进文化研究百花齐放，使得冼夫人研究进入新时代，为冼夫人文化的创新性解读提供了富有时代特征和地方特色的爱国主义文化语境。

情景语境方面，冼夫人文化宣传语篇包含以下三方面：第一，就话语范围而言，该文化宣传栏通过五块展板上的宣传画以及文字说明，依次叙述冼夫人治理海南、平定高州刺史李迁仕叛乱、平定广州刺史欧阳纥叛乱、平定番禺俚帅王仲宣叛乱、惩治贪官赵纳五件英雄事迹，塑造冼夫人的巾帼英雄形象，传播冼夫人文化（如图1至图5所示）。其主题内容对应的情景因素是，当今正处于传承、发展冼夫人文化的黄金时代。根据《广东省建设文化强省规划纲要（2011—2020年）》精神，茂名市指定了相应实施意见，规划建成"集瞻仰纪念、爱国主义教育、学术研究等于一体，包括纪念馆、冼太广场、文化长廊等文化设施的多功能纪念馆"。2018年颁发的《茂名市冼夫人文化发展纲要》使冼夫人文化传承与发展更加系统化，全方位展示冼夫人文化的独特魅力。第二，基于其主题内容及情景因素，该宣传栏五块展板的目的在于，以图文结合的形式，提升高州冼太庙的文化宣传功能，打造茂名市的冼夫人文化品牌，提升城市影响力。该宣传栏为高州市文化广电旅游体育局所设，创作者为城市当地政府部门及高州冼太庙，受众为当地社会公众以及外来游客。第三，该文化宣传栏的话语方式为图文结合的展板。图文创作者与观众之间的交际呈现单向性，通过官方确定的权威图文资料作为静态视觉模态来传播所共建的意义。

多模态话语分析视角下冼夫人形象构建

图1

图2

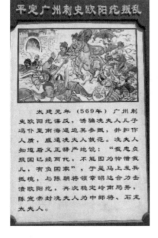

图3

图4

图5

（二）冼夫人事迹宣传画意义构建

冼夫人展板包括五幅宣传画，本文将从其构建的再现意义、互动意义和构图意义三个角度进行分析。

1. 再现意义

根据图像的特点，再现意义可以分为叙事的和概念的，叙事图像表达的是展开的动作和时间、变化的过程和瞬间的空间安排。而概念图像表示的是概括的、稳定的、没有时间限制的精华，如图像的结构、类别和意义（Kress & van Leeuwen, 1996）。

从实景层分析，图1是表达反应过程的叙事图像。背景的椰子树、海鸥，前景的海浪船只，以及船只上的"冼"字旗帜表明该图对应的是冼夫人率领部下前往海岛的事件。冼夫人英姿飒爽地站立于船头。其身后以及其他船只上整整齐齐地站满了随从。所有人目光坚定、注视前方。他们的目光形成一个矢量，连接着远方的陆地，因此是一个及物的反应过程，再现了冼夫人面对未来的信心和魄力。同时，从隐喻层分析，图1又是一个象征过程的概念图像。虽然冼夫人及其随从船只占据大部分画面，但前景选取了颜色鲜明、线条精致的层层波浪。结合图片下方的文字可以看出，这些簇拥在船头的波浪象征着冼夫人在治理海南岛的过程中，"久乱不统"的历史、叛兵匪贼的阻挠、错综复杂的俚僚部族关系所带来的重重障碍。海浪与船头交锋，凸显冼夫人的乱世英雄形象。但由于图片缺乏对目的地的描画或者隐喻，观看者较难将其与"海南"联系起来。

图2是一个及物的、表示反应过程的叙事图像。根据图中的"冼"字与"李"字旗帜、城门上方"高州"地名，以及前景中推车与宝箱等物件，看出该图对应冼夫人平定高州刺史李迁仕叛乱的历史事件。其中反应过程的矢量由坐在白马上的冼夫人的目光构成，反应者是冼夫人，被感知的现象是图片左上角的李迁仕护城楼上的官兵。冼夫人通过与城楼官兵的视线交流，加上温和的面部表情，以及自下而上的行进路线，再现了其乔装送礼、暗藏兵刃、挺进城楼、击破李迁仕的胆识。

图3从实景层分析属于叙事图像中及物的动作过程。背景中的"广州城"字样以及"冼"字旗帜表明该图对应冼夫人平定广州刺史欧阳纥叛乱的事件。图中对峙的双方分别是左下方策反的欧阳纥兵力和右上方的冼夫人与陈朝将领章昭达兵力。中间骑兵手上的长矛刺向下方士兵的胸口，形成对角线，是该动作过程的矢量。该动作的参与者是图片右上方的冼章兵力，目标是左下方的欧阳纥兵力。这种自上而下的动作过程再现了在冼夫人帮助下，章昭达顺利击溃欧阳纥、稳定岭南局势的胜利时刻。同时，从隐喻层分析，图3也是一个象征过程的概念图像。该图只见冼氏旗帜，未见冼夫人，但在图片前景中央偏右处赫然出现圆形硕大的面具盾牌，盾牌上的面容刚正不阿、威严凶狠，它照应了当时欧阳纥扣押冼夫人儿子冯仆，试图威逼冼夫人就范时，冼夫人义正辞严表示"我忠贞报国已经两代，不能因为怜惜我儿，有负国家"的坚决，象征了冼夫人的大义灭亲、一身正气。

图4属于叙事图像中的反应过程，一共包含两个矢量：一个是白马后方士

兵的视线，看向马上的冼夫人；另一个来自冼夫人的视线，看向白马右侧的其他士兵。此中冼夫人与马占据图片前景与中央大部分面积，说明其领导能力和风范，同时也表明了冼夫人深受士兵们爱戴。但图片仅呈现了胜利之后的场景，未再现冼夫人平定番禺俚帅王仲宣叛乱的具体过程。

图5也属于叙事图像中的反应过程。站立在背景中的士兵、审案桌及桌上的案卷、朱砚、笔筒，还有前景戴着枷锁的犯人说明此图对应冼夫人惩治番州（今广州）总管赵纳的历史事件。图中矢量反应者为坐在审案桌后的冼夫人，现象为跪着的贪官犯人。这个矢量实现了冼夫人与贪官赵纳之间的交流，再现了冼夫人不畏权势，反腐倡廉的决心。

总的来说，五幅宣传画实景层均为叙事图像，其中除了图3是行动过程外，其他四幅都是反应过程。除此之外，图1和图3在隐喻层为概念图像。虽然反应过程较之行动过程，再现事件的效果稍弱，但在文化宣传语篇中，加上文字说明的作用后，便能很好地再现冼夫人维护国家统一、民族团结和社会安定的英雄事迹。

2. 互动意义

图片可以通过接触、距离、视点和情态等因素，与观看者互动，并影响其观念和行为。接触指语篇以某种方式对观众产生提供类或索取类的作用；距离指图像中参与者与观看者之间的亲疏关系，包括亲近的距离、个人的近距离、个人的远距离，社会的近距离、社会的远距离，公共距离；视点指我们在水平方向上从正面、侧面或背面，在垂直方向上仰视、俯视或平视时对物体产生的象征性的权势；情态则指某种图画表达手段（色彩、再现的细节、深度、色调等）使用的程度（李战子，2003）。

从接触方面看，图2中冼夫人看向城楼上的士兵，图4中白马身后的士兵看向冼夫人，呈现了参与者之间的索取。然而，五幅宣传画中均未出现参与者直面观众的情况，与观众之间无任何视线交流，也未直接在观众中发起行动倡导，因此它们均直接实现提供信息的互动意义。但是，五幅图像结合，为观众构建冼夫人完整的英雄形象，若观看次数够多，并配合适当的文字说明，也可能间接激发起观众心中的爱国情怀，改变观众的观念和行为，实现索取的互动意义。

在距离方面，五幅宣传画均采用社会远距离，主角呈现出整个人，或被士兵们簇拥，或置身于复杂的环境中。这种距离让观众看到城楼、军队、海洋等更多故事情节相关的背景信息，显示出历史悠久感。同时，社会远距离还表明参与者与观众之间是较为疏远的社会人际关系，双方处于不同的时代和空间。这种距离引导观众以旁观者的角度进行客观的观察和思考。

就视点而言，五幅图像在垂直方向均采用了平视的角度，显得客观、正式和全面。其中图 3 采用了正面平角，让观众清晰看到洗夫人的面容，从而在产生敬畏之心的同时又感到亲近。其余图像均采用侧面平角来呈现参与者之间的对峙情况，灵活自然，让观众有种虽置身矛盾中却又能看清局势的感受，产生观看的欲望，进而了解宣传画上叙述的故事情节。

在情态方面，五幅宣传画具有相似的特点。虽然它们通过较为抽象的水彩画进行再现，却又选择性地呈现了较多细节，例如人物脸上的皱纹、马背上的鬃毛、城墙上的刮痕；虽然传达的是历史事迹，却采用中饱和度的红色、黄色、蓝色、橙色、绿色等多种亮色，这种抽象与细节相结合、暖色调为主色调的方式，不仅营造了怀旧复古的氛围，还让每一件英雄事迹变得鲜活，整体上给观众带来较大的视觉冲击，在沉稳踏实的历史事件中感受到一种热情明朗、愉悦轻松、积极向上的正能量。

因此，五幅宣传画主要为提供信息类图像，均与观众保持社会远距离，多采用侧面平角的视点，并通过情态方面的手段营造较大的视觉冲击感，符合文化宣传语篇的要求，能够更好地吸引观众，增强文化宣传效果。

3. 构图意义

构图意义通过信息值、取景和显著性来表现。其中信息值通过图中的放置实现，主要有上下结构、左右结构和中心边缘结构。上下结构中置于上方的是整体的、理想的，置于下方的是具体的、真实的；左右结构中，左边为已知信息，右边为新信息；在中心边缘结构中，中心放置最重要的信息，边缘放置次要信息。取景指的是有无取景手段，而显著性指的是元素吸引观众注意力的不同程度（李战子，2003）。

图 1 可分为左右两部分，左边只有一角露出了几棵椰子树和小块陆地，为已知的目的地。右边为即将登岛的洗夫人带领的队伍，属于新的信息。同时背景中模糊、重影、配色单调的椰树与陆地，与前景中细节丰富、颜色鲜明且多样的行进队伍形成明显的割裂感、对立感，更加突出了洗夫人率领众人果断前行、大刀阔斧的磅礴气势。

图 2 由上方的护城楼、远方的山峦，以及下方的洗夫人及其士兵队伍组合而成。这说明城楼以及城楼后面的领域都是概括性的、理想性的，是洗夫人"乔装智取"的目标，而下方的行进队伍则是更特定的信息、更实际的行动，表明攻打高州这个目标所将要采取的行动、人物以及装备。同时，现实恢弘的城楼在图片中却显得非常矮小，护城士兵寥寥数个，城楼与山峦均为灰绿色，模糊不清。相比之下，进攻队伍占据画面的三分之二，呈现缤纷的颜色，人物细节较多，且置于右方，有一股向上的趋势，显著性非常高。这种对立形势同

时预示了冼夫人必胜的结局。

图3是典型的左右结构,其中左边分为上方的广州城城楼及下方的两名士兵和马,其中士兵几乎只看得到背面,马匹也只露出后腿,这部分是已知信息,信息价值最低,显著性最低;右边为英勇进攻的冼章军队,为新信息。坐在马上的人物占据图片中央和右上角,表情清晰,细节较多,信息价值最高,显著性最高。表明了右边的队伍即将取得胜利。

图4是典型的中心边缘结构。骑在马背上的冼夫人位于图片的中央,且置于前景,五官清晰,表情真实,是最重要的信息,能够让观众一眼识别并印象深刻;围绕在周围的士兵身躯较为矮小,属于辅助信息,信息价值较低,显著性较低。冼夫人高大的形象与周围密集的士兵相得益彰,展现了她杰出且深得众人爱戴的品质。

图5也是左右结构。左边为拿着刀的官兵以及戴着枷锁跪在地上的贪官赵纳。赵纳仅仅露出上半身,信息价值最低;冼夫人及随从位于图片右半部分,虽然距离观众较远,但形象高大,细节清晰,是新信息、重要信息。

总的来说,五幅宣传画,采用多种布局结构,营造前景背景的对立感,充分突出了冼夫人英雄事迹的信息价值,让观众领悟到冼夫人的重要地位,使得其英雄形象更加深入人心,这与文化宣传栏设置的目的相吻合。

四、新媒体语境下冼夫人形象传播

以上多模态话语分析视角下冼夫人形象构建的讨论说明:通过多模态宣传语篇,实现文字与图片、影音资料的意义共建,可优化冼夫人文化资源的整合,更好地构建和和传播冼夫人形象。

首先,对于文物古迹,在冼夫人庙宇、古城遗迹新增宣传栏或者标语,可彰显古迹的重要性,号召当地民众了解冼夫人精神,更好地保护历史遗迹。如图6和图7所示,在冼夫人活动遗迹——高州长坡镇旧城城楼的前面,新建的围墙上贴着大型宣传海报,向当地民众和外地游客讲述冼夫人文化在"海上丝绸之路"建设中的作用,以及冼夫人的文化核心——冼夫人精神等知识。这些宣传内容既科普了冼夫人事迹和精神,促进民众心中冼夫人的"神"化形象向巾帼英雄形象的转变,又能发动群众保护当地遗迹,传承冼夫人精神。

其次,对于民俗活动,在以往以冼太庙堂文化、祭祀文化为主的冼夫人文化,以及"姑太探外家""旧城劏牛会""年例巡游""冼太会"等传统活动的基础上,我们可在批判性继承和弘扬冼夫人民俗文化活动中采取新形式。例如,通过"好心茂名"冼夫人文化周,让观众通过粤剧《冼夫人》、舞蹈《巾帼英雄》、木偶戏《冼夫人传奇》等非遗展演或创新活动，更深刻地了解冼夫人的形象和精神。最后，在文学艺术方面，既重视民间流传的冼夫人的故事、传说、歌谣、对联、诗词等文学作品，又融入现代特色，如摄影、戏曲、音乐、影视、美术、书法、民间艺术等多种类别的冼夫人专题报告文学创作，是讲述冼夫人故事、非遗艺术、岭南文化，践行文化自信的创新形式。

图6　高州长坡镇旧城城楼

图7　高州长坡镇旧城城楼宣传栏

五、结语

本研究发现，冼夫人文化宣传栏的多模态宣传语篇通过图像、视角、颜色等手段，与文字说明相互补充，实现意义共建。通过叙事图像，宣传画充分提供了冼夫人生平事迹信息；同时，通过多种布局结构，突出冼夫人的重要地位。该宣传话语立体地构建了冼夫人维护国家统一、民族团结的英雄事迹和"中国巾帼第一人"的英雄形象。本研究希望为从文物古迹、民俗活动和文学艺术等方面进行冼夫人形象多模态构建以及传播提供启示。

参考文献

Halliday, M. A. K. 1978. *Language as Social Semiotic：The Social Interpretation of Language and Meaning* [M]. London：Edward Arnold.

Halliday, M. A. K. 2000. *An Introduction to Functional Grammar* [M]. Beijing：Foreign Language Teaching and Research Press.

Kress, G. & van Leeuwen T. 1996. *Reading Images* [M]. Burwood：Brown Prior Anderson.

Kress, G. & van Leeuwen T. 2001. *Multimodal Discourse：The Modes and Media of Contemporary Communication* [M]. London：Arnold.

Lan, Dong. 2011. *Mulan's Legend and Legacy in China and the United States* [M]. Philadelphia: Temple University Press.

Nguyen, Ngoc Tho. 2018. Buddhist factors in the cult of Tianhou in the Mekong River Delta, Vietnam [J]. *International Communication of Chinese Culture*, (5): 229 – 246.

陈肯, 杨晓霞. 2018. 冼夫人文化传承的路径研究: 以皮影剧为例 [J]. 戏剧之家, (1): 24.

何竞平. 2018. "一带一路"下城市形象广告的多模态话语分析: 以海丝泉州形象广告为例 [J]. 泉州师范学院学报, 36 (3): 60 – 66, 71.

贺喜. 2008. 土酋归附的传说与华南宗族社会的创造: 以高州冼夫人信仰为中心的考察 [J]. 历史人类学学刊, 6 (1&2): 23 – 66.

李炎升, 郑诗宇, 何佩颐, 等. 2020. "冼夫人文化"传承与发展的路径探析 [J]. 文化创新比较研究, 2 (5): 50 – 51.

李战子. 2003. 多模式话语的社会符号学分析 [J]. 外语研究, (5): 1 – 8, 80.

梁苇, 刘月秀, 林仕满, 等. 2018. 冼夫人文化的现实价值及传播路径 [J]. 劳动保障世界, 2 (2Z): 67 – 68.

林天蔚. 1971. 隋谯国夫人事迹质疑及其向化与影响 [J]. 中央研究院历史语言研究所集刊, 43 (2): 221 – 238.

刘广远, 张欢. 2011. 新世纪军旅题材影视剧中的英雄形象 [J]. 文化争鸣, (12): 19 – 20.

田丰. 2018. 弘扬冼太夫人文化, 促进民族伟大复兴 [M] // 倪谦. 冼夫人文化研究: 第一卷. 广州: 广东人民出版社.

王凯. 2020. 新闻漫画中农民工形象的建构: 基于多模态隐喻的话语分析 [J]. 青年记者, (35): 33 – 34.

王乃华, 赵春霞. 2020. 影视功夫英雄塑造与中华民族形象构建: 基于霍元甲和黄飞鸿的比较研究 [J]. 西部广播电视, 41 (22): 126 – 128.

闫晓萍, 王友文. 2018. 冼夫人研究文献产出现状与演进趋势: 基于 CiteSpace 文献计量分析 [J]. 海南热带海洋学院学报, 25 (6): 75 – 81.

杨益天, 田力. 2020. 新媒体环境下国家领导人形象建构与传播: 以"人民日报抖音号"对习近平的报道为例 [J]. 今传媒, 28 (10): 1 – 5.

张德禄. 2018. 系统功能理论视阈下的多模态话语分析综合框架 [J]. 现代外语, 41 (6): 731 – 743.

张均绍. 2012. 试论冼夫人文化研究的传承与发展 [J]. 岭南文史, (4): 5 – 10.

张绍兵. 2019. 海外冼夫人研究概况及特点 [J]. 南方论刊, 4 (11): 86 – 89.

赵玉倩. 2020. 多模态外交隐喻框架下中国国家形象建构与传播研究: 以大型政论纪录片《大国外交》为例 [J]. 山东外语教学, 41 (3): 61 – 70.

塚田诚之. 2018. 关于海南岛冼夫人和冼夫人信仰的表象及变迁 [J]. *Senri Ethnological Studies*, 97: 305 – 317.

认知视角下童话《拇指姑娘》中性别隐喻研究

吴雅菲[*]

摘　要：本研究以认知隐喻学框架为基础，通过对童话故事《拇指姑娘》中的语言和情节进行深入分析，揭露了其中潜在的与性别相关的隐喻现象。在角色创造方面，作者通过对女性和男性形象的选择与描绘，不仅打破了故事的想象力边界，同时传递了对角色的性别和社会价值观的隐喻与深刻反思。

关键词：性别隐喻　童话话语　认知语言学

Title: A Cognitive Perspective Study of Gender Metaphors
in the Fairy Tale "Thumbelina"

Abstract: This study, grounded in the framework of cognitive metaphor theory, conducts a profound analysis of language and plot elements within the fairy tale "Thumbelina". It unveils latent gender-related metaphorical phenomena embedded in the narrative. In the creation of characters, the author not only transcends the boundaries of imaginative storytelling by selecting and portraying female and male figures but also communicates nuanced reflections on gender roles and societal values through metaphorical constructs.

Key words: Gender Metaphor, Fairy Tale Discourse, Cognitive Linguistics

一、研究背景

童话作为文化传统的重要组成部分，通过代代相传的方式深刻地塑造了社会的价值观和道德观念。对童话话语的深入研究不仅有助于理解社会在不同历史时期对教育、道德、人性等方面的看法，同时也为我们提供了把握文化传承脉络的机会。在儿童文学领域，童话作为主要形式，对儿童心理和认知发展产生着深刻的影响。通过认知视角下对安徒生（2011）的童话《拇指姑娘》中

---

[*] 吴雅菲，广州南方学院副教授、马来西亚理科大学博士生，研究方向：语言学、跨文化交际、教学法。

的性别隐喻的研究，我们能更好地理解儿童是如何理解、接受和处理故事中的性别信息的，为儿童文学的编写和教育方法的优化提供有益的参考。童话作为文学创作的特殊形式，其独特的叙事结构和符号语言不仅有助于深入探讨文学审美的构建和表达方式，同时也能激发读者的创造性思维。在社会反映与批判方面，童话常常反映社会现象和价值观，通过对童话话语的研究，我们能够揭示作者对社会问题的态度，进一步理解文学作品在社会中的角色和影响。在性别隐喻研究的重要性方面，通过认知视角深入研究《拇指姑娘》中的性别隐喻，不仅有助于揭示作者对性别平等观念的态度，还为推动性别平等提供了文学支持。这一研究不仅有助于深入了解童话对儿童性别认知的塑造，还为性别教育提供了重要的参考。通过研究性别隐喻，我们能够发现和反思童话中可能存在的刻板印象和性别角色定位，为文学创作提供更加包容和平等的视角。这样的研究不仅有助于推动社会对性别平等的认知，也使文学创作者更加负责任地创作作品，推动社会的性别平等发展。

二、性别隐喻与童话话语研究

有成效的隐喻可以在加深我们对自己和我们所生活的社区的理解、重塑常识方面发挥重要作用。此外，隐喻性的表达还与性别和性行为交织在一起，不仅影响着常识的定义，还影响其来源（埃克特、麦康奈尔，2023：224）。这句话强调了隐喻在拓展个体和社会常识认知方面的关键作用，同时指出性别和性行为与隐喻表达紧密交织。因此，研究性别隐喻对深入理解语言如何塑造性别观念、社会认知以及促进性别平等至关重要。Velasco-Sacristán 和 Fuertes-Olivera（2006）采用了批判性认知—语用学的研究框架研究了1142则广告的案例，探讨了广告性别隐喻的特征、潜在的隐蔽性别歧视以及子类型和跨类别分类。研究认为，运用批判性认知语用学的方法分析广告性别隐喻对提高认知效率、揭示修辞意图、促使行动以克服负面社会后果至关重要。Koller（2011）的研究突显了话语和隐喻在性别认同构建中的关键作用。性别与隐喻的联系涉及讲话者的语言使用方式、对男性和女性的描绘，以及隐喻在定义社会领域时的性别角色。（Rezanova & Khlebnikova，2015）这篇文章描述了俄罗斯和英语语言文化中性别对立在概念隐喻体系中的比较结果。我们使用俄语和英语语言词典作为隐喻研究的主要数据来源。研究发现，在比喻性描绘中，性别并非主导因素，而性别标记和无性别标记的隐喻中存在共性，强调性格和行为方面的提名。然而，显著的文化差异在于性别标记的隐喻中，俄语中女性的比喻提名明显占优势，而英语中男女提名数量相等。周玉芳（2021）指出在性别隐喻中，源域与目标域关系复杂，由于认知和社会环境影响，语篇生产者采用不同源域描述"男/女人"，呈现多样观点。在文学中，性别隐喻被视为构建文化传统和意识形态的手段，对思想和行为方式产生影响。性别隐喻不仅简化目标域，还将社会态度投射到其中，引发接受者对目标域情感和态度的共鸣。

研究童话语篇具有重要价值，因为其深层文化内涵和对心理发展的影响为理解文学传承、社会观念和儿童成长提供了丰富而关键的信息，因此吸引了众多学者的关注。Shaheen，Mumtaz & Khalid（2019）从《一千零一夜》中选择了两个童话故事，分别是"沙赫利亚尔国王及其兄弟"和"沙赫利亚尔国王与宰相的女儿沙赫拉查德"。本研究基于 Fairclough 的三维批判性话语分析模型，主要关注点是探讨性别意识形态和性别表现。Yüksel（2016）通过结构主义的分析，研究揭示了不同文化的童话故事中的社会规范和习俗，弗拉基米尔·普罗普的理论成为关键工具。本研究将普罗普的理论应用于《灰姑娘》的三个不同版本，展示了尽管存在文化差异，但这些故事在情节和结构上具有共性。研究的目的在于通过验证普罗普理论的有效性，揭示童话故事中父权社会的规范和习俗，尤其是性别不平等方面。丁建新（2007）指出英文童话中动物虚构表征展现了拟人化和反映性别的隐性语法，即创作者赋予动物明确人格性别，如阳性的狼、猫和阴性的狐狸、老鼠等。性别表征的选择反映了人们对动物和性别的态度，类比了社会关系映射到物质世界的意识形态。

语言中的隐喻常带有性别观念，尤其在童话故事中。这些故事被视为儿童的启蒙读物，但其中的性别概念往往受历史偏见影响。因此，深入分析童话故事中的性别隐喻，有助于理解其对观念和角色刻板印象的影响。这种研究不仅有助于推动社会对传统性别观念的反思，也提供了为儿童教育注入更积极影响的途径。透过性别隐喻的解读，我们能够塑造更为平等和包容的文化观念，使下一代形成更加开明和平等的价值观。

三、研究目的和研究框架

Lakoff & Johnson（2008）指出隐喻是一种认知工具，指的是通过引入另一个事物的概念或经验，使我们更深刻地理解概念或经验的意义。隐喻通过映射源域到目标域帮助理解或表达复杂概念，而童话故事作为一种文化传承工具，常常会通过隐喻传达深层次的价值观念、社会规范和心理认知，塑造读者对世界的理解。因此，本研究采用 Lakoff & Johnson（2008）的认知隐喻学框架，研究童话《拇指姑娘》中的性别隐喻，旨在揭示该文学作品对性别角色、认知模式以及社会观念的构建所产生的影响。通过分析文本中的语言和情节，我们旨在理解《拇指姑娘》如何塑造和传递性别信息，以及这些信息对儿童认知发展和性别观念形成的潜在影响。通过深入挖掘这一童话中的性别隐喻，我们希望为儿童文学研究、认知心理学以及性别研究领域提供新的视角，并为推动更全面、平等的性别教育提供理论基础。

本研究采用定性研究的方法，聚焦于童话《拇指姑娘》的性别隐喻现象，并运用认知语言学工具进行了深入分析，如对《拇指姑娘》童话文本中各主要人物的描述词进行提取，并深入分析这些词语与人物性别特征之间的关系等。这种方法旨在揭示文本中语言选择对性别角色的塑造产生的影响，使我们能更深入且系统地理解《拇指姑娘》中性别隐喻的表达方式。

虽然我们经常说到某个词或短语的隐喻解释，但隐喻还可以扩展到实际的文本。例如，言语或语言是一种延伸的隐喻，可以诠释某些话题，如道德或实践智慧（pratical wisdom），采取新的观点或重新概念化。（埃克特、麦康奈尔，2023：225）因此，该研究还将故事情节及人物关系中所体现的性别隐喻特征作为分析对象，以深入挖掘文本中性别表达的细微差异。通过这一研究方法，我们可以系统地剖析文本中语言选择与性别角色之间的关联，并为深入理解《拇指姑娘》中性别隐喻的表达方式提供有力支持。

四、讨论与分析

（一）童话中的女性描写

第一，在描写拇指姑娘的时候用词往往突出她的纤细、娇小、美丽和金发等特点。她的生活环境也被描绘成美好而精致的，如高大的花、花瓣船和美丽的床。这是一个典型的弱小而美丽的女性形象，生活精致优雅。

外貌描写：精致（delicate）、小巧（tiny）、美丽（beautiful）、纤细（slim）、娇小（small）、苗条（slender）、妙龄（maiden）、柔美（graceful）、金发（golden-colored）。

生活环境：高大的花（large handsome flower）、花瓣船（boat made of tulip-leaf）、美丽的床（bed of blue violet-leaves with a rose-leaf counterpane、pretty bed，elegant bed）。

而在情节设置上面，拇指姑娘的性格展示了许多积极的特质。她是一个善良、温柔且勇敢的年轻女性。她对生活充满感激之情，表现出独立和坚韧不拔的品质。她的乐观态度和对美的追求使她成为一个理想主义者。她的冒险旅程体现了她渴望自由和追求幸福的愿望。

拇指姑娘作为女性展现了一系列积极的特征。首先，她是一个有独立思考和独立行动能力的女性，如不愿嫁给她不喜欢的鼹鼠，表达了对自己命运的选择权。其次，她的善良和对他人的感激之情，比如对燕子和田鼠的感激，为她树立了积极的道德典范。最后，她的成长和变化，从孤独和害怕到独立和勇气，呈现出她作为女性主角的内在力量和韧性。

第二，在描写蛤蟆的妈妈时，作为故事中另外一个典型女性形象，作者使用了以下一些描述性的用词：

丑陋（ugly）、湿漉漉（wet）、蹒跚（waddling）、有力的后腿（powerful hind legs）、丰满（plump）。这种形象与主人公拇指姑娘勇敢、独立的形象形成鲜明对比。这里的"丰满"和"有力的后腿"，也隐喻了蛤蟆妈妈强势的形象，也是一种典型的女性形象的代表。这里用"丑陋"和"湿漉漉"来形容蛤蟆妈妈的外形，也是一种负面的隐喻，给强势的女性形象套以丑陋的外形。

蛤蟆妈妈的人物画像显露出负面特质，包括贪婪、自私、粗鲁和不择手段。她企图将拇指姑娘嫁给自己的儿子，强调了她的贪婪本质——一心想着从这门亲事中获益。同时，她的决定和行为表现出自私和粗鲁的特征——只顾自己和儿子的利益，而忽略了拇指姑娘的感受。这种不择手段的行为暗示了她无道德底线。总体而言，蛤蟆妈妈在故事中作为突显主人公美好品质的对比，代表了一种不良的女性形象。

（二）童话中的男性描写

这个故事当中的男性形象也都是非常典型的。

第一，描写蛤蟆（toad）的词汇：

丑陋（ugly）、庞大（large）、黑色的皮肤（black skin）、愚蠢（foolish）。

蛤蟆的形象隐喻了一个"妈宝男"的男性形象，主要呈现出生活在母亲操控下、跟随母亲意愿以及缺乏独立性的特征。他似乎受制于母亲，表现出对母亲的依赖，愿意顺从母亲为他安排的婚姻，显示出一种顺从和从属的态度。蛤蟆在故事中可能缺乏自己的主见，更倾向于依赖母亲的意愿。总体而言，作者通过塑造蛤蟆及蛤蟆妈妈贪婪、自私和缺乏独立性等负面的形象，以凸显主人公的美好形象。

第二，描写田鼠（field mouse）的词汇：

温暖的房间（warm room）、好心的老田鼠（good old field-mouse）、整洁（clean and neat）。故事中的田鼠是一个善良的角色，为拇指姑娘提供了温暖的庇护所。他有自己的住所，但是他建议拇指姑娘嫁给他的邻居鼹鼠，因为鼹鼠有钱，这隐喻了男性在社会中的成功和地位。

第三，描写鼹鼠（mole）的词汇：

大房间（large rooms）、穿着漂亮黑天鹅绒外套（wears a beautiful black velvet coat）这一描述表明鼹鼠在文中代表了既富有又外表华丽的角色。这里隐喻一个成功富有的男性形象，有宽敞的住宅，体面的着装。

第四，对燕子（swallow）的描写。

The swallow rose in the air, and flew over forest and over sea, high above the highest mountains, covered with eternal snow——描绘了燕子越过森林、海洋和高山，在空中飞翔的场景。

The little swallow who sat above them, in his nest, was asked to sing a wedding song——表达了燕子受邀在婚礼上唱歌的情景。

In his heart he felt sad for he was very fond of Tiny, and would have liked never to part from her again——展现了燕子对拇指姑娘的深厚感情和不舍之情。

在这个故事里面燕子是一个勇敢的男性形象，这里展现的是拇指姑娘跟他之间的友谊。拇指姑娘救了他，而他也带拇指姑娘飞到温暖的国度。

第五，对王子（prince）的描写有：

When he saw tiny, he was delighted, and thought her the prettiest little maiden he had ever seen.

He took the gold crown from his head, and placed it on hers.

This certainly was a very different sort of husband to the son of a toad, or the mole, with my black velvet and fur.

王子所代表的男性形象特征展现了一位勇敢且充满爱心的绅士。他一见到拇指姑娘就喜欢上了她，并勇敢地表达爱意。他将金冠戴在拇指姑娘的头上，并邀请她成为花朵们的女王，王子展现了对拇指姑娘的尊重和对浪漫的追求。与之前的蛤蟆和鼹鼠等形象形成的对比突显了王子的优越性，强调了一种积极、支持性的男性形象，弘扬了男女平等、互相尊重的价值观。这位王子的形象不仅代表了爱情中的温柔与浪漫，也呈现了一种理想中男性的美好品质。

（三）童话中的性别隐喻

在这个故事中，性别隐喻和社会观念在拇指姑娘及其他角色的描写中显露无遗。拇指姑娘作为女性形象，被赋予美丽、独立和内在力量的特质，呈现出一种理想中女性的标准。与之形成鲜明对比的是蛤蟆妈妈，她的丑陋、贪婪和自私形象则反映了社会对于女性的负面刻板印象。在男性形象中，蛤蟆展现出依赖和愚蠢的物质，而田鼠和鼹鼠代表了成功和富有，突显了作者对于男性多样性的期望。

故事中通过描绘拇指姑娘与燕子的友谊及王子的绅士形象传递了自主和独立的价值观。燕子的勇敢和对拇指姑娘的深厚感情强调了跨性别友谊的重要性。而王子则被描绘为勇敢、浪漫的理想男性形象，他关爱和尊重拇指姑娘，凸显了对积极、支持性男性的社会期望。

这些性别形象和关系反映了社会对爱情、婚姻、成功和友谊的观念。故事通过对比强调了性别刻板印象的存在，并引发了对于社会期望和价值观的深入反思。在角色的塑造中，作者通过对女性和男性形象的选择和描绘，不仅呈现了一个富有想象力的故事，同时也传达了对于性别角色和社会价值观的隐喻和反思。

五、总结

作为一种关键性的社会化语境，童话阅读与叙述对儿童社会化和性别角色的内在化起了十分重要的作用（丁建新，2007）。这个故事虽然赋予了主人公拇指姑娘独立的人格和勇于抗争的性格，但是里面仍不乏对于性别的刻板印象。在这个故事中，存在一些与性别相关的刻板印象。拇指姑娘被理想化为美丽、独立的女性形象，强调了传统文化中对女性外貌和性格的期望。相反，蛤蟆妈妈的负面形象则传递了对于外貌和品格不符合标准的女性的刻板看法。男性形象中，富有、成功的田鼠和鼹鼠形象强调了社会对男性财富和地位的传统期望，而蛤蟆则展现了对男性独立性和智力的负面刻板印象。王子被描绘为理想男性，强调了社会对积极、支持性男性的传统期望。这些刻板印象反映了文学作品背后的社会观念，也提供了反思和讨论如何消除和改变性别刻板印象的思考空间。

参考文献

Koller, V. 2011. Analyzing metaphor and gender in discourse ［J］. *Unité et diversité de la linguistique: Cahiers du Centre d'Etudes Linguistique*. Lyon: Atelier intégré de publication de l'Université Jean Moulin, 125 – 158.

Lakoff, G. & Johnson M. 2008. *Metaphors we live by* ［M］. Chicago: University of Chicago press.

Rezanova, Z, I. & Khlebnikova A L. 2015. Gender metaphors in Russian and English linguocultures: a comparative study ［J］. *Procedia-Social and Behavioral Sciences*, 215: 273 – 278.

Shaheen, U. Mumtaz N, Khalid K. 2019. Exploring gender ideology in fairy tales—a critical discourse analysis ［J］. *European Journal of Research in Social Sciences* Vol, 7 (2):

28–42.

Yüksel, P. 2016. The effects of fairy tales from different cultures on the construction of gender [D]. Kocaeli Üniversitesi, Sosyal Bilimler Enstitüsü.

Velasco-Sacristán, M, Fuertes-Olivera, P, A. 2006. Towards a critical cognitive–pragmatic approach to gender metaphors in Advertising English [J]. Journal of Pragmatics, 38 (11): 1982–2002.

安徒生. 2011. 安徒生童话 [M]. 3 版. 王晓霞, 编译. 长春: 吉林出版集团有限责任公司.

丁建新. 2007. 童话叙事中的性别问题: 社会符号学的视角 [J]. 江西社会科学, (11): 36–41.

埃克特, 麦康奈尔. 2023. 语言与性别. 丁建新, 罗希, 吴雅菲, 等译. 北京: 商务印书馆.

周玉芳. 2021. 中国现代经典小说中性别隐喻的批评认知分析 [J]. 聊城大学学报（社会科学版), (6): 45–50.

文学与文学批评

道德、爱和善:《黑王子》中的伦理哲思

岳琼琼*

摘　要：在小说人物塑造及情节构造中的细节处蕴藏哲思，是 20 世纪英国小说家艾丽丝·默多克艺术创作的一大特色。她在《黑王子》中通过呈现主人公布莱德利情感方面的爱恨纠葛，聚焦他所立足的社会、家庭、婚姻关系，探索出"真实幻想与荒诞现实"、偶在世界的向善之旅，以及世俗社会中"自我"与"他者"的关系中去除"自我"的意识这三个主题，揭示出她对小说应当承担的道德旨归新路径的开拓。

关键词：艾丽丝·默多克　《黑王子》　道德　爱　善

Title：Morality, Love and Good：Ethical Philosophy in *The Black Prince*

Abstract：The details in the characterization and plot structure of Iris Murdoch's novels contain philosophical thoughts, which is a major feature of the artistic creation of the 20th century British novelist. In *The Black Prince*, she presents the protagonist Bradley's emotional entanglements in love and hate, focusing on the society, family and marriage relations on which he is based. Exploring the three themes of "true fantasy and absurd reality", the journey to "good" in the world and "self" and "other" in the secular society, she reveals the development of the new path of moral purport that novels should undertake.

Key words：Iris Murdoch, *The Black Prince*, Morality, Love, good

在后现代主义的文学环境中，作家们将"上帝死了"默认为对形而上学的抛弃，形而上学作为一种对超感觉世界信仰的否认，取消了现实世界与超感世界的距离，使艺术从对形而上的依赖走向了对形而下瞬间的关注。"这样一来，决定论、稳定性、有序、线性关系便愈来愈被不确定性、不稳定性、非连续性、突变所代替，传统在历时的线性模式中呈现出美学基本精神的范式被后现代共时的、平面的模式所代替。"（刘惠玲，2007）文本结构不再有高潮亮

---

* 岳琼琼，厦门大学文艺学硕士研究生，研究方向：西方美学与文论。

点可言，一切都呈现出淡然的平面性，文本不再用来表现世界与人性，而成为语言网络的编织物。在语言之网下，现实世界的一切都被极大地淡化、模糊化，语言对现实的展现被指责为语言自己的虚构，如后现代主义元小说的出现正是对传统小说形式和叙述的极大反讽。由此，文学被自然而然地取消了面向现实世界、描绘现实生活的功能。这一趋势引起了默多克的关注；她在固守传统现实主义创作立场的基础上，坚守小说"贴近日常生活，充斥着道德反思"的、本质上反映社会普通人道德困境的言说功能（Murdoch，1992）。

《黑王子》是默多克最著名的文本之一，其主人公是提前从税务局退休的58岁的布莱德利。他一生的愿望是写出一部伟大的文学作品，巴芬及其妻子蕾切尔是他长久来往的好友，妹妹普雷斯丽因为与出轨的丈夫罗杰吵架而寄住在布莱德利家里。正如小说的副标题"爱的庆典"所示，"爱情"是此小说的主题。默多克通过聚焦布莱德利所立足的社会、家庭、婚姻关系，呈现出她对小说应当承担的道德旨归新路径的开拓。

一、真实幻想与荒诞现实

正如哲学对默多克来说不是唯一或主要的参照点一样，人类也不再主要由理性的哲学活动来界定。对她来说，人类是有幻想、有想象力的动物，而不是理性的动物。在理论层面上，默多克介绍并区分了幻想和想象的概念："为了标明所涉及的距离，为了讨论的目的，我们需要用两个词来表示两个概念：区分利己主义的幻想和解放的寻求真理的创造性想象。"（Murdoch，1993）在小说创作层面，默多克主要将人物放置在具体道德情景中，通过人物当下所遭遇的道德境遇来分辨"不真实、自私的幻想"与"真实、自由的想象"。在《黑王子》中，布莱德利正是因为混淆了"幻想"与"想象"，才痛苦地挣扎于真实幻想与荒诞现实之中。

默多克指出，人在专注"自我"意识的过程中很容易出现"社会传统"（social convention）和"神经官能症"（neurosis）两种状况，她将其总结为容易使人陷入"幻想"之中的两大症状。在"社会传统"倾向中，整体性大于人的个体性，人的行为和思想完全受限在社会的理性之中，个体消匿于整体，看不到自身。默多克重点关注了"神经官能症"对个体意识的影响及具体表现。她聚焦萨特的"唯我论"观点，指出萨特存在主义以自我为中心，用自己的眼光来看待世界和他人，忽略了他者存在，从而使人远离了物本质的现状。为了纠正"神经官能症"这一倾向，默多克主张人必须学会"消解自我"，即个体需要净化意识中的"自我性"，要在"关注事物"的过程中远离自我,以"非个性化"的意识审视对象。默多克指出,只有通过"消解自我",关注"他人"的存在,关注社会中"他性"的存在,才会在道德上有所进步。"当人专情于某事物时,他的内心空间就会因为沉淀而封闭,当他专思于某事物时,他的内心就会因为飞动而拓展。"(范岭梅,2010)在这种封闭自我内心的状态下,恶会围绕自我形成一个臆想的漩涡,促使人逐渐倾向自我安慰而疏于观察,造就一种随遇而安或强烈权力欲的极端性格。这种危险至少有两种形式:第一种呈现为道德上的狂妄自大,道德主体声称自己已经战胜了自我,在骄傲情绪的纵容下逐渐成为蔑视他人的自大者,陷入幻想的陷阱之中;第二种主要体现在道德主体自觉或不自觉的自我欺骗,这种主体出于逃避或放纵的动机,高估了自己的道德水平,走上了一条不可能成功的精神之路,然后当他无法达到为自己设定的道德精神目标时,他会遭受毁灭性的羞辱,要么自暴自弃,要么继续沉溺在自我欺骗之中。后者正是默多克所创作的小说人物经常暴露的危险倾向。

在《黑王子》中,布莱德利同时受限于这两种倾向之中。一方面,他看不起好朋友巴芬的创作,一身傲气,但却无法掩盖自己名不成功不就的事实。眼看巴芬名利双收的创作事业成就愈来愈高,布莱德利只能通过精神胜利的方法来缓和自己的愤懑之心。他将对巴芬的鄙夷转移到对朋友之妻的僭越上,与巴芬的妻子蕾切尔产生了婚外情。在这段不伦恋中,巴芬虽然并不知晓,却是这段恋情的最初引爆点。对蕾切尔来说,她并不打算与布莱德利相恋而离开巴芬,她的出轨只是为了拥有一段为丈夫所不知的隐秘情感生活,在欺骗与被欺骗中享受手握主导权的快感。而对于布莱德利来说,这是他对好友巴芬所持有的矛盾复杂情感的一种宣泄。他无法对身为好友的巴芬敞开心扉,但自己内心时刻因为巴芬的"高产"、成功作家的标签对他产生嫉妒、鄙夷,认为他亵渎了自己一直难以下笔的神圣艺术。布莱德利与蕾切尔的结合在某种程度上展现了他的自卑心结,他试图在蕾切尔这里找到胜于巴芬的自尊心。

另一方面,他陷入自我欺骗的漩涡。为了抬高自己,逃避自己窘迫的现实境况,创作出让自己满意的文学作品,他又身陷到另一段不伦之恋中。布莱德利将自己对朱利安的爱与自己的作家梦紧密结合在一起,自认为正是对朱利安的爱意激发了他的创作灵感:"我做作家的抱负和朱利安联系在一起。但是它们没有因此而抵消。相反的事情发生了。她使我获得了从未有过的力量,我可以将它用在我的艺术上……我的爱和我的艺术最终成为一体。我知道它们来自同一个源泉。"(Murdoch, 1974)艺术至上的布莱德利认定只有孤独的生活体验才会让他创作出真正神圣的文学作品。他鄙夷好友巴芬的写作,不愿将作品与世俗社会中的名利结合在一起,一直追求离群索居的生活,致力于写出一部旷世之作。但正是他的这种错误认知才让他的创作才思枯竭。当他将目光从虚无缥缈的形而上学之思落脚在现实生活中的朱利安身上时,他突然意识到以往从未眷顾过自己的灵感女神如今降临,获得前所未有的创作冲动。

二、偶在世界的向善之旅

默多克视偶在性为世界的本质,她将这一观念渗入到自己的小说美学观中。"她一再重申,小说有责任通过描绘不屈从于情节需要和为理念设置的现实主义的人物来如其所是地描绘世界,努力讲述关于世界的真相。"(Nicol,2004)人的日常生活充斥着不确定性和偶然性,人生并不会按照固有的规则发展,它受到种种机遇与需要支配。艺术最需要的东西正是那些"偶然的、茫无头绪的、漫无边际的、异常特殊的以及永远解释不完的事物"。(Murdoch,1959)善并不存在于涵盖人性与正义的伟大的必然真理里,而存在于日常经验众多微不足道的偶然事实之中。道德主体身处其中,只有接受世界的偶然性本质,勇于面对不完善的自己,才能在此基础上不断完善和提升自我。

道德生活不是存在于宏大的理论体系中,而是由个人日常模糊的普通道德斗争所构成。默多克重视人作为道德存在的个体独立性和特殊性,她主张尊重日常生活这一经验世界中处处的偶然因素。日常生活本来就充满偶然性,只有将偶然性纳入对日常生活的真实描写中,才具有真理性。执着于统一"形式"而选择摒弃规矩之外的偶然事件,这是对不断运动着的道德主体意识的误判。道德领域中力图将道德归纳于一个统一整齐的公式是荒谬的,任何既定的道德概念也不是一劳永逸的,它的存在势必要受到来自偶然性的颠覆。在某种程度上,尊重现实就意味着要尊重生活中的偶然性。在默多克看来,在承认日常生活的偶然性的基础上去发现道德上的善,这种善具有将自我融入非主观的充满偶然性的现实中的能力,具有真理性。

在《黑王子》中,布莱德利死在监狱里的人生结局正预示出世界的偶在性和荒诞性。正当布莱德利因隐瞒妹妹死亡的消息而深受良心谴责并致力于挽回朱利安的时候,巴芬被蕾切尔杀死,布莱德利成为嫌疑犯,这彻底打破了他所处的道德困境。在人的自主性面前,突然的外力降临改变了一切。布莱德利被抓进监狱时得知自己得了癌症,于是放弃澄清自己身上所背负的杀人犯的标签,坦然接受自己当下的境况,为自己以往的过错抵罪。

值得关注的是,默多克对世界偶在本性的彰显也体现在她的创作手法上。作为默多克最具有试验性的小说,《黑王子》的叙述方式十分独特。小说主体部分是布莱德利受到蕾切尔杀人罪名的嫁祸入狱后,在监狱里回忆撰写的自传体小说，小说主体部分前后以"前言"和"后记"的方式展现布莱德利视角外的事情全貌。特别是"后记"部分，以编辑、布莱德利及小说涉及的四个重要人物的角度对发生的事件进行全新阐释。评论家评论道："默多克的《黑王子》（1973）这部作品，对它自己的主要部分以及它自身的可信性表示怀疑，并且就其虚构性进行了推究。小说把故事发生的地点安排在人们一看便知是默多克所惯用的、她自己的居住地伦敦的场镜里；显然，作品涉及的是默多克所惯用的典型人物和环境（'艺术家'和'圣徒'——形式的创造者和真理的默默无言的追求者——之间的比照；缠绵缱绻的风流韵事）；但是，作品以漂亮的手法把这一切都搅乱了。作者给整部小说套上了一种编纂的形式，因此，小说叙述的中心线索，完全是在故事结束时一些被要求对之评论的参与者对自己的参与所作的否认中展开的。"（波顿斯，1991）可以看出，这种叙事手法给整部小说重新加上一层后现代小说的滤镜，即叙述者的主观性及叙事结构的不稳定性，这彰显出20世纪后现代小说的发展对身处时代风口的默多克潜移默化的影响，同时也是默多克小说区别于19世纪传统现实主义小说的重要特征。

三、世俗社会中的"自我"与"他者"

"人类个体的全部神秘性就在这里——我们彼此之间是多么的不同。"（Murdoch，1997）在默多克看来，"他人的现实是真实的知识最有力的例子，是一种粉碎自我道德唯我论，将自我与善相联系的知识"。（Antonaccio，2000）当自我设身处地站在他者立场上思考问题时，会不自觉地预料他者的反应，对自己的举止做出检查和改变，以使之恰到好处。从某种程度上看，自我具有社会性，需要吸收他者的反应不断构建自身。在《黑王子》中，布莱德利通过不同时期与不同女性的亲密相处，也构建出不同阶段的自我。"小说，是个人想象的天堂。在这块土地上，没有人是真理的占有者，但所有人在那里都有权被理解"（Murdoch，1992）。在人性方面，没有绝对的真理，这也是每个人都能找到感同身受的同伴者的重要原因。在小说世界中也是如此，同一个人物在不同阶段会因受到他者的影响而发生思想及行为上的转变，这也是默多克将小说人物前后期的性格转变看作情节自然合理化发展的关键原因。

布莱德利在世俗社会中的"自我"与"他者"的联系可以从他与前妻的婚姻展开。从离婚这一结果来看，布莱德利与前妻克里斯蒂安的婚姻是不幸的，特别是在布莱德利的描述下，他们的婚姻生活充斥着种种痛苦与不幸。面对前妻克里斯蒂安的突然回国，布莱德利一直选择逃避。于他而言，前妻代表着过去曾经身陷不堪婚姻关系中的自己，他不愿面对，因而迟迟不肯去见克里斯蒂安。在准备离开伦敦安心写作之前，他特意给克里斯蒂安写了一封告别信，信的内容更像是控诉与埋怨。"作为我的妻子，你对我不好，对我残酷，对我充满破坏力。我认为我说得一点也不过分。我能从你手里摆脱出来真是让我深深地松了口气，我不喜欢你。"（Murdoch，1974）在布莱德利的视角中，克里斯蒂安是一个令人恐惧、窒息的女人。然而，有关克里斯蒂安形象的反差点在于，在其他人的眼中，克里斯蒂安却是位美丽而富有的端庄妇人。从这里可以看出，布莱德利在描述作为"他者"的克里斯蒂安时，不自觉地从"自我"主观的意识出发，扭曲了她的真实形象。实际上，两人不幸的婚姻是双方没有站在彼此立场上考虑的结果。对于婚姻，夫妇双方通过包容和理解去洞察对方隐秘的心理需要、以平等视角协调关系至关重要。但是，布莱德利在婚姻中罔顾自我与他者的差异，放弃了彼此谅解、支持的义务，在忽视他者感受的同时也逐渐迷失了自己。在潜意识中，他不愿将婚姻失败的原因归在自己身上，选择单方面地丑化克里斯蒂安。

事实上，婚姻并非一劳永逸，亲密的夫妇关系也需要放置在"自我"与"他者"的对立关系之中不断调和。双方在日常相处中需要包容体贴、理性和克制，在认同对方的基础上，和谐地处理自我与他者之间的关系，实现真正的主体自由。真正的自由不是以自己的满足为目标，深陷一切事物都是虚幻的世界里，不管传统习俗而去得到自己想要的一切，而是真正关心别人，舍弃对自己的过度关注。默多克在《黑王子》中不只简单地描写了一个知识分子的道德困境，她还基于主人公的家庭生活和感情纠葛，在家庭问题的故事线下阐述了自己的道德观点，即每个身处社会、家庭之中的个体，都应该克制自我、认可他者及其自由的存在，承认自我与他者的紧密联系，不能为了追求个人自由而不顾及他人。人与人感情的真正构建的基础是平等关系上的相互沟通、相互理解。

四、去"自我"的意识

失败的婚姻、复杂的情人对象都没能平息布莱德利心中的"爱欲"之火，他情感的真正爆发点始于与朱利安的相遇相爱。在路上偶遇的朱利安向布莱德利主动请教《哈姆雷特》的内容，后来在家里上课的过程中，布莱德利突然发现自己爱上了朱利安。默多克对布莱德利陷入爱情的描述很是细致："我跪在地上，后来整个人趴在壁炉前的地毯上。我的身上发生了一些显著的变化。"（Murdoch，1974）这实际上呈现出布莱德利投身爱情、逐渐"去自我"

的过程，也是他性格发生转变的重要节点。

在道德倾向方面，默多克持人类天生利己的观点，认为"人类行为是由一种自我中心的机械能推动的"。（Murdoch，1970）她既肯定人类道德抱负的高度，又肯定人类利己主义和道德失败的可能。事实上，有关道德存在"自我中心的能量""天生自私的能量"的观点构成了默多克道德哲学理论的一个主要问题的表述，她的中心焦点是道德主体如何从天生的利己主义中获得道德进步。

"自我——她的意思是虚荣与自负——对默多克来说是实现具有美德的意识世界的最大障碍。"（Gordon，1995）默多克排斥以自我为中心的唯我论，她围绕道德"意识"这一概念所构建的总体逻辑思路是：在维护"意识"的同时脱离幻想，克服过分的自我审视，将关注的目光投向充满不确定因素的外部世界。在她看来，"唯我论"观点容易导致道德主体混淆现实和臆想，妨碍对自我的认识。"妄想、偏见、嫉妒、忧虑、无知、贪婪、神经质以及诸如此类的意识行为都会遮蔽现实。"（Murdoch，1977）借助柏拉图"洞穴"隐喻的故事来看，这种"唯我论"就像是当囚犯被迫第一次去看火光本身时，眼睛会感到灼痛，他会逃开，仍旧转向那些他能看清的东西，并且认为它们确实比人们指给他看的更清楚。这种隐晦的逃避机制是自成一体的，个体的内心幻想"被赋予现实性并延伸至外部世界，而借以烘托这种错觉的外部世界实际上又是对这种错觉的肯定"。（Winsor，1983）在此基础上，道德主体也会错误识别自己与他人的关系，视他人为自我思想的外延，为了获得自我利益、满足个人需求而不惜侵犯他人的利益。道德主体以自己的主观意向来看待现实世界的做法，错误地将他人视为实现自我欲望的工具，不可避免地破坏了同样作为权力个体的他人的需求，从而无法认识到被默多克称为"爱、自由和道德"的"外在现实"。（Murdoch，1997）从根本上看，这种无视不仅会造成对他人的伤害，而且最终也会危害自身。默多克通过解释世界万物何以给人造成错觉，驳斥经验主义认识论的主观性。她主张通过对"唯我论"思想的层层审视，去剥除附于事物之上的虚假表象，揭示道德主体自满和偏见的内在本质，促使人挣脱掉"唯我论"世界观的局限，真实感悟到恬淡释然的人生真谛。

在这种理论背景下，默多克认为在对"自我"意识观照的过程中需要一种道德约束，即对自我的驱逐。默多克指出，正是那"自负的自我"阻碍了清晰的审美视野，在寻找真实的自我时，需要沉默和驱逐自我，用清澈的眼睛思考和描绘现实图景。为了去除"自我"，默多克引入了"注意力"的概念。在注意力中，发生的不是"我的自我在哪里"而是"我的自我被移走了"。注意力伴随着一种体验，即无我的自我（the self as no-self）。我无处不在，却又无处可去。

布莱德利对朱利安的"爱"是"去自我"的,当朱利安身穿哈姆雷特的服饰站在他面前时,他真正忘却了自己,失神地注视着朱利安:"她身穿黑色紧身衣,黑色的鞋子,一件黑色天鹅绒无袖外套和白衬衫,脖子上金色锁链上垂着十字架。她的头歪向厨房过道,手中拿着山羊的头盖骨。"(Murdoch,1974)一方面,这种"无我"的注视正是默多克主张超越幻想而达到的道德高度,布莱德利在自己对朱利安的爱意中找到了,这也使他进一步逐渐意识到自己以往对外界事物的虚假关注,包括自己对前妻克里斯蒂安的丑化。他自我检讨道:"我敢说人类的邪恶是因为头脑中一闪而过某种有意识的邪恶企图,但是更多时候是故意轻视他人的产物,一种减弱时间概念的产物。"(Murdoch,1974)另一方面,这种"无我"的注视也因为过于集中于某一个对象而顾此失彼。在这种忘我的爱情中,布莱德利不惜隐瞒自己的年龄,不顾一切与朱利安私奔,然后经历了人生的重大道德选择。面对妹妹普雷斯丽自杀身亡的消息,布莱德利为了与朱利安再多待一晚,选择隐瞒事实,延迟回伦敦办丧事的行程。这一选择充分展现出布莱德利对朱利安的痴迷,体现出身为哥哥的布莱德利对妹妹普雷斯丽的冷漠;这一选择最终也让他间接失去了后来得知这一事实的朱利安,再度身陷失去一切的痛苦。

在一系列偶然事件的接连碰撞下,布莱德利的人生再次面临着道德抉择,这是一次生与死的选择。由于他受到纯洁爱欲的驱使,在朱利安身上找到能让自己直面现实的爱,在最后的人生困境中,身患癌症的布莱德利开始认清现实和他人,主动承担起自己的责任。虽然他并没有谋杀巴芬,但他为自己对巴芬的种种行为付出了代价。他在回忆中为自己对妹妹普雷斯丽的冷漠而忏悔,当他回忆起普雷斯丽时,深知自己"不愿意在思想中编织起那些或精准或杂乱的关于她不幸的细节,以此来忘记她的死不是必然的"。(Murdoch,1974)布莱德利在自省中意识到以往自己注视角度的偏移,意识到外在现实与内在的自我既相连又分离,并意识到真实幻想与荒诞现实之间的关系。面对"非个人"的东西,不无视忽略,面对个人意识,不过分沉溺,否则就会如默多克所说,"集中经历于个人意识及它同时的头脑活动,所出现的也只是非历史、非社会、非确定的个人"(Murdoch,1997),最终只会形成唯我论的偏见。"《黑王子》是一部炫示唯我论的作品:默多克作品的主题——我一直认为,她作品的主题已经成为英国当代批评话语里的一个有说服力的因素——里面永远包含着对小说里有可能出现的唯我论之危险的注意。"(波顿斯,1991)

五、结语

《黑王子》中，布莱德利的人生所面临的道德困境及道德选择让他一步步走向自己的命运，实际上，这一道德境遇并非他一人所有，默多克在《黑王子》中所刻画的种种是整个人类所共有的一种生存状态。生活中的道德选择不会带着后知的意义标签降临，它常常隐藏在最平凡的日常中，一个小小的念头、一次微不足道的轻视，都具有翻转道德主体人生的可能性。也正因此，默多克主张每位道德个体都要时刻保持清晰的道德视野，正确识别以假乱真的幻想与荒诞实存的现实生活。身处偶在世界之中，每个道德主体都需要直面"自我"与"他者"的关系，在自我意识的利己主义倾向中不断克制、培养去"自我"的意识。

可以看出，默多克对人类道德领域的关注使她的小说文本重新成为伦理转向时代关注的有效对象。基于对艺术包括"情感的激发"（Murdoch, 1997）的观点，她坚决拥护能引起读者共情的写作，不喜欢把理论强加在文学文本上。从这一层面上可以看出默多克想要保留 19 世纪现实主义创作的一些传统，包括小说的写作方式和阅读方式。在她看来，作家们要通过小说形式创造"一种对道德生活的困难和复杂性的新认识"和"一种新的注意力词汇"，而不是退回到后现代戏剧中拥抱意义的多样性（Murdoch, 1997）。她坚持认为小说有责任讲述这个世界的真相（即使这个真相还不能被充分地定义或认识），并相信语言可以以某种常识性的方式传达这种真相。由此，默多克的小说将严肃的道德思考与故事性极强的情节设计恰当地糅合在一个完整的艺术整体中，极大地推动了"二战"后的英国小说的发展，使其到达一个新的高度。

参考文献

Antonaccio, M. 2000. *Picturing the Human: The Moral Thought of Iris Murdoch* [M]. New York: Oxford University Press.

Gordon, D. J. 1995. *Iris Murdoch's Fables of Unselfing* [M]. Columbia: University of Missouri Press.

Murdoch, I. 1992. *Metaphysics as a Guide to Morals* [M]. London: Chatto & Windus.

Murdoch, I. 1970. *The Sovereignty of Good* [M]. London: Routledge.

Murdoch, I. 1974. *The Black Prince* [M]. New York: Warner Paperback Library.

Murdoch, I. 1977. *The Fire and the Sun: Why Plato Banish the Artists* [M]. Oxford: Oxford University Press.

Murdoch, I. 1993. *Metaphysics as a Guide to Morals* [M]. New York: The Penguin Press.

Murdoch, I. 1997. *Existentialist and Mystics: Writings on Philosophy and Literature* [M].

London: Chatto & Windus.
Nicol, B. 2004. *Iris Murdoch: The Retrospective Fiction* [M]. New York: Palgrave Macmillan.
Weil, S. 1956. *The Notebooks of Simone Weil* [M]. Trans. by Mills, A. F. New York: Putnam.
范岭梅. 2010. 善之路：艾丽斯. 默多克小说的伦理学阐释 [M]. 北京：中国社会科学出版社.
波顿斯. 1991. 走向后现代主义 [M]. 北京：北京大学出版社.
刘惠玲. 2007. 冷峻中的超越：英美后现代主义文学研究 [M]. 银川：宁夏人民出版社.
昆德拉. 1992. 小说的艺术 [M]. 北京：生活·读书·新知三联书店.
阮炜，徐文博，曹亚军. 1999. 20世纪英国文学史 [M]. 青岛：青岛出版社.
伊格尔顿. 2016. 理论之后 [M]. 北京：商务印书馆.

揭露与纠偏：《哈姆雷特》中奥菲利娅的疯癫新论

宋子蕤*

摘 要：疯癫与理性的关系构成了西方文化的独特向度，莎士比亚的戏剧中就有大量的疯癫形象。《哈姆雷特》中的奥菲利娅就是莎剧中的一个疯癫形象，奥菲利娅的疯癫不仅仅是病理上的表征，还带有象征意味，是她要求以女性的身份得到话语权，得到掌握自身命运的权利而戴上的面具。莎士比亚用"疯癫"这种狂欢状态，揭露社会的黑暗与人性的卑劣，意在纠偏扭曲的世界，在悖论中走向和谐，发出对人存在的真正价值的拷问。

关键词：莎士比亚 《哈姆雷特》 奥菲利娅 疯癫 理性

Title: Disclosure and Correction: A New Theory of Ophelia's Madness

Abstract: The relationship between madness and rationality constitutes a unique dimension of western culture. There are a lot of images of madness in Shakespeare's plays. Taking Ophelia in *Hamlet* as an example, this paper focuses on the image of the madman in Shakespeare's plays. Shakespeare used this carnival state to expose the darkness of society and the meanness of human nature, in order to correct the distorted world, find the value of life, and rebuild the moral judgment rules of truth, goodness and beauty.

Key words: Shakespeare, *Hamlet*, Madness, rational

莎士比亚的戏剧中有很多疯癫者的形象，加以细分，有装疯型与真疯型两类。装疯者例如《哈姆雷特》中的哈姆雷特和奥菲利娅、《李尔王》中的爱德伽和弄人等，真疯者例如《李尔王》中的李尔、《麦克白》中的麦克白夫人等。

为什么莎士比亚的戏剧中出现了如此多的疯癫者？莎士比亚书写疯癫的意义和作用是什么？疯癫书写的审美意义是什么？本文将关注莎翁戏剧中的装疯者，以《哈姆雷特》中的奥菲利娅为例，围绕奥菲利娅的反抗，讨论莎士比

---

* 宋子蕤，上海交通大学人文学院硕士研究生，研究方向：中国现当代文学、比较文学。

亚是如何用疯癫来反思和纠偏过度的理性的，并讨论其审美意义。

一、作为理性世界的"他者"：失语的"疯癫"

从医学的角度来看，"疯癫"指的是个体生命在生存中丧失理智的病理性现象，也是一种心理现象。疯癫者通常在生活中遭受重大的变故或打击，从而表现出一些非理性的、古怪的行为。从文学的角度来看，"madness"或"mad"的含义更为广泛，在人民文学出版社出版的王焕生译《荷马史诗》中，"mad"就分别被翻译成了"狂暴的、凶悍的、愚蠢的、邪恶的、糊涂的、着迷的、神经错乱的"等多个意义，并不像医学角度的解释那么简单。从文化的角度来看，文艺复兴之前，疯癫被人们认为是一种未知、神秘的知识的象征。随着理性世界的逐步建立，疯癫开始失语，陷入了彻底的沉默，但不可否认的是正是由于疯癫的存在，理性的建构才达到了一定的深度。因此，"理性—疯癫"的关系构成了西方文化的一个独特向度（福柯，2003）。

福柯认为"疯癫"是文明进程中的一种社会产物。疯癫和理性的对立不是天然的，随着中世纪人们对麻风病的排斥，疯癫者开始被压制、被禁闭、被展示。紧接着文艺复兴时期，理性作为一种文明的象征被高扬，疯癫由于承载着过多的原始性，被剥离出理性世界，"疯癫"成为了理性世界的他者。福柯把"疯癫"从单纯的病理问题上升到了社会层面。

莎士比亚戏剧中的疯癫者就往往以"他者"的身份存在，这在装疯者身上体现得尤为明显，他们看似毫无逻辑的话语却发人深省、充满智慧。福柯说："疯癫是与艺术作品共始终的，因为疯癫使艺术作品的真实性开始出现。"（福柯，2003）这个时候疯癫成为一种面具，成了一种与世界对立的、表达不满或是自我保护的姿态。

随着理性世界的建构越来越完善，秩序越来越严密，理性在发挥其积极作用的同时也带来了人和社会的异化，并逐渐反过来成为扼杀人主体性的工具。由此，人类灵魂深处对这一现实的颠覆越来越强烈。本文将关注这些戴上"佯狂"面具的装疯者，尝试论述莎士比亚书写的疯癫对人文主义理性思想的反思与纠偏，在狂欢状态中寻找生命的本真，通过反思理性来思考生命存在的意义。

二、疯癫还是觉醒：《哈姆雷特》中的奥菲利娅

奥菲利娅的疯癫出现在《哈姆雷特》的第四幕第五场。首先把她定义为

疯癫者的是一个侍臣，"她的神气疯疯癫癫，瞧着怪可怜的"（莎士比亚，2015）。随后见到她的王后、霍拉旭、克劳狄斯、雷欧提斯都认为奥菲利娅是疯了，但又不得不承认她的言语间蕴含着深意。又如雷欧提斯的感叹："这一种无意识的话，比正言危论还要有力得多。"（莎士比亚，2015）这和众人看到装疯的哈姆雷特时的反应如出一辙，波洛涅斯听到哈姆雷特的疯话时的评价就是"颇有深意"。如此，是否可以推测奥菲利娅也有装疯的可能呢？她的疯癫仅仅只是病理上的吗？是否有更复杂的因素呢？

从奥菲利娅疯癫之后的语言层面分析，奥菲利娅疯癫的语言充满了隐喻和双关，其中蕴含了她对剧中所发生的事件和各个人物的看法。她问候王后："Where is the beauteous Majesty of Denmark?"朱生豪先生的译本中直接将"Majesty"翻译成了"王后"（莎士比亚，2015），但事实上，Majesty所代表的"殿下"之意，其所指还可以是被克劳狄斯杀死的老国王哈姆雷特和本应该是新国王的哈姆雷特殿下。这句话可以解读为对王后改嫁的嘲讽，或是质问王后为什么劝诱哈姆雷特去英国。

她对王后唱的第一首歌的第一句："How should I your true love know/ From another one?"直译成中文是"我应该怎么来替你认清楚，你的爱人是哪一个？"隐射了王后在老国王死后不久便再嫁。最后一句"Which bewept to the grave did not go/ With true-love showers."直译为中文是"无人哀悼便下了坟墓，也没有情人的眼泪像雨一样地洒落"。这里描述的"下葬"可能是她的父亲波洛涅斯，表达对她父亲简陋的坟墓和草草收场的下葬仪式不满，也可能说的是老国王哈姆雷特，讽刺王后不再为老国王哀悼并马上改嫁。

在克劳狄斯国王入场后，奥菲利娅唱了第二首歌中的一段："By Gis and by Saint Charity/ Alack, and fie for shame! Young men will do't, if they come to't/ By cock, they are to blame."朱生豪先生的译文为："凭着神圣慈悲的名字，这种事太丢脸！少年男子不知羞耻，一味无赖纠缠。"这可以理解为奥菲利娅对哈姆雷特的指控，哈姆雷特用言语侮辱她，并杀死了她的父亲，这个一直说着爱她的人，却在做事情时从未考虑过奥菲利娅的感受，同时也可以是隐射克劳狄斯对王后的诱骗。

当哥哥雷欧提斯上场之后，奥菲利娅为父亲唱了首挽联，而这两首挽联也预示着她自己也终将用自杀结束自己的生命。

从奥菲利娅疯癫之后的行为层面分析，奥菲利娅唱完第三首歌之后，将手中握的各种花，送给了在场的克劳狄斯、王后和雷欧提斯。送给雷欧提斯的是象征记忆的迷迭香和表示思想的三色堇，这像在叮嘱哥哥永远怀念父亲。送给王后的茴香象征着阿谀，漏斗花代表着忘恩，讽刺了王后匆匆再嫁。当继续送给王后芸香的时候，奥菲利娅表示："这是给您的芸香；这儿还留着一些给我自己。"芸香象征着悲哀和忏悔，她们各有各的痛苦与不幸。随后送出的雏菊象征着不忠诚的爱情和欺骗。紫罗兰本来代表着忠诚，但奥菲利娅说："可是我父亲一死，它们全都谢了；他们说他死得很好"，隐晦地表达了对忠诚的父亲死后被草草下葬的不满。同时，紫罗兰还呼应了在第一幕第三场中雷欧提斯劝诫奥菲利娅的话："对于哈姆雷特和他的调情献媚，你必须把它认作年轻人一时的情感冲动，一朵初春的紫罗兰早熟而易凋，馥郁而不能持久，一分钟的芬芳和喜悦，如此而已。"（莎士比亚，2015）紫罗兰的凋谢也是对哈姆雷特爱情不忠的哀叹。

从奥菲利娅的语言和行为上来看，这位贵族少女的唱词和送花的举动都充满了思想和象征意义。由此可以推测，奥菲利娅的疯癫可能不是病理层面的完全疯狂，这种迷狂的状态反而展现出了奥菲利娅的主体思想，有着个体独立的象征意味。

奥菲利娅疯癫的成因可以用弗洛伊德的人格结构理论进行分析。弗洛伊德以无意识理论为核心，从心理结构理论衍生出人格结构学说。他将人格分为本我、自我和超我：本我指的是原始的自我，是人格发展阶段的最低级，不知道善恶道德，遵循唯乐主义；超我是理想的、文明的，是监督者和管理者，约束着自己的行为；自我，在两者之间，接受超我的监视，又感受本我的兴奋，代表可以称作理性和常识的东西，遵循唯实原则（弗洛伊德，2011）。如果三者失去平衡，个体就会产生病态的心理，导致人格的异常。

奥菲利娅的本我是真心爱慕哈姆雷特的。她在哥哥嘲讽哈姆雷特对她的爱情不过是一朵早熟而易凋的紫罗兰时，反问："不过如此吗？"她在父亲对哈姆雷特和她的爱情嗤之以鼻，认为不过是假意的表示的时候反驳说，哈姆雷特求爱的态度是很光明正大的。她在为哈姆雷特辩护，她并没有同意父亲和哥哥轻蔑的言语。在她被父亲利用去试探哈姆雷特是否真的发疯时，她依旧是真诚地认为哈姆雷特是爱他的。她为哈姆雷特的疯癫而惋惜，并认为哈姆雷特拥有高贵的灵魂，她尊重他也爱慕他，她非理性的本我希望摆脱父亲与哥哥的束缚，去接受哈姆雷特的爱情。

超我是自我理想的代表，自我用它来衡量自己，努力实现它。超我关乎理想和道德，它是社会规范和道德价值观内化的表现，起到监视和控制本我非理性冲动的功能。奥菲利娅生活在男权中心的环境中，中世纪的女性被划分为两类——"女巫"和"天使"，这都是男权中心思想的衍生物，天使和女巫都不具有作为人的、个体的意义。法国文学家西蒙娜·德·波伏娃认为，在男权社会中，男性是主体，是绝对，而女性则是他者。她们扮演着男性权威强加给她们的角色，成为了丧失主体性的他者。弗吉尼亚·伍尔夫就指出：" '屋子里的天使'是强加给妇女的最恶毒的形象。"（古芭，1979）

奥菲利娅就是如此，他的父亲和哥哥都是如此暴力地让她保持贞洁，不要相信哈姆雷特，甚至嘲讽她的爱情。在剧中的第一幕第三场，她先后遭到了哥哥和父亲的规训和质问，要求她贞洁、温顺、服从并沉默。

后波洛涅斯出于利益，为向国王克劳狄斯表忠心，试探哈姆雷特是否真的发疯时，又不顾之前告诫女儿不要和哈姆雷特来往的话，把奥菲利娅变成了一个试探哈姆雷特的工具。在她试探哈姆雷特的时候，父亲和国王躲在幕后监视，拒绝听取奥菲利娅的报告，奥菲利娅的话语权被剥夺了，她的情感只在独白中表现。

在哈姆雷特处，奥菲利娅同样没有得到尊重。他装疯卖傻，重复侮辱性的语言。从哈姆雷特的角度，奥菲利娅必须爱慕他、顺从他，如若不顺从，便嘲笑她"卖弄你们不懂事的风骚"（莎士比亚，2015）。在父亲与哥哥的眼里，奥菲利娅永远都只是一个"green girl"，是一个不谙世事、没有独立思考能力的女孩；在哈姆雷特心中，奥菲利娅也只需要做他幻想中的天使。面对如此严苛的社会，她的超我必然要她顺从父亲和哥哥的话，被迫接受他们的安排，先是拒绝哈姆雷特，接着又不得不去试探哈姆雷特。

自我的功能是满足本我的冲动，同时遵守超我的规范。弗洛伊德认为人的本我和超我会发生冲突，个体会产生焦虑和紧张的情况，要由自我来进行平衡，调节两者之间的矛盾，使得三者处在一种动态平衡的状态，保证人格的健康发展。而奥菲利娅最后的悲剧正是因为三者之间的平衡被打破了。奥菲利娅的疯癫表面上是因为父亲的死，但事实上还源自她的本我和超我之间的冲突太过于激烈，使得自我无法调和这种矛盾。她的疯是必然的，即使父亲不死，她也终将无法忍受作为独立的、具有主体性的人不被压抑的渴望和父权社会的暴力压迫之间的强烈矛盾，或者疯的不是这一个奥菲利娅就是下一个奥菲利娅。

她始终处于一种压抑的状态，被迫保持沉默，无法表达自己的情感。而伴随着父亲的死亡和哈姆雷特的疯癫，突如其来的打击让本来就矛盾的三重人格彻底崩溃。弗洛伊德认为"被压抑者终将回归"，奥菲利娅的疯癫是一种压力的释放，也是一种反抗。此前她的语言多是独白，她是沉默的天使，而戴上疯狂的面具之后，她可以大肆发表她的观点，在被动中抢回她的话语权。

最后奥菲利娅的死亡更像是自杀。奥菲利娅在溺水时没有挣扎，她的衣服四散展开，嘴里还断断续续唱着古老的谣曲，好像一点也感觉不到什么痛苦。正是本我、超我、自我三者之间的无法调和，使得她最后走向了自杀。

三、反抗、揭露与纠偏：书写疯癫的意义

奥菲利娅的疯癫是她要求以女性的身份得到话语权，得到尊重，得到认可，得到掌握自身命运的权利而戴上的面具。疯癫是她被男权社会贴上的标签。女性妄图获得主体的独立地位，不再满足于做"屋子里的天使"，语言和行为突破了针对女性的规则，那么在男性中心文化的描述下，她们往往就成为了疯癫者。奥菲利娅的疯癫是极端痛苦和压抑下的一种自我毁灭般的反抗，其中蕴含着对自身主权的寻求。

莎士比亚笔下的很多疯癫形象都不仅仅指生理意义上的疯癫，而是都具有象征意义。如同奥菲利娅的疯癫一样，只是另一种生存状态。奥菲利娅的疯癫实则是一种自我主体意识的觉醒，是以"他者"的身份对男权、父权社会的反抗。当她戴上疯癫的面具时，说出来的是最真实有力的话语，正如"当我们戴上面具，掩饰我们自己的时候，我们却发现了自我"（特纳，1993）。又如《李尔王》中的弄人。弄人以疯癫为职业，事实上却充满智慧，他让自己的神经处于伪装的恍惚中，以便更好地对宫廷事件给出客观的评价。弄人始终秉承着正义的平民立场，站在李尔王的身旁，使用灵巧的措辞，更为自由地评判君王的失误或犯错，劝诫李尔王明辨是非，起到醒世的作用。李尔的弄臣是以装疯卖傻作警世之言，调侃世态炎凉，警示君王。在《李尔王》中，疯子领着瞎子，傻子陪着疯子。在弄人愚蠢、可笑的外表下蕴含着先知先觉的智慧，这种智慧指引疯癫者获得真知，以非理性的外在表现智慧地完成了对理性世界的嘲讽。

疯癫中承载着巨大的想要扭转秩序的社会责任，疯癫的个人和整个社会呈现出剑拔弩张的对立感，莎士比亚书写的疯癫就像是一面镜子，照射出一个有待改善的世界。

疯癫是人类理智的"影子"，它们来源于同一个躯体却又彼此分离。疯癫这个"影子"时长时短甚至光怪陆离，这使得理智异常"惊奇"，于是理智"拼命地躲避、驱赶、拍打"疯癫，以此来证明自己的"正常"，然而不可回避的现实是：理智与疯癫之间的纠葛是无法彻底解决的（沙莎，2007）。莎士比亚笔下的社会高举理性的旗帜，物欲横流的工具理性使得人们的内心备受压抑，不仅仅充斥着个体的病态，甚至整个社会都在畸形的病态之中。

莎士比亚意识到了这种理性危机，于是用非理性的疯癫反抗并纠偏理性，深刻地揭示了唯利是图、弱肉强食的工业社会、资本主义社会中人的异化。这样的价值观表现出一种非崇高化的虚无主义倾向（蒋倩，2007）。就像哈姆雷

特沉重的叹息:"人世间的一切在我看来是多么可厌、陈腐、乏味而无聊,哼!哼!那是一个荒芜不治的花园,长满了恶毒的莠草。"也如麦克白所悲叹的:"明天,明天,再一个明天,一天接着一天地蹑步前进,直到最后一秒钟的时间;我们所有的昨天,不过替傻子们照亮了到死亡的土壤中去的路,熄灭了吧,熄灭了吧,短促的烛光!人生不过是一个行走的影子,一个在舞台上指手划脚的拙劣的伶人,登场片刻,就在无声无息中悄然退下;它是一个愚人所讲的故事,充满着喧哗和骚动,却找不到一点意义。"这种幻灭感和虚无感是一种现代性的审美体验,福柯在《疯癫与文明》中也提及,"人们从发现人必然要化为乌有转向戏谑地思考生存本身就是虚无这一思想"。(福柯,2003)这使得莎士比亚的悲剧表现出审美现代性意识。

从尼采的美学理论来看,疯癫者都展现出一种酒神式的智慧之美。尼采的酒神精神认为"万物根本上是浑然一体,个体化是人类痛苦的根源",个体生来具有不可避免的、生老病死的悲剧性,个体与本体融合才是极乐至境,正如悲剧艺术快感是"由个体化的破除而预感到统一将得以重建而产生的"(尼采,2004)。人类舍弃自我之后,获得来自自然的一种直觉式的智慧,这种智慧是理性无法到达的。疯癫者就像是酒神的受难,他们经历了个体的解放、被排除在理性社会之中,最后与自然融为一体而得到启示。这种涅槃之后的智慧,照亮了理智无法到达的黑暗。

福柯认为,即便是治理最好的国家,也充斥着不可尽数的疯癫之举,每天都会有许多新的疯态产生,而这些疯态实则包括正常人的某些异常举动:"这个世界上有多少种性格、野心和必然产生的幻觉,不可穷尽的疯癫就有多少种面孔。"因此,疯癫实则存在于每个人身上,是每一个人或多或少拥有的某种特殊的性格,主要是"人在对自身的依恋中,通过自己的错觉而造成"。(福柯,2003)

疯癫与非疯癫、理性与非理性一起构成人性,只是在不同的人身上体现出来的比例不同,有的倾向理智、冷静、沉稳、智力超群,有的倾向狂躁、激烈、敏感、精力充沛。除了个体之外,社会甚至世界也常常会在某个时期处于集体病态的阶段。但是在人类文明发展的过程中,疯癫一步步被理性暴力控制,直到成为了不合理的存在。可是理性对疯癫和非理性的征服,使得非理性成了"理性世界的他者"而被迫保持缄默,这何尝不是一种病态?由此,莎士比亚作品中大量书写的疯癫才尤为需要关注。

在尼采和福柯看来,疯癫不是一般的医学概念,相反是一种健康和力量,对于个人的事业有激励和唤醒的作用。疯癫者往往通过直白的言行突显出纯真的肉体和灵魂,焕发出真实的人性;通过无拘束的自由的表达,寻求人性的存在；通过夸张的姿势暗示他们的梦想，张扬那些不被承认的自由。

奥菲利娅的疯癫体现出想要颠覆男权社会的责任感，疯癫的奥菲利娅个人与社会呈现出对立感，她就像是一面镜子，用他者的身份，照射出一个残酷的世界。

莎士比亚在深刻地观察社会之后，借助"疯癫者"之喉舌，揭露了社会的黑暗和人性的卑陋与虚伪。疯癫和理性的对话成为文艺复兴时期舞台上一道最为独特的风景线，被排挤的疯癫者反衬出常人的卑鄙，真正的崇高和真理体现在被人们所嘲笑的愚昧和疯癫之中。正是这种疯癫之美，实现了疯癫和理性之间的对话，在悖论中走向和谐，发出对人存在的真正的价值和意义的拷问。

参考文献

福柯. 2003. 疯癫与文明：理性时代的疯癫史 [M]. 刘北成, 杨远婴, 译. 北京：生活·读书·新知三联书店.
古芭. 1979. 阁楼上的疯女人 [M]. New Haven and London：Yale University Press.
蒋倩. 2007. 论莎士比亚《李尔王》中的愚人、疯癫者及其他 [J]. 四川外语学院学报，(6)：77-81.
尼采. 2004. 悲剧的诞生：尼采美学论文选 [M]. 周国平, 译. 太原：北岳文艺出版社.
沙莎. 2007. 人类文明进程中的迷醉状态 [D]. 西北大学.
莎士比亚. 2015. 朱生豪译莎士比亚戏剧 [M]. 朱生豪, 译. 北京：人民文学出版社.
特纳. 1993. 庆典 [M]. 方永德, 等译. 上海：上海文艺出版社.
弗洛伊德. 2011. 自我与本我 [M]. 上海：上海译文出版社.

漂泊在失却与希望之间

——《托马斯与比尤拉》中黑人大移民的家园诗学

李晨龙[*]

摘 要：一直以来,"家园"始终是黑人大移民中的核心议题。诗集《托马斯与比尤拉》作为美国当代非裔女诗人丽塔·达夫的扛鼎之作,勾勒了黑人漂泊在失却与希望之间的"家园诗学"。具体而言,达夫立足于普遍意义的人类价值,书写黑人大移民中的家园诗学,呈现了一种流动与重塑中的家园表征,而其族群伦理也由种族主义演进至后殖民主义,最终发展至世界主义;饱受现代性的阴暗面——工具理性的摧残是黑人在一路向北的漂泊中家园失却的原因;在全球化时代,黑人将流散经验运用于音乐创作,重写勤劳、温情、智慧的民族形象,塑造当代神话,发掘浪漫精神,是找寻希望家园的必由之路。

关键词：家园 黑人大移民 《托马斯与比尤拉》 丽塔·达夫 流散

Title: Diaspora Between Loss and Hope: Home Poetics for the Great Migration in *Thomas and Beulah*

Abstract: For a long time, "home" has been a central issue in the Great Migration. *Thomas and Beulah*, a pioneering poetry collection by contemporary African American poet Rita Dove, sketches the "home poetics" through which black people are wandering between loss and hope. More specifically, based on universal human values, Dove creates the home poetics in the Great Migration, presenting a representation of home in mobility and reconstruction, while their ethnic ethics evolves from racism to post-colonialism and ultimately to cosmopolitanism. The dark side of modernity—the ravages of instrumental rationality—is the reason why black people have lost their home in their wanderings northwards. Amid the wave of globalization, black people's application of their diasporic experience to music composition, rewriting the image of an industrious, tender and wise nation, shaping contemporary mythology, and uncovering the spirit of romance, has been the

---

[*] 李晨龙,华中师范大学外国语学院硕士研究生,主要研究领域为比较文学、英语诗歌、西方文论。

necessary path to pursuing a home with hope.

Key words: home, the Great Migration, *Thomas and Beulah*, Rita Dove, diaspora

> 黑人男孩啊，黑人男孩，
> 那港湾值得停靠吗？
>
> ——梅尔文·托尔森《哈莱姆画廊》①

80多年前，年轻的美国非裔艺术家劳伦斯（Jacob Lawrence, 1917—2000）踏上了创作"移民"系列（"The Migration Series"）的漫漫征途。② 这一由60幅油画组成的皇皇巨作，描绘了20世纪美国持续近60年之久的黑人大移民（The Great Migration, 1910—1970）。尽管一直到20世纪90年代，"大移民"才进入美国历史学界的研究视野，但事实上，黑人大移民重塑了美国的城市面貌、法律公正、社会秩序、国家形态，也构建了20世纪以来美国黑人的现代性（modernity），推动了美国黑人民权运动（The Civil Rights Movement）的发展，在美国的文学艺术领域产生了深远的影响。

追溯这一浩浩荡荡的移民大潮，不难发现，"家园"（home）始终是这段流散（diaspora）史诗中的核心议题。不只存在于劳伦斯富有诗意的画卷，在非洲与非裔流散文学中，世界范围内的黑人作家都诉说着寻找家园的民族记忆。邓巴（Paul Laurence Dunbar）的《诸神的娱乐》（*Sport of the Gods*）、杜波依斯（W. E. B.）的《黑人的灵魂》（*The Souls of Black Folk*）、托尔森（Melvin B. Tolson）的《哈莱姆画廊》（*Harlem Gallery*）、赖特（Richard Wright）的《土生子》（*Native Son*）、阿契贝（Chinua Achebe）的《瓦解》（*Things Fall Apart*）、莫里森（Toni Morrison）的《爵士乐》（*Jazz*）、奥克利（Ben Okri）的《饥饿之路》（*The Famished Road*）、恩古吉（Ngugi Wa Thiong'O）的《一粒麦种》（*A Grain of Wheat*）和《大河两岸》（*The River Between*）等，这些或经典或当代的非洲与非裔文学作品，都书写了漂泊之中的黑人民族寻觅家园的浩荡征途。黑人自从被剥离非洲以来，从"黑色大西洋"（The Black At-

---

① 梅尔文·托尔森（Melvin B. Tolson, 1898—1966），美国现代主义非裔诗人、作家、教育家、政治家，他的诗歌始终关注美国黑人的生存与历史。他继承了现代主义传统，深受哈莱姆文艺复兴影响。评论界将他的代表作《哈莱姆画廊》（*Harlem Gallery*）与T. S. 艾略特（T. S. Eliot）的作品比较，称赞托尔森的作品具有"典故性，吸收了古典、圣经、东方、非洲的文学传统"。

② 雅各布·劳伦斯（Jacob Lawrence, 1917—2000），美国20世纪非裔油画家。他成长于20世纪30年代的哈莱姆社区（Harlem），其作品以生动的现实主义风格再现了黑人的生活场景与历史记忆。

lantic）流散①，至大移民南方流散（The Southern Diaspora）②，他们流亡、漂泊，饱受苦难，在不断地失却之中，寻觅希望的家园③。家在何方？何以为家？美国当代非裔女诗人丽塔·达夫（Rita Dove，1952—　）④ 便从编写家族史的视角出发，在诗集《托马斯与比尤拉》（*Thomas and Beulah*，1986）中勾勒了黑人在失却与希望之间的"家园诗学"。

一、流动与重塑：黑人大移民中的家园表征与族群伦理

60年间，黑人赖以生存的家园样貌始终处于不断的流动与重塑之中。首先，就流散的基本表征而言，作为"黑色大西洋"流散在北美大陆的续章与变体，黑人大移民本身具有的流动性（mobility）已经成为了黑人建构家园意识的生命经验。美国非裔历史学者古德温（Marquetta L. Goodwine）于2009年在"种族与移动"研讨会（"Race and Displacement" Symposium）上指出，回顾人类历史上重大的种族移民，每一次地理方位上的位移，带来的是心灵与

---

① "黑色大西洋"流散（The Black Atlantic）由英国黑人理论家保罗·吉尔罗伊（Paul Gilroy）提出。最初用于描述16世纪到19世纪北大西洋进行的"黑三角贸易"；后来喻指在上述流散过程中，黑人对大西洋沿岸的国家和地区种族、文化、政治、经济，尤其是现代性的重构。详见保罗·吉尔罗伊：《黑色大西洋：现代性与双重意识》，沈若然译，上海书店出版社2022年版。

② "南方流散"（Southern Diaspora）于2009年在阿拉巴马大学（The University of Alabama）召开的"种族与移动"研讨会（"Race and Displacement" Symposium）上，由休斯顿·贝克（Houston A. Baker, Jr.）首次提出，用来指称黑人大移民对于美国非裔族群的建构意义。详见王辰晨：《论〈所罗门之歌〉中的移民叙事》，载《外国语文研究》第7卷2021年第6期，第23–31页。

③ See Calvin C. Hernton, "The Sexual Mountain and Black Women Writers," *Black American Literature Forum*, vol. 18, no. 4 (Winter, 1984), pp. 139–145.

④ 丽塔·达夫，1952年生，美国第一位黑人桂冠诗人，其作品涉及诗歌、小说、戏剧等。达夫的诗歌涉及音乐、舞蹈、神话、历史和当代黑人的现实生活与情感体验，从性别、种族、文化与人类命运的维度出发，表现了一种兼具深度与广度的思考与关怀。出版诗集《街角的黄房子》（*The Yellow House on the Corner*，1980）、《博物馆》（*Museum*，1983）、《托马斯与比尤拉》（*Thomas and Beulah*，1986）、《装饰音》（*Grace Notes*，1989）、《母爱》（*Mother Love*，1995）、《与罗莎·帕克斯坐公交车》（*On the Bus with Rosa Parks*，1999）、《美式狐步》（*American Smooth*，2004）、《穆拉提克奏鸣曲》（*Sonata Mulattica*，2009）、《启示录清单》（*Playlist for the Apocalypse: Poems*，2021），短篇小说集《第五个星期天》（*Fifth Sunday*，1985），长篇小说《穿越象牙门》（*Through the Ivory Gate*，1992），文集《诗人的世界》（*The Poet's World*，1995），诗剧《农庄苍茫夜》（*The Darker Face of the Earth*，1996）等。达夫于2015年访问中国，获"诗歌与人·国际诗歌奖"。国内出版的达夫诗歌选集有：黄礼孩编，程佳译，《她把怜悯带回大街上》，北岳文艺出版社2017年版；宋子江译，《骑马穿过发光的树：丽塔·达夫诗选》，湖南文艺出版社2019年版。本文中涉及的诗歌译文，均由笔者自译。凡涉及诗歌原文引用，一律在诗后注明诗行。

精神上的位移。① 其次，就黑人大移民的本质而言，其反映的则是整个 20 世纪美国社会族群伦理（ethnic ethics）② 的重塑。以书写种族、历史见长的达夫，在《托马斯与比尤拉》中呈现出的黑人大移民的家园表征，正是基于黑人流散的生命经验，和随着美国社会发展不断嬗变的族群伦理。因此，要想厘清达夫基于家族史书写的"家园诗学"，就必须探赜黑人大移民中以流动和重塑为核心的家园表征，以及其所包孕的族群伦理的演进轨迹。

那么，不妨以一种历时（diachronic）的眼光，重返黑人大移民发端的历史现场，可以看到，黑人大移民正处于美国社会迈向现代化、思想观念转型的变革时代。具体就美国社会的族群伦理而言，一方面，美国南北战争（The American Civil War, 1861—1865）以来，尽管旧南方在政治与经济意义上宣告终结，但以种族主义（racism）为根基的族群伦理依旧存在，对于黑人的社会歧视、经济压迫、种族隔离制度依然盛行。据威尔克森（Isabel Wilkerson, 1961— ）记载，直到 1964 年《平权法案》（*Affirmative Action*）颁布前夕，实行种族隔离制度的吉姆·克劳法（"Jim Crow laws"）依然甚嚣尘上：在众多南方州，电话亭、卫生间、出租车的使用，甚至进入市区，依旧设有黑人专用项目。③

另一方面，自 1862 年《解放黑人奴隶宣言》（*The Emancipation Proclamation*）公布以来，大量的黑人在北方获得了"自由人"的身份，投身到南北战争中去，为北方最终的胜利奠定了基础，因而，从社会共识来看，尽管北方不平等、不公正的族群伦理仍然存在，但较之于南方已经趋于缓和。加之，由休斯（Langston Hughes）等非裔诗人领导的哈莱姆文艺复兴（Harlem Renaissance）的广泛影响，解放思潮、民权运动、后殖民主义（postcolonialism）逐渐取代旧有的种族主义，建立起一种以自由、解放为核心的新型族群伦理。在族群伦理的转型之下，黑人的受教育权、薪资报酬逐渐得到保障。此外，北方经济蓬勃发展，工业化、现代化深入推进，产生了大量新兴岗位，劳动力需求快速增长。在美国社会族群伦理的重塑之下，北方形成了巨大的牵引力，南方

---

① See Marquetta L. Goodwine, "Reflections on *Race and Displacement*," *Race and Displacement: Nation, Migration, and Identity in the Twenty-First Century*, edited by Maha Marouan and Merinda Simmons, Tuscaloosa: The University of Alabama Press, 2013, pp. 7 – 11.

② 族群伦理（ethnic ethics）是调整不同族群间关系的道德准则和规范，是对文学伦理学批评的继承与发展，由何卫华首次提出。详见何卫华：《族群伦理与文学中的共同体想象》，载《文学跨学科研究》第 6 卷 2022 年第 3 期，第 532 – 545 页。

③ 详见伊莎贝尔·威尔克森：《他乡暖阳：美国大迁移史》，周旭译，文化发展出版社 2018 年版。

形成了强劲的助推力,黑人浩浩荡荡的大移民由此展开。

但作为桂冠诗人的达夫在书写民族历史的同时,并没有受到宏大叙事和官方记载的影响,而是关注历史的"下面",并且力图消除民族主义带给黑人本身的刻板印象。具体而言,作为一名历史诗人,达夫发现历史的"下面"呼应了怀特(Hayden White)新历史主义(The New Historicism)的主张。1985年,达夫在与汝宾(Stan R. Rubin)和基钦(Judith Kitchen)的访谈中表明,"我发现历史事件的吸引人之处在于向下看——不是看到我们通常能看到的或者我们常说起的历史事件,而是不能以一种干巴巴的历史意义讲述的东西"。[1] 因而,达夫选择一直以来被官方忽略的大移民历史,并从外祖母口述家族史的视角创作了《托马斯与比尤拉》,彰显了一种"家园诗学"的魅力。而作为一名"后黑人艺术运动"(Post Black Arts Movement)时期的非裔诗人,达夫始终坚持以"去种族"的方式书写种族问题。[2] 所以,在书写黑人大移民历史时,达夫更加关注黑人在流动中的自我形塑,始终以一种充满温情的笔调述说黑人中产阶级的成长历程。可以说,族群伦理、黑人家族、黑人个体的流动与重塑促进了黑人家园的流动与重塑。

在族群伦理由种族主义演进至自由、解放的宏阔背景之下,达夫构筑了一幅流动与重塑的家园图景。就家族书写而言,黑人大移民呈现出了以家族关系不断流动、不断塑造为情感根基的家园表征。倘若以托马斯(Thomas)为中心人物,那么《曼陀铃》(*Mandolin*)中好友莱姆(Lem)之死,则是大移民中托马斯家族关系断裂、重塑的起点。在《事件》("The Event")中,莱姆在托马斯的鼓舞下,跃入水中,到"树木丛生的小岛上"摘栗子,却被坍塌下来的栗子树的"绿色华冠"一起拖入水中。然而,托马斯与莱姆近乎"堂吉诃德与桑丘"一般真挚的友情始终是他生命中重要的精神寄托。从此,莱姆的悲剧与托马斯的一生捆绑起来,以"一种强烈的存在感"渗入他的生命。[3]

这一家族关系的断裂首先体现在诗歌中曼陀铃音乐的悲情书写。在《疼痛变奏》("Variation on Pain")中,曼陀铃不仅是大移民中一个标识身份的文化符号,更是托马斯丧友之痛的精神承载。"两根琴弦,一声痛彻心扉的哭

---

[1] See Judith Rubin and Stan Sanvel Kitchen, "A Conversation with Rita Dove," *Black American Literature Forum*, vol. 20, no. 3, Poetry Issue (Autumn, 1986), pp. 227 – 240.

[2] 详见王卓:《黑色维纳斯的诗艺人生与世界关照:丽塔·达夫研究》,社会科学文献出版社2022年版,第462页。

[3] See Kevin Stein, "Lives in Motion: Multiple Perspectives in Rita Dove's Poetry," *Mississippi Reviews*, vol. 23, no. 3 (Spring, 1995), pp. 51 – 79.

嚎。/有那么多方式模仿/他耳边回响的琴声"(《疼痛变奏》, 1 - 3),托马斯将曼陀铃抱在怀里,"两根琴弦/奏出一个音符和无尽的/忧伤;磕磕绊绊的声音/在长满老茧的指尖/嗡嗡作响"(5 - 9)。曼陀铃的"两根琴弦"隐喻了这对挚友的命运:莱姆离开之后,托马斯陷入"无尽的忧伤"。这种沉痛的负罪感,"如悬在头脑中的钢针""刺穿双耳的耳垂",伴随着"曼陀铃的颤音",弥漫在《曼陀铃》诗章的全篇,托马斯一生都背负着这笔"痛苦的债务"。①

其次,这一家族关系的断裂以意识流(stream of consciousness)书写,通过斜体字的样式,穿插在叙述的流动之间,展现着托马斯的所思所想。②《风平浪静》("Nothing Down")中,与妻子买车时,托马斯想着"'我们一起逃走吧。'/莱姆就说了这么一句"(23 - 24);《齐柏林工厂》("The Zeppelin Factory")里,他瘫坐在地上喃喃道"小子我知道/你就在那里面"(33 - 34);《北极光》("Aurora Borealis")中,走出影院的托马斯恍惚间想到莱姆"快要淹死了,/黑暗在上方/吐着泡沫,反复搅动"(9 - 11);甚至在梦里,托马斯"看到他,/赤身裸体全身肿胀/在后院的树下"(《咒语》, 7 - 9),"听到/那声低语:我没有死。/我只是把生命给了你"(20 - 21)。然而,家族关系的断裂在大移民中普遍存在,托马斯只是黑人中平凡的个体。每一个官方记载的冰冷数字之下,都是一段跌跌撞撞的生命历程。

最终,黑人的家族关系往往经过建立新的情感纽带才得以弥合。其中,托马斯的家族关系历经与妻子比尤拉(Beulah)的磨合、女儿婚礼上的治愈,一直到他弥留之际,才渐渐重建。他面对家人,也会放弃所爱,"他放弃令人兴奋的甜酒和/他的犬牙背心"(《缩影》, 1 - 2);接纳新的家人,也会心怀感动,"看着新郎吞咽口水,/第一次托马斯感到想要/叫他儿子"(《得子变奏》, 10 - 12)。在《车轮上的托马斯》("Thomas at the Wheel")中,"他不得不游过这条河流"(1),心脏病发作的托马斯感受到"胸腔中灌满了水"(9),更加清晰地体会到莱姆在河水渐没之时的挣扎。"书写在水面之上"(21)的死亡,使得饱受创伤的托马斯终于游过那条一生望不见边际的河流,完成了对挚友的忏悔和自我的赎罪,两人彼此的生命在"轮桨"与"车轮"(wheel)之间也终于相互交付,融为一体,迎接托马斯的将是与妻子一同醒来的清晨。③

而就个体书写而言,大移民呈现了以个体身份不断消解、不断重构为社会

---

① See Pat Righelato, *Understanding Rita Dove*. Columbia: University of South Carolina Press, 2006, pp. 75.

② See Ben Howard, "A Review of Mother Love," *Poetry*, vol. 167, no. 6, 1996, pp. 349 - 53.

③ See Therese Steffen, *Crossing Color: Transcultural Space and Place in Rita Dove's* Poetry, Fiction, and Drama. New Work: Oxford University Press, 2001, pp. 102.

基础的家园表征。非裔文学批评家贝克曾指出,黑人经历无时间、无身份的边缘状态(a "timeless" and "statusless" marginality)后,"将会拥有新的地位,重新融入一种新的、固定的社会状态"。① 达夫对于大移民中家园表征的书写恰恰回应了贝克的论断。首先,从托马斯向北迁移的动机来看,体现的是黑人受到"美国梦"(American Dream)的感召之后,一种自发的社会地位的重塑。托马斯尽管饱受莱姆之死的阵痛,但始终没有质疑过漂泊向北的初心。所以,他可以"坐到/黎明前的最后一分钟"(《草帽》,1-3),"躺在各种各样的青草之上,在星空下,/与月亮四目相对"(5-7),"一路北上""直到被黑夜吞噬/直到河流的光亮/退却,不知为何/隐入另一个人的生活"(《跳着摇摆舞》,5-8)。其次,托马斯与比尤拉两人一生的命运,从《事件》到《车轮上的托马斯》,从《接收洗物》("Taking in Wash")到《东方芭蕾舞演员》("The Oriental Ballerina"),出生、搬家、移民、离家、抵达、结婚、入职(工作)、辞职、出嫁、死亡,诗歌中一系列关乎生命成长的动词,呈现了黑人在北方陷入社会困境之后不断生长的历程,也描摹了大移民中黑人家园不断流动、不断重塑的轨迹。

二、家园何以失却:工具理性与现代性的阴暗面

既然黑人大移民中呈现出了一种以流动和重塑为核心的家园表征,那么,在一路向北的迁移中,黑人的家园究竟失去了什么呢?达夫力图描绘的在失却与希望之间的"家园诗学",究竟看到了何种民族主义作家尚未发现的历史侧面呢?一直以来,达夫"去种族"的种族书写方式给人一种不够"黑"的感觉,饱受评论家的诟病。罗威尔(Charles Henry Rowell)在与达夫的访谈中指出,"面对被奴役的美国人的可怕的故事,以及过去和现在白人从未间断的对黑人的诋毁、去人性化和贬低,你在诗歌中从来没有大喊大叫过"。② 陆建德也曾指出,黑人性的建构有其政治意义,但终归是徒劳的;人的肤色远不及带有普遍意义的人类价值重要。③ 达夫力图走出"黑人艺术运动"中民族主义情绪笼罩的阴影,以一个世界主义(cosmopolitanism)者的眼光,把黑人首先作

---

① See Houston A. Baker, Jr., *Blues, Ideology, and Afro-American Literature: A Vernacular Theory*. Chicago: The University of Chicago Press, 1984, pp. 215.

② See Charles Henry Rowell, "Interview with Rita Dove," *Callaloo*, vol. 31, no. 3 (Summer, 2008), pp. 715-726.

③ 详见泰居莫拉·奥拉尼央、阿托·奎森编:《非洲文学批评史稿》,姚峰等译,华东师范大学出版社2019年版,第2页。

为人来审视。① 所以，在分析黑人为何失去家园的过程中，20 世纪现代化中普遍存在的"工具理性"（instrumental rationality）② 带给人的迫害，是她想要凸显的历史侧面。达夫与西方马克思主义（The West Marxism）者"法兰克福学派"（The Frankfurt School）产生了共鸣，一起发掘了现代性的阴暗面。

那么，具体就黑人而言，"工具理性"泛滥呈现出的现代性的阴暗面究竟体现在哪些侧面呢？达夫注意到了以托马斯为代表的非裔劳工群体，和以比尤拉为代表的黑人知识女性群体。作为黑人中产阶级的中坚力量，他们漂泊向北，为了融入北方现代化的"发达工业文明"（advanced industrial society），饱受煎熬，甚至被降格为了无身份、无地位的"隐形人"，艰难地探索大移民中家园的出路与方向。

其一，就非裔劳工而言，在"发达工业文明"中，"工具理性"的奴役不仅贯穿了劳工在北方的现实生活，还统治了精神生活。《齐柏林工厂》（"The Zeppelin Factory"）、《高架桥之下，1932 年》（"Under the Viaduct，1932"）、《闪电布鲁斯》（"Lightnin' Blues"）、《飞行器》（"Aircraft"）、《称心煤炭公司》（"The Satisfaction Coal Company"）就刻画了"发达工业社会"中劳工托马斯在"工具理性"压迫下艰难的现实处境。在齐柏林工厂，"站在囚笼一样的/鲸鱼肚里，火星子/飞溅出焊接口，/噪音如轰轰雷鸣，/托马斯真想坐下/大哭一场"（《齐柏林工厂》，1-8）。目睹"阿克伦"号飞船失控后，"那天晚上/托马斯瘫在那片空地上"（25-26），哀叹道"我活在世上，毫发无损/但是心里发虚"（27-28）。而"工具理性"对精神生活的统治，则体现在诗歌中托马斯面对机械重复的的工作所进行的思考。"为什么发虚？为什么不干脆做个/家庭主夫？女工人的手指并不比他的小"（《飞行器》，18-20），"如果他的速度只有四秒，/或者三秒呢？反思总是如此"（22-23）。即使是曾经

---

① 详见王卓：《黑色维纳斯的诗艺人生与世界关照：丽塔·达夫研究》，社会科学文献出版社 2022 年版，第 337 页。
② "工具理性"源于 20 世纪初美国实用主义（pragmatism）哲学家杜威（John Dewey）提出的"工具主义"（instrumentalism），即推崇科学、技术、工具对社会的推动作用，而忽视人文、艺术的重要价值。但这一思潮在 20 世纪中叶逐渐演变为视野偏狭的"科学技术决定论"（scientific and technological determinism），给社会和人的全面发展造成了巨大阻碍。因而，"法兰克福学派"于 20 世纪 40 年代率先批判"工具理性"。其中，霍克海默（Max Horkheimer）和阿多诺（Theodor Wiesengrund Adorno）犀利地指出，理性作为人类特有的认识能力，曾把人从神学迷信的束缚中解放出来，可是在工业发达的条件下，理性作为指导科学技术发展的唯一方法，却变成了奴役人的工具。马尔库塞（Herbert Marcuse）、哈贝马斯（Jürgen Habermas）等先后发展了他们的观点，指出在"发达工业社会"中，随着"工具理性"占据意识形态的统治地位，创新、审美、自由，甚至否定性、革命性逐步丧失。详见朱立元编：《美学大辞典》，上海辞书出版社 2010 年版，第 19 页。

怀揣音乐梦想的托马斯，也接纳了"工具理性"的意识形态，心甘情愿地用冰冷的数据定义自己的价值。因而在称心煤炭公司，他"一周两次乘坐公共汽车""去到大市场的角落"，他"开始扫地/仔仔细细，像一个女人/把光泽梳进她的头发/不变的动作"（《称心煤炭公司》，18–21）。这些机械重复的工作已经刻入了托马斯的精神，成为天经地义的事情。

更加吊诡的是，"工具理性"不动声色地挪用了非裔劳工的创造力，而他们却对此浑然不知，他们在真实地创造高度发达的工业文明的同时，也亲手为自己建造了地狱，这早已与他们寻觅家园的漂泊初心相违背。诗歌中以托马斯的视角，勾勒了这幅令人眼花缭乱的工业景观。"波塔格酒店的灯光什么时候/通明或熄灭；10：32 火车/加速通过 B&Q 调车场，/地板在颤抖，隆隆作响/咔哧嚯克，咔哧嚯克，咔哧嚯克，/地面揸了油的铁轨咔嗒咔嗒"（《称心煤炭公司》，35–40）。明丽的颜色变换、精准的时间刻画、特写的火车轰鸣，工业文明的全景在近乎瞬间的片段中，涌现到托马斯面前来；甚至是真实炙热的触觉体验，也倾倒在托马斯的肉体与灵魂中，"他们会在火中沐浴"（《飞行器》，25）。但这并不是托马斯一心想要的家园。炙烤的环境、嘈杂的噪音、枯燥的机械重复、浓重的火星煤屑，在地狱一般的工业文明中，劳工根本难以生存，更何谈照顾整个家庭。托马斯只能在"夜晚独自回家"（46）时，带上"一桶煤屑"（47），为家人送去仅有的温暖。可见，非裔劳工群体作为人应有的创造力和自由生活的权利，在大移民的奔波中，早已全然丧失。

其二，就黑人知识女性而言，"工具理性"的压迫不仅使得她们在现实生活中失去工作的可能，完全地退居家庭生活，而且造成她们精神世界里丰富、活跃的自我意识无法释放，异化为一种恐惧的梦魇。首先，就现实生活而言，《拭尘》（"Dusting"）、《晨星》（"Daystar"）两首诗就描绘了黑人知识女性婚后被动承担繁重家务的场景。在"工具理性"的压迫之下，丈夫在家庭中不得不缺位，社会又普遍存在对女性工作的歧视，尽管黑人知识女性接受了良好的教育，对于知识、工作具有强烈的渴望，但婚后只能被动地承担几乎所有的家庭劳动。在《拭尘》中，比尤拉要面对"每一天都是荒野一片"（1）的生活，只能"在一堆小玩意中耐心打扫"（3），忍受着"日光浴室中盛着发怒的阳光"（4），在方寸大小的庭院中，只可以望着远处的"谷浪翻涌"（5），"她灰色的围裙/把黑色的树林带进生活"（《拭尘》，5–7）。机械地处理杂物、忍受太阳炙烤的家庭生活已经和托马斯在工厂里的经历别无二致。而在《晨星》中，比尤拉"看到尿布在晾衣绳上冒着热气，/一个布娃娃倒在门后"（《晨星》，2–3）。在现实的家庭生活中，大部分黑人知识女性都如比尤拉一样，每天要处理"冒着热气的尿布""倒在门后的布娃娃"这些生活中的一地鸡毛。唯一难得的安静也只在"趁孩子们午休时小坐一会儿"（5）。这无疑违背了她们漂泊的初心，更摧毁了她们对于家园的美好憧憬。

其三，就精神生活而言，尽管黑人知识女性从孩童时就培养了丰富的创造力，但"工具理性"主导的琐碎的家庭生活让她们根本喘不过气来，那些曾经美好的想象反而异化为可怕的梦魇，在夜晚不断折磨着她们。《为人母》（"Motherhood"）中，比尤拉"梦见宝宝太小了，总是把它/放错地方——它从篮子里滚出来/老鼠把它带回来，它不见了"（1-3），"她把它掉在地上，裂开/像西瓜一样，眼珠都蹦了出来"（5-6），可见孩子在比尤拉的梦中异化成了一种奇怪的异形（grotesque）。在《噩梦》（"Nightmare"）中，"她正在做梦，/再次梦到盐：/盐刺痛她的眼睛，/用她的头发做成辣椒；盐在她的内裤里，而且到处都是光"（1-6）。在比尤拉醒来之后，"发现他/走了，那只狗/正拼命地狂吠，/被锁在屋外/死寂的夜里"（8-12）。达夫借用《圣经·创世纪》中的罗得之妻化为盐柱的悲剧，来书写黑人知识女性的噩梦，恰恰反映了在高度发达的工业社会中，即使是黑人女性中的佼佼者，黑人知识女性也会牢牢地困在"工具理性"的"盐柱"中，难以寻觅应有的自由，更罔论再造一个繁荣的家园。无论是非裔劳工，还是知识女性，在大移民中都沦落为岌岌可危的"笼中鸟""碗中鱼"，失去了应有的人生价值与社会地位。达夫想要在"家园诗学"中呈现的，正是20世纪"工具理性"的泛滥摧毁了维系黑人生存根基的精神家园。

三、寻觅希望的家园：全球化中的黑人神话、音乐、浪漫精神

既然黑人在大移民中失去家园是源于"工具理性"的迫害，那么，怀揣世界主义眼光的达夫又看到了哪些黑人寻觅繁荣家园的希望与可能呢？不妨从流散本身谈起。"流散"这一概念也在不断发展之中：从古典阶段特指《圣经》中犹太人的散居，转变为人文研究术语，泛指某一族群离开故土，迁移至其他地方。其研究范式也从强调起源的"根源型"，发展为"路径型"，更加注重流散中动态视野的发掘。[①] 其中，英国黑人理论家吉尔罗伊（Paul Gilroy）和美国人类学家克里弗德（James Clifford）就是"路径型"研究范式的推崇者。前者将流散中的黑人放置于"非洲—美洲—欧洲"的跨国网络之中，

[①] 详见汪杨静：《"流散"的词义辨析及其研究理论变迁》，载《云南社会科学》2023年第2期，第180-188页。

提出"黑色大西洋",认为从奴隶贸易起始,黑人就源源不断地从非洲横跨大西洋到达西半球,在这一历史进程中,他们不断创造和传播彰显自身价值的流行文化;① 后者则强调了流散中"失却"和"希望"的并存:流散在意味着创伤、压迫和歧视的同时,更意味着希望、成长和新生,流散者在这一过程中不仅可以习得新的谋生技能,还锤炼了更为开阔的世界视野。②

达夫就成长于这种"失却"与"希望"并存的黑色大西洋流散之中。1974年至1975年,她作为富布赖特学者赴德国图宾根大学(University of Tübingen)研修德国文学。这次欧洲之旅拓展了达夫的视野,成就了她国际化的婚姻,更影响了她的诗学观念和思考世界的方式。从那以后,在创作中,莎士比亚、弥尔顿,英国与德国的浪漫派及美国自白派诗人都是她师法的对象;在思想上,法国哲学家巴什拉(Gaston Bachelard)的"空间诗学"、德国哲学家叔本华的艺术美学都对她产生了深远的影响。她在诗中也预示道,"如果我知道在哪里下船我就回家",她成为了一名真正意义上的世界主义诗人。因此,审视黑人的家园问题,她会不由自主地与新历史主义、"法兰克福学派"产生共鸣。

基于此,达夫注意到的再造繁荣家园的希望,是黑人骨子里富于判断力、想象力、创造力和崇尚自由、和谐的浪漫精神。而这一浪漫精神随着全球化的深入发展,在漂泊之中,以神话叙事和流散音乐的形式呈现在黑人的艺术创作中。

首先,就神话叙事而言,达夫运用"英雄化"与"去英雄化"相结合的神话叙事方式,消解了黑人暴力、贫穷的刻板印象,描摹了智慧、和谐的新型族群样貌。在《烤负鼠》("Roast Possum")中,年迈的托马斯用生动的语言给小外孙马尔科姆(Malcolm)讲述抓负鼠的故事:"我们用火炬/照着那只负鼠,我爬上树,/去把它摇下来,/因为我个子最小。它瞪着我,/鱼雷似的嘴鼻里/露出鲨鱼一样的牙齿。/好家伙,虽然很坚强,但是对付不了/我这个旧时代的万事通"(《烤负鼠》,11–18)。在口述流传中,托马斯在孩子们面前的形象逐渐高大起来,成为了下一代心中的英雄与智者;而"火炬""爬树""旧时代的万事通"则体现了黑人朴素但充满智慧的生存之道。诗中黑人流浪艺人吉姆的传说更深化了黑人的智者形象:"流浪的吉姆,能在后背上/平衡

---

① 详见汪杨静:《"流散"的词义辨析及其研究理论变迁》,载《云南社会科学》2023年第2期,第180–188页。
② See Routes Clifford, *Travel and Translation in the Late Twentieth Century*. Cambridge: Harvard University Press, 1997, pp. 256–257.

一杯水/在村子的广场上骑马小跑/不会洒一滴。"(22 – 25)对于新生代而言，父辈的童年与引人入胜的民族英雄传说，为他们树立了楷模与榜样，厚植了强烈的英雄情结，也为他们寻觅新的家园播散了希望的种子。不只是《托马斯与比尤拉》中的外祖父母形象，达夫的其他作品也塑造了性格鲜明、才华横溢的黑人智者、英雄形象。[①] 颜翔林曾指出，"人类文化心理结构中蕴藏着稳定的英雄情结"，因而，"英雄崇拜是古往今来的神话接受者的共时性的价值准则"。[②] 达夫立足于人类文化心理的普遍结构，改写黑人积贫积弱、暴力野蛮的刻板印象，塑造了勤劳智慧的黑人中产阶级形象，使得黑人在漂泊的旅程中建立了家园的情感纽带。

其次，就流散音乐而言，黑人的流散体验给予了他们丰富的音乐创作灵感，这不仅成为了大移民中对抗"工具理性"压迫的法宝，而且再次唤醒了他们与生俱来的创造力，更发掘了人类普遍意义中的浪漫精神，也为黑人家园的寻觅与重建提供了希望的资源。达夫不仅是一位杰出的诗人，还是一位出色的歌手、大提琴演奏家、国标舞蹈家、小说家和剧作家，因而，在创作过程中，她十分注重黑人的音乐天赋，并将音乐的曲式和音调融入诗歌的创作之中。具体就《托马斯与比尤拉》的诗歌形式而言，达夫植根于蓝调底色的非裔文化，创造了颤音式[③]的分词结构，象征着黑人在大迁移中的命运起伏。在《曼陀铃》中，-ing 分词被广泛运用于诗行的铺陈之中，形成了一种视觉与听觉意义上的"颤音"结构。仅在《疼痛变奏》一首小诗中，"ringing""humming"中的-ing 分词转换了音节的原始排列，延长了拟声词的效果，用来描绘托马斯失去莱姆之后的悲痛。从听觉效果来看，添加/ŋ/会产生一种节奏上的"颤音"。重复/ŋ/的"音符"强调了莱姆之死带来的创伤，这不仅是曼陀铃演奏蓝调时的起伏，也是托马斯痛苦的表现。-ing 分词的语义功能体现在使用中客观性的加强上。[④] 在强调托马斯创伤的客观存在的同时，也加深了丧友之痛对生活的影响。这一特征也可以在《曼陀林》的其他诗歌中找到。

---

① 如，《与罗莎·帕克斯坐公交车》(On the Bus with Rosa Parks)中的黑人民权运动领袖帕克斯(Rosa Parks)，《穿越象牙门》(Through the Ivory Gate)中热爱音乐的"木偶夫人"金(Virginia King)，《穆拉提克奏鸣曲》(Sonata Mulattica)中的黑人小提琴艺术家布林格托瓦(Bridgetower)，《农庄苍茫夜》(The Darker Face of the Earth)中的女奴菲比(Phoebe)、预言家丝赛拉(Sisera)等。
② 详见颜翔林：《论当代神话及其存在类型》，载《文艺理论研究》第 34 卷 2015 年第 3 期，第 25 – 33、74 页。
③ 一般而言，在歌唱或演奏时，"颤音"指通过重复一个音符，或者快速滑动几个音符，从而演奏出一种独特的音效。这种弹拨技巧广泛运用于吉他和曼陀铃的演奏。
④ 详见王莉：《论英语不定式和-ing 分词的语义传承》，载《外语学刊》2011 年第 3 期，第 58 – 61 页。

此外，蓝调音乐特有的应答轮唱（antiphony，call and response）的循环结构、复调结构已经作为一种流散的生命体验，融入了达夫所建构的黑人大迁移的家园诗学之中。纵览整部诗集的结构，不仅在《曼陀铃》《芳华正茂的金丝雀》（*Canary in Bloom*）两个诗章内部形成了循环结构——托马斯命运书写中"轮桨"与"车轮"上的"水上循环"、比尤拉命运中从未走出的"碗中鱼""笼中鸟"式的"空间循环"，而且在诗章之间还呈现出了"意识流"书写、具有"互文性"（intertextuality）的对读、呼应等修辞特征的夫妇间的"对唱循环"。此外，整部诗集中黑人家族命运的"编年史循环"与诗歌形式构成的"交响乐循环"交相呼应，形成了一种蓝调音乐、黑人流散、家园寻觅等多种基调相互影响的复调结构。① 这些复杂而又精巧的音调、曲式的迁移，说明了长期漂泊、流散的生命经验激发了黑人的创造力。在这一过程中，黑人的家园想象也不再停留于控诉与怀旧，而是放眼世界，以一种兼具浪漫精神和世界主义的眼光，以广袤的大西洋为中心，在非洲、欧洲、美洲、加勒比等地四海为家，真正做到了"你坐在哪里/哪里就是成就你的地方"。

当今世界，爵士音乐、蓝调音乐、灵魂音乐、雷鬼音乐、嘻哈音乐等，这些在世界范围内产生深远影响的音乐流行文化，都与黑人不断流散、寻觅家园的经历有着深厚的渊源，这其中也包孕了他们骨子里的浪漫精神。在全球化时代，音乐继承了黑人古老的口头传统，成为了一种全新的塑造家园情结的"赞美诗"。② 吉尔罗伊就曾指出，作为一种美学符号，黑人运用大西洋世界分隔但又融合的音乐传统，在不断地迁移之中创造了一个融合性的共同体③。这其中的浪漫精神就与民族解放运动有着紧密的关联。法国大革命、德意志统一，以及世界其他受压迫的少数族裔的独立，都受到了浪漫主义和浪漫派诗人的鼓舞。④ 德国之旅和跨国婚姻让达夫看到了浪漫主义和承载浪漫精神的音乐、绘画、诗歌，这些林林总总的艺术样式激活了黑人创造力。在浪漫精神的感召之下，她在创作中采取了"向前看"的视野，致力于在黑人饱受压迫的废墟中发掘被掩埋的"希望的种子"，超越在流散中遭受的煎熬与创伤，去寻

---

① See Therese Steffen, *Crossing Color: Transcultural Space and Place in Rita Dove's Poetry, Fiction, and Drama*. New York: Oxford University Press, 2001, pp. 98.
② 详见泰居莫拉·奥拉尼央、阿托·奎森编：《非洲文学批评史稿》，姚峰等译，华东师范大学出版社2019年版，第87–88页。
③ 详见保罗·吉尔罗伊：《黑色大西洋：现代性与双重意识》，沈若然译，上海书店出版社2022年版，第115页。
④ 浪漫主义（Romanticism）的发展历程总是与民族自由与解放运动息息相关。详见蒋承勇、曾繁亭编：《19世纪西方文学思潮研究第一卷：浪漫主义》，北京大学出版社2022年版，第242–277页。

觅更加温情、自由、和谐的家园样貌。①

四、结语：黑人共同的世界终将得到彰显

一直以来，达夫立足普遍意义的人类价值，书写黑人大移民中的家园诗学，呈现了一种流动与重塑中的家园表征，而其族群伦理也由种族主义演进至后殖民主义，最终发展至世界主义；饱受现代性的阴暗面——工具理性的摧残是黑人在一路向北的漂泊中家园失却的原因；在全球化时代，黑人将流散经验运用于音乐创作，重写勤劳、温情、智慧的民族形象，塑造当代神话，发掘浪漫精神，是找寻希望家园的必由之路。

黑人大移民的家园史诗兼具普遍性与特殊性。移民是他们当时对美国经济和社会结构的一种反应。当生活无以为继的时候，他们继承了人类数百年来的传统，继续抗争下去——就像在欧洲、亚洲、美洲失去土地，远赴重洋憧憬更好生活的人一样。这些故事的共同点是，故事中的民族都面临着走投无路的困境，虽然一万个不情愿，但他们仍希望到新世界开创更好的生活。所以他们选择流浪，也相信彼此共同的世界终将得到彰显。

参考文献

Baker, Houston A. Jr. 1984. *Blues, Ideology, and Afro-American Literature: A Vernacular Theory* [M]. Chicago: The University of Chicago Press.

Clifford, Routes. 1997. *Travel and Translation in the Late Twentieth Century* [M]. Cambridge: Harvard University Press.

Goodwine, Marquetta L. 2013. Reflections on *Race and Displacement* [M] //Marouan, M. and Simmons, M. (eds). *Race and Displacement: Nation, Migration, and Identity in the Twenty-First Century*. Tuscaloosa: The University of Alabama Press, 7 – 11.

Hernton, Calvin C. 1984. The Sexual Mountain and Black Women Writers [J]. *Black American Literature Forum*, (4): 139 – 145.

Howard, Ben. 1996. A Review of Mother Love [J]. *Poetry*, (6): 349 – 353.

Righelato, Pat. 2006. *Understanding Rita Dove* [M]. Columbia: University of South Carolina Press.

Rowell, Charles Henry. 2008. Interview with Rita Dove [J]. *Callaloo*, (3): 715 – 726.

Dove, R., Rubin, S.S., & Kitchen, J. 1986. A Conversation with Rita Dove [J]. *Black A-

---

① 详见何卫华：《〈血的本质〉中的世界主义与流散共同体构建》，载《外国文学研究》第45卷2023年第1期，第31 – 42页。

merican Literature Forum*, (3): 227 – 240.

Steffen, T. 2001. *Crossing Color: Transcultural Space and Place in Rita Dove's Poetry, Fiction, and Drama* [M]. New York: Oxford University Press.

Stein, K. 1995. Lives in Motion: Multiple Perspectives in Rita Dove's Poetry [J]. *Mississippi Reviews*, (3): 51 – 79.

吉尔罗伊. 2022. 黑色大西洋：现代性与双重意识 [M]. 沈若然，译. 上海：上海书店出版社.

王辰晨. 2021. 论《所罗门之歌》中的移民叙事 [J]. 外国语文研究，(6): 23 – 31.

王莉. 2011. 论英语不定式和-ing 分词的语义传承 [J]. 外语学刊，(3): 58 – 61.

王卓. 2022. 黑色维纳斯的诗艺人生与世界关照：丽塔·达夫研究 [M]. 北京：社会科学文献出版社.

黄礼孩. 2017. 她把怜悯带回大街上 [M]. 程佳，译. 太原：北岳文艺出版社.

何卫华. 2023. 《血的本质》中的世界主义与流散共同体构建 [J]. 外国文学研究，(1): 31 – 42.

何卫华. 2022. 族群伦理与文学中的共同体想象 [J]. 文学跨学科研究，(3): 532 – 545.

蒋承勇，曾繁亭. 2022. 19 世纪西方文学思潮研究第一卷：浪漫主义 [M]. 北京：北京大学出版社.

丽塔·达夫. 2019. 骑马穿过发光的树：丽塔·达夫诗选 [M]. 宋子江，译. 长沙：湖南文艺出版社.

奥拉尼央，奎森. 2019. 非洲文学批评史稿 [M]. 姚峰，等译. 上海：华东师范大学出版社.

汪杨静. 2023. "流散"的词义辨析及其研究理论变迁 [J]. 云南社会科学，(2): 180 – 88.

颜翔林. 2015. 论当代神话及其存在类型 [J]. 文艺理论研究，(3): 25 – 33 + 74.

威尔克森. 2018. 他乡暖阳：美国大迁移史 [M]. 周旭，译. 北京：文化发展出版社.

朱立元. 2010. 美学大辞典 [M]. 上海：上海辞书出版社.

自然与女性

——生态女性主义视角下的《天根》

于璐瑶[*]

摘　要：生态女性主义即将自然与女性联系在一起，通过二者的结合为生态主义和女性主义提供新的途径。法国作家罗曼·加里的《天根》被誉为第一部"生态小说"。小说讲述了莫雷尔的反猎象行动，通过米娜寻求女性自我解放的理想和行动，表达了作者对人类与自然、男性与女性关系的思考。小说将女性与自然的形象融合，将女性主义与生态主义联系在一起，可以被视为生态女性主义的实验之作。从自然与女性的共性为切入点，针对身体意义、精神寄托与他者立场三个方面可以对《天根》中产生全新的审美认知。

关键词：罗曼·加里　《天根》　生态女性主义

Title: Nature and Women: *The Roots of Heaven* from an Ecofeminism Perspective

Abstract: *The Roots of Heaven* is the first "ecological novel" written by French novelist Romain Gary. The author tells the story of Morrell's anti-elephant hurting campaign, and through Mina's ideal and action of seeking women's self-liberation, expresses his thoughts on the relationship between human beings and nature, men and women. The novel combines the images of women and nature, and connects feminism with ecologism, so it can be regarded as an ecofeminism experiment. This article will discuss the ecofeminism thought in *The Roots of Heaven* from three aspects: physical meaning, spiritual sustenance and the standpoint of the others.

Key words: Romain Gary, *The Roots of Heaven*, ecofeminism

引言

1956年，罗曼·加里发表小说《天根》，并因此荣获同年的龚古尔文学

---

[*] 于璐瑶，重庆师范大学文学院硕士研究生，研究方向：法国文学。

奖。小说讲述了 20 世纪中叶发生在法属赤道非洲的反猎象行动，通过主人公莫雷尔的事迹宣扬了保护自然的生态主义思想，《天根》也因此被称为"第一部生态小说"。小说中形形色色的人物共同构成了广阔的时代图景，同时也呈现出一对对相互对立的关系，读者能时刻感受到宗主国与殖民地、人类与自然之间存在的矛盾与冲突。在人类中心主义与父权制社会的统摄下，作品中代表着自然的大象与唯一的女性——米娜同属于被压迫的"他者"。因此，从女性视角观察自然更能发现二者之间的共同之处。

如今，《天根》问世已有 60 余年，相比于国外热烈的讨论，国内对于《天根》的研究则寥寥无几，而且大部分目光都集中于作品的生态主义思想，对米娜的研究则受到忽视，而这一切都是起源于古希腊罗马的人文主义思想所衍发的结果。在现代化过程中，科学的发展使得普罗泰戈拉的"人是万物的尺度"得以真正落实，人类逐渐变得自大，认为自己有无限能力可以完善自己的生活和社会，外在的客体都应服从人类的统治。表面上看，这似乎只是有些妄自尊大，并无特别过分之处，但细细审视，就会发现人文主义和人类中心论的阴谋：把特殊说成普遍。"人类"一词的所指都凝聚在达·芬奇的画作《维特鲁威人》上，即一个强壮的欧洲白种男人，这也就意味着，除此之外的东方、动物、自然和女性等都将为"人类"的发展而服务，注定要被开发利用。在人类中心主义下被剥削的自然与在男权社会中深受压迫的女性形成了统一的立场。因此，给予女性视角以特权，可以重新审视人类与自然的关系。

生态女性主义（ecofeminism；ecological feminism）就是妇女解放运动和生态运动相结合的产物，它既是女权主义研究的重要流派之一，也是生态哲学的重要流派之一。它从性别的角度切入生态问题，指出男权统治与人对自然的统治都根植于以家长制为逻辑的认识，进而对二者进行深入的批判。20 世纪 70 年代，法国女性主义学者弗朗索瓦·德·奥博纳在其著作《女性主义或死亡》中第一次使用了"生态女性主义"这一术语，从而推动西方生态女性主义的理论与实践迈向了系统的发展阶段。因此，从身体、精神以及立场三个层面着手，能够看到自然与女性二者在《天根》中，乃至在现实中的共性。

一、自然与女性的身体意义

作为唯一一个经过作者精心刻画的女性角色，米娜无论在哪，都是被注视的焦点。关于这一点，在对米娜的第二次描写中就已经有所暗示："她就像'乍得人'那些富丽堂皇的设置——两棵摆在露天座栽培箱里的极矮小的棕榈树、饮料柜台、电唱机、磨损的唱片和晚上冒险走进舞池为数不多的几对伴侣一样，是为他装点门面的。"（加里，1992；以下引文不另注）在一系列的类比中，米娜的地位不言而喻：原本应该生长于广阔土地上高大的棕榈树被移植到了栽培箱里，只能用"矮小"一词来形容，其本身的价值早已在人类的干预下荡然无存，成了只供观赏的玩物；饮料柜台本身或许并无特殊的意义，但是在酒馆中，它就成了酒馆实力的象征，一个精致的柜台总能吸引到更多的顾客；电唱机需要唱片才能发出声音，然而磨损的唱片必然失却了音乐本身的美感，也失去了自身的价值，只能摆在那里任人观看；至于那些大胆的伴侣，在舞池中纵情舞动着自己的身体，他们自己在享受舞蹈的过程中，也成了往来顾客观赏的对象。因此，米娜虽然是酒馆的女招待，但在群聚的男性中，她更大的作用则是供人观赏，她是男性目光的中心，是被凝视的对象。而这段话最后的这个"他"显然就是酒馆的主人阿比布，这里并没有直接点出阿比布的名字，而是以"他"字为代替，别有深意。严格来说，米娜即使是装点门面，也是为酒馆装点门面，而不是为"他"装点门面，这里的更改能明显表现出米娜与阿比布的从属关系，也能使读者更加直观地感受到两者之间的性别对立。

尽管西蒙娜·德·波伏娃一再强调"女人不是天生命定的，而是后天塑造出来的"（波伏娃，2013），但这句话无疑是站在现代的角度发出的。如果往前回溯，最早使男性与女性得以区分的，便是身体构造的不同。女性因其身体力量较弱而导致在两性交往过程中处于被动，时刻屈居于男性的目光注视下。而在这种居高临下的凝视中，首当其冲的就是她们的身体，身体成了社会高压下的原始场域。

在作品中，罗曼·加里在米娜身上费了颇多笔墨，不仅如此，她每一次出现，作者都会将她的外貌再次展现在读者眼前。这些外貌描写，并非是作者全知全能上帝视角的产物，而是从作品中特定人物的眼睛出发，是凝视的结果。当然，这些凝视者无一例外都是男性。当她刚到乍得时，刚下飞机，"头戴贝雷帽，提着手提箱，脚穿尼龙袜"，这是无数男性眼中的米娜；"没有辜负人们的期望"，是凝视者们的评价；"目光焦虑，面容憔悴"，是被肖尔谢审讯时的米娜；"一头金栗色的头发，一张脸……和嘴唇……总之，厚嘴唇，高颧颊，还有那双信任你的眼睛"，这是圣-德尼修士眼中的米娜；"穿着尼龙长统袜的双腿盘在一起，嘴里叼支香烟"，这是彼尔·克维特眼中米娜的样子；"泪珠滚落在脸颊上"，这是法庭上暴露在众人目光之下的米娜；"她脸上布满了倦容，瘦得都叫人认不出来了，只有那头压在大毡帽——它扣在颈背上，下边用帽带系着——下边的金栗色头发和一双明亮、天真的眼睛，还是老样子，显得既有神又亲切"，这是美国记者菲尔茨紧紧盯着的米娜；"她原来一定很漂亮，可是现在，眼睛陷进去了，眼圈发青，脸上淌满了汗水，瘦得皮包骨头"，这是名叫戎凯的白人男性铀矿勘探人员眼中的米娜。这一次次不厌其烦的外貌描写，将米娜的身体同样展现在读者面前，凝视的意义从文中延伸到文外。

至于文中大地的产物：撒哈拉大沙漠、乌雷高原、奥戈平原、萨王那稀树草原、乌雷山冈、沙里河、洛贡河、雅拉河、马木湖、库鲁湖以及数不清的竹林、灌木丛、山丘，也无一不处于人类的注视之下。作为凝视的工具的眼睛"也许离性对象最远，然而在追寻性对象时它却最常受到特定兴奋质的刺激"（弗洛伊德，2004），这种所谓"特定兴奋质"，即"美"。所以，只是就凝视行为本身来说的话，它并不具备任何意义，反而会使凝视者在此过程中发现凝视对象身上的美。尽管单纯的凝视并不能夺走任何东西，但"匹夫无罪，怀璧其罪"，由凝视而发现的美极大地激发了凝视者的探索欲望。因此，这种来自主体的凝视是将客体的身体物质化的开端，"当自然遭逢劫掠时，女性也受到奴役"（鲁枢元，2000）。

就米娜来说，小说中将男性凝视其身体时流露出的疯狂的占有欲赤裸裸地表现了出来：在乍得人酒馆时，"一些男人见了她，连裤带都不解就向她扑过来"。而在此之前，十六岁的米娜就已经被其伯父玷污；攻入柏林的俄军将她关进一间别墅强奸，米娜回忆起那几天的时间，虽"已记不得那些人的模样了，只有一件东西，她始终记得牢牢的，这就是皮带扣"。无论是在卡佩勒夜总会还是在乍得人酒馆，每一个遇见她的男人都想在她的身体上获取欢乐。多年的经历让米娜的身体受尽了男性的亵玩，以至于到后来，她"对这些生理上的事，看得再也不那么重了"。

同样的，人类在对自然凝视之后，一边赞叹大自然的美，一边不择手段地开发大自然，自然的身体——大地遭到了人类残虐的对待。人类以对大地的索取来发展自身：森林为耕地让步，公路遍布其间，山石成了宗主国发展的原料，大象、犀牛等动物成了枪法的牺牲品，干涸的湖泊是大地的累累创口。自然的"美"为自己招来了祸患。在对自然的开发问题上，人类的肤色、宗族之分让位于人与大地的对立。

自从男性发现了在女性身体和土地上播种的能力后，他们便渴求对女性和自然身体的掌控，近代西方父权人类中心主义建构出的如人类—自然、男性—女性的二元对立体系使得男性的人类身份分离并高于女性和自然，她们的身体成了他们显示其权威的场所。因此，女性的身体就具有了双重归属性："躯体既归属于'客体'序列，又归属于'主体'序列"（格罗兹，2012）。在客观的物质世界，人类/男性的目光对她们的身体进行解构，又以强力施加其上，不断榨取她们身体的价值。此时，自然与女性的身体失却了其原本的意义，而逐渐成为为主体带来利益的物质化客体。

二、自然与女性的精神向往

面对外界的强压，自然与女性为了保全自身，不得已将真实想法掩藏起来，使得肉体与精神截然二分。此时，"意识与生命各自迷失于世界而找不到自己，倒是将自己变为主体，而通过它们的活动、干预以及劳作而把世界变成物事、客体和实体"（格罗兹，2012）。如此一来，二者的精神向往将原本二分的精神与肉体呈现出结合的趋势，来自主体的压力化作追求自由解放的动力，自然与女性又回到了最初的原始状态，重新成为一个完整的个体，"生命之物自我经营，生成得以展开"（格罗兹，2012）。

自然的历史比人类长久得多，但她却不曾拥有人类引以为傲的语言系统，自然本身无法说话。更何况在人类中心主义急剧膨胀的主体性之下，无言的自然是一个"缺席的指称对象"，以至于其在与人类的交互关系中完全陷入被动，只能任人在其身上大肆掠夺。在语言学家看来，语言是精神的产物，语言的一切都来源于精神，决定于精神，精神是语言的本源、内核和动力。因此，尽管自然没有人类的语言系统，无法用声音表达自己的精神，但这并不代表自然内部没有精神存在，而其精神向往，便是和谐。在作品中，莫雷尔等"反抗者"的最大作用，就是充当无声自然的口舌，通过人类的行动表达和谐共生的自然精神。

无论是从行动上还是从思想上，莫雷尔都可以被视为自然的使徒，因他坚定地将自己的一切都奉献给保护自然的事业。这位法国的牙科医生在集中营度过了艰苦的岁月，非人的待遇摧残着他的肉体和灵魂，唯一支撑他活下去的，就是自然。在背负着水泥包时，"同是天涯沦落人"的同情心促使他特意帮助仰壳翻在地上的鳃角金龟，对陷于困境的生物的共情延伸成为对自然的热爱；逼仄的禁闭室拘束了他的肉体，但是他的灵魂已经跟随大象在非洲草原上势不可挡地向前奔跑，大象，或者说自然，成了自由的象征。在人类对自己的同胞痛下杀手时，只有自然一成不变地似母亲般呵护着这群大地上的生灵，这种强烈的反差使得莫雷尔在心灵的天平上将自然置于更加重要的地位。因此，在自我认知上，他首先视自己为自然的产物，同大象、鳃角金龟一样都是从土地上孕育出来的生命形式，接着才把自己的人类身份置于其后。在身份归属上，他从人类社会中逃离，来到了偏僻的乍得地区，穿梭于森林之中，生活在大象中。在情感认同上，以大象为代表的自然象征着莫雷尔所认为的自由，在自然与人类族群中,他更倾向于前者,任何与捕猎活动相关的人员都难逃其手,他也因此被称为"狂人"。

正如前面所说,语言是人类引以为傲的发明,然而任何话语的构建产物都存在着"外在","作为构成性的外在,它只能被视为——当它可以这么被视为时——基于与某种话语的关系,存在于并成为话语'最薄弱的边界'"(墨菲,2013)。莫雷尔提出的"人类边缘"的思想与"边界"理论不谋而合,是和谐共生的自然精神的具象化、理论化。这"边界"之所以"最薄弱",无非是因为其无时无刻不在受到人类欲望的极速扩张所带来的强力冲击。在欲望的指引下,"环境的价值是工具性的……环境不是作为自身而存在,它是为满足人类需要而存在的"(童,2002)。因此,这种对自然的竭泽而渔式的开发为人类所带来的利益无异于揠苗助长。人类若要真正实现进步,与自然和谐相处便尤为关键,这种互惠互利的关系也是如今备受折磨的大自然的精神向往。

相比于莫雷尔将自然视为自由的象征加以保护,米娜也是一样地钟情于自然。不同之处在于,莫雷尔保护自然是因为他从自然那里获得了关爱,他可以说是自然的孩子,是伟大母亲的捍卫者;而米娜保护自然则完全是出于个人原因,对自然美的喜爱占据了她精神的绝大部分空间,即使是荒凉偏僻的乍得在她眼里也充满了美。从这个角度来看,米娜与自然之间的距离远比莫雷尔更近。这种距离的远近并非上一部分所谈到的物理空间中身体相隔的长度,不是因为"女性身体、动物身体和土地——物质——被男性凝视的目光和男性身体的真正力量铭刻上了相似的印记"(墨菲,2013),而是精神上的相通与情感上的共鸣,甚至可以说,米娜与自然在某种意义上是一体的。

米娜之所以对自己的身体不甚在意,一方面是因为她处于男权社会的桎梏下,作为弱者的她无力抵抗来自男性的欺凌,这种对身体的霸占对米娜来说已经习以为常。然而更重要的是,在已经被凌辱多次的身体之外,她在自己的精神中找到了寄托:迷娘歌中那"柠檬盛开的地方"(加里,1992),也即自然,令她心驰神往。如此一来,在精神的向往与自然的魅力面前,自己的身体以及身体所遭受的创伤也就不值一提了。在经历强奸、战争、背叛之后,米娜对于人类社会已经失去了希望,再无一丝留恋,因此她怀揣着对大自然和野兽的喜爱,奋不顾身地来到非洲,在乍得找到了自己的归属,可以"躲在大自然的怀抱里"(加里,1992)。

所有人都认为,在乍得这片土地上生存,即使对男性来说也是一种挑战,更何况米娜是一介女流,终有一天她会屈服于大自然的权威之下。然而,在男性眼中偏僻的、被世界遗忘的角落,却被米娜视为伊甸乐园。这里有她喜爱的一切:乍得人酒馆那能看见沙洲的露天座是独属于她的世界;当她在夕阳里搂着市政兽医驯养的羚羊时，脸上露出的是"充满了青春活力和孩子般的欣喜"（加里，1992）。即使跟随莫雷尔深入森林与沙漠，她也能在艰苦的环境中哈哈大笑。自然与女性精神向往的统一使得她们的身体之间的距离也在逐渐缩小。米娜不曾向自然屈服，也从来没有"屈服"一说，而是从女性经验的特有语言出发，将自身与自然联系在一起。这也正如厄休拉·K. 勒吉恩在1986年的演讲中说的："作为一名女性，我所居住的地方，在男性看来无非是旷野。而在我看来，却是家园。"（墨菲，2013）长久的历史经验使得"女性被认为，从而也视自己为自然的一部分"（墨菲，2013），女性也与自然在精神上有着更加紧密的延续性。

三、自然与女性的他者立场

在经历了主体施加于其身体上的凝视与霸凌之后，自然与米娜在精神上都想要脱离主体的掌控，寻求属于自己的自由。这种行动是精神与肉体结合的产物：正是在主体所带来的外部压力面前，自然与女性原本处于二分状态的身体与精神才得以合二为一，共同构成完整的自然与女性。然而在作者的安排中，尽管人类—自然、男性—女性之间存在着极为不平等的二元对立关系，但发挥着主导作用的从始至终都是外部主体，自然与米娜的自由解放也都是由其各自二元关系的对立面来实现的，而这个人类与男性身份的统一体就是莫雷尔。因此，历尽艰辛达到精神与肉体内部统一的自然与女性又与外部主体——人类与男性构成了二元对立关系。也就是说，自然与女性同时成为外部主体自我之外的"他者"，女性与自然作为弱者始终无法逃避二分的命运。

对自然来说，莫雷尔就是她的代言人，他也一直作为自然的捍卫者而行动，为此与自己的同类为敌，甚至甘愿为了保护自然而牺牲自己的生命。但是从根本上来看，不管是自然通过各种暗示唤起莫雷尔的天性，还是他主动承担起保护自然的义务，自然在这一过程中始终还是陷于被动，无法主动承担起自我保护的责任。更何况，文中莫雷尔的反抗行动，最终指向的是人类的内心，也正如"天根"的含义："这是一种强烈的愿望，一种既定的、对未来的向往——一种没有止境的需要，一种渴望，一种别的预感，一种无限的期望——一句话，即对尊严的需求。"（加里，1992）尽管莫雷尔保护大象的行动在其他人看来是在与整个人类群体为敌，当然他本人也曾多次为了大象而伤害了自己的同胞。但是，从莫雷尔反抗行动的纵向来看，无论是前期往返各地请别人在自己的请愿书上签字，还是印发报纸、给各国政府寄信抑或是寻求国际会议的帮助，甚至是与韦塔里的政治运动合作，他最终都是希望以自己的行动唤起人类内心的"天根",从而让更多人注意到保护自然的迫切性。因此,尽管人类与自然之间存在着尖锐的矛盾,人类也在不断通过征服自然以彰显自身的伟力,但对于自然来说,如果要达成人与自然和谐共生的精神寄托,就只能寄希望于人类的自我觉醒,让人类付诸行动,最终以人类之手达到保护自然的目的。

同样的这一点在米娜身上则体现得更为明显:作为文中女性的代表,她逃离了柏林的繁华都市来到非洲西北部的荒凉地区,后来又逃离了乍得的人类社会,深入丛林中践行着保护自然的信念,并且其在面对福西斯副官的质疑时所说的"你应该打听打听女人到底能干什么才是"(加里,1992),这句话颇有新时代女性自立自强的风采。但是在文中,米娜从始至终都是依附于男性而生活:在故事最开始之前,她以作为一所公立中学的博物学教师的父亲为荣;在十六岁父母去世之后,她寄宿于伯父家里;俄军攻破柏林后,她与名叫伊戈尔的俄国军官享受了三个月的快乐时光。在伊戈尔被捕后,她重新回到伯父家里,直到她在卡佩勒的钢琴演奏者——一个男性的帮助下在突尼斯的夜总会谋得个脱衣舞娘的工作,她又受制于那个突尼斯胖子。不多久她就像商品一样被转交到阿比布这里。到最后,她听闻莫雷尔弹尽粮绝后便义无反顾地去丛林中支持他的行动。"她总是到别的地方去寻求积极因素,却从不求诸自身。"(张京媛,1995)在一系列长达几年的活动中,无论地点怎样变化,从欧洲到非洲,从城市到沙漠,米娜都是依附于男性而存在的。

由此看来,自然与女性即使有着高尚的精神寄托,想要摆脱主体施加其上的压制,但她们却始终无法逃离"他者"的立场。大自然通过鳃角金龟、大象等生物,唤起了部分人类内心的觉醒,也只有通过这种方式,自然才能得到救赎。自然无法行动,因此依赖于人类的行动无可厚非。但米娜作为一个有着主观能动性的女性个体,其寻求解放的高峰却也只不过是不顾旁人的眼光支持莫雷尔的行动,此举固然显示出其对强权统治的反抗,但即便如此,她也只是在莫雷尔的行动中起辅助作用,服从莫雷尔的安排。因此,即使自然与米娜通过精神的觉醒反抗主体对其身体的摧残,但是在人类中心主义与男权社会的压制下,她们依旧处于以男性为主的"他者"立场,也始终无法摆脱对主体的依赖,并且在精神深处依旧以"他者"自称。主体性思维还未深入到其寻求解放的理想之中去,换言之,她们始终没有成为自己的"主体"。

正如纳拉扬所言:"'认识论特权的主张'相当于声称,与受压迫群体之外的成员相比,受压迫群体的成员对压迫的本质具有更直接、更细微、更具批判性的认识。"(墨菲,2013)同样地,对于其他"外部"成员,受压迫者也能对其境遇感同身受。因此,同作为人类/男性眼中的"他者",自然与女性遭受着同样的不平等的待遇，有着共同的经历，这也是生态女性主义的理论基础。而二者若要实现解放，自然本身无法行动，因此女性就要承担起自然解放与自我解放的双重职责，而不是安于"他者"的现状，跟在男性主体身后亦步亦趋。

"他者"立场的出现，无论是在种族、性别、地域或其他方面，归根结底都是强弱问题。人类本能中的丛林法则延续至今，强权统治下的弱者也就被排除在主体之外，自然而然地成为了"他者"。因此只要有强弱之分，就一定会有"自我"与"他者"的分别。解决问题的关键就在于如何正确理解"他者"：一方面是要正视他者，将其作为一个独立个体来看待；另一方面，也要认识到"他者"与"自我"的关系是一种相互影响的动态关系，是一种交融共生的关系，二者一荣俱荣，一损俱损。

四、结语

罗曼·加里在《天根》中明确传达了保护自然的生态主义思想，他从生态主义入手，将自然与女性作为一个整体进行叙述，表现了二者自我解放的愿望和行动。然而正如小说的中文译名《天根》，天地之中天为阳，而"根"的男性意味更为强烈。加里在写作中难免受到人类中心主义与男权社会的影响，这就使得他对于自然与女性的解放的论述依旧浮于表面，停留于"以我观物"的主体中心主义。但是作为一名男性作家，能关注到女性与自然的不平等地位已经难能可贵。随着生态女性主义半个多世纪的发展，人们对于人类—自然、男性—女性的关系也有了更加深刻的认识，《天根》也能为生态女性主义的发展提供借鉴。可以说，这部小说在当世依旧有着重要的现实意义。

参考文献

墨菲. 2013. 生态女性主义批评：理论、阐释和教学法［M］. 蒋林，译. 北京：中国社会科学出版社.
鲁枢元. 2000. 生态文艺学［M］. 西安：陕西人民教育出版社.
加里. 1992. 天根［M］. 宋维洲，译. 桂林：漓江出版社.
童. 2002. 女性主义思潮导论［M］. 武汉：华中师范大学出版社.
弗洛伊德. 2004. 性学三论与论潜意识［M］. 车文博，译. 长春：长春出版社.
波伏娃. 2013. 第二性［M］. 邱瑞銮，译. 台北：猫头鹰出版社.
格罗兹. 2012. 时间的旅行——女性主义，自然，权力［M］. 胡继华，何磊，译. 郑州：河南大学出版社.
张京媛. 1995. 当代女性主义文学批评［M］. 北京：北京大学出版社.

日本学术界"中国文学"研究的学术脉络与内容诠释*

——基于日本科学研究费补助金数据库的知识图谱分析

刘　岩　林丰琳**

摘　要：日本科学研究费补助金数据库是日本国立情报研究所和国立国会图书所开发的数据库。本文以科学研究费补助金数据库为数据源，对2001—2020年20年间关于"中国文学"研究课题的立项情况进行了整理，运用文献计量工具CiteSpace，制作相对应的知识图谱，结合数据分析，展现20年来立项趋势、学术群体、研究机构、研究热点与研究内容等方面的整体状况。综合分析结果表明：①日本对中国文学的研究立项从总体来看研究数量有增长的趋势。②日本立项研究作者之间、机构之间联系较为紧密，其中日本的研究机构与中国学者间也存在一定的合作。③通过对2001—2010年与2011—2020年两个区间关键词共现图谱的比较分析，展示了在不同时间段关键词的频次和分布情况，揭示了此20年间的研究热点发展趋势。通过关键词突现、时间线图谱分析，廓清了热点关键词的演变历程与趋势。通过对此20年间日本对"中国文学"研究的数据进行整理、分析，本文试图厘清日本对中国文学研究的现状、发展与走向，为国内学者的中国文学研究展开思考，并对日本文学研究提供借鉴与参考。

关键词：日本科学研究费补助金数据库　中国文学　计量可视化分析　知识图谱

---

* 本文为贵州大学人文社会科学青年项目"日本《朝日新闻》涉黔报道整理与研究"（项目编号：GDQN2022011）的阶段性成果。

** 刘岩，贵州大学外国语学院副教授、日本研究所所长，研究方向：中日近代交流史，地域文化翻译与传播。林丰琳，贵州大学外国语学院硕士研究生，研究方向：日语笔译。

Title: Academic Skeleton and Content Explication of Japanese Academic Circle's Study on "Chinese Literature"
—Knowledge Mapping Analysis of Japanese Scientific Research Grants

Abstract: Japanese Grants-in-Aid for Scientific Research Database is a database developed by Japanese National Institute of Informatics and the National Diet Library. With the basic data of Japanese Grants-in-Aid for Scientific Research Database, this article collates the research projects on "Chinese literature" from 2001 to 2020. It shows the trend in development, academic communities, research institutions, research hotspots, and research content in the past 20 years by using bibliometrics visualization software CiteSpace, and making corresponding knowledge graphs. The results can be explained as follows: (1) Taken as a whole, the number of Japanese studies on Chinese literature is on the rise. (2) The authors and institutions of Japanese research projects are closely related, and there is also some cooperation between Japanese research institutions and Chinese scholars. (3) A comparative analysis of the knowledge graph of keywords between 2001—2010 and 2011—2020 reveals the frequency and distribution of keywords in different time periods and the trend in research hotspot in the past 20 years. The evolutionary process and the trend of hot spots of keywords were clarified by means of the analysis of keywords bursts and keywords timezone. The analysis of the data of the study of "Chinese literature" in Japan in the past 20 years is meaningful to clarify the current situation, development and trend of the study of Chinese literature in Japan. The research shows different views of Chinese literature research, and gives some suggestions and references to the study of Japanese literature.

Key words: Japanese Grants-in-Aid for Scientific Research Database, Chinese Literature, Bibliometrics, knowledge graph

近年来，日本学界的中国研究取得了大量的学术成果，日本的中国文学研究也受到了广泛关注。有学者对中国学术界涉及"日本"的研究进行了归纳，如卢茂君在《国家社会科学基金日本文学研究项目析论》中对国家社科基金项目中涉及日本文学研究的立项进行了总结分析（卢茂君，2020）。反观之，国内学者对日本国家课题数据库的关注较少，对此数据库的中国学领域研究的学术热点的梳理与追踪也较为鲜见。日本科学研究费补助金的资金来源于国家财政拨款，属于日本国家竞争性基金，用于独创性的先进科研项目的扶持。资助范围涵盖了人文、社会科学及自然科学的全部学术领域。日本的科学研究费补助金数据库与中国的国家社科基金项目数据库都属于国家批准设立的扶持项目。为把握日本对中国文学领域的研究趋势、学术热点、学术前沿等，本文对日本科学研究费补助金数据库2001—2020年关于"中国文学"研究课题的立项情况进行了整理与分析。

本文选取2001—2020年20年的时间段，首先以"中国文学"为条件，在日本科学研究费补助金数据库进行数据检索，共检索得到研究课题806项；其次是对文献进行筛选，剔除与中国文学无关的立项研究，共得出有效研究课题695项。对所整理数据进行处理，创建用于CiteSpace软件制图数据库，其中数据包含每篇文献的立项时间、题目、作者、机构、关键词等信息；最后运用CiteSpace可视化软件对日本科学研究费补助金数据库所涉及"中国文学"的研究热点进行知识图谱制作，结合所制作知识图谱与日本科学研究费补助金数据库关于"中国文学"的立项项目研究内容进行分析，探究日本对"中国文学"研究的走向、趋势与热点问题，从而把握"中国文学"在日本乃至海外的研究动态。

一、日本学术界"中国文学"研究现状

（一）发文时间分布

本文利用日本科学研究费补助金数据库，检索与中国文学相关的课题，对其年际立项数量变化进行分析，将从日本科学研究费补助金数据库中导出的研究项目建立时间按照年份进行整理，以研究"中国文学"的年度立项数量为纵坐标，以年份为横坐标制作成折线图，运用Excel图表生成工具绘制2001—2020年日本关于中国文学研究课题数量趋势图，如图1所示。

观察图1，可以发现2001—2020年日本科学研究费补助金数据库中"中国文学"立项数量整体呈现波动增长趋势。2001—2003年，对中国文学的研究立项数量从31项增长至37项后陡然下降到15项。2004—2020年立项数呈波动增长趋势，2004年起立项数量开始递增，自2006年起开始呈现波动起伏状增长，2013年的立项数量仅次于峰值，高达47项。2015年和2018年达到峰值，立项数量48项。2019年的课题数量开始出现回落，2020年立项数量为32项。综合而言，日本学界对中国文学研究呈现了波动起伏、持续性的关注。

（二）立项作者

整理日本科学研究费补助金数据库中"中国文学"立项作者及学者之间的合作关系，有利于直观呈现出在此研究领域的研究学者间的联系。本研究通过CiteSpace分析软件，以"Author"为节点类型，将年份选定为"2001—2020"，在控制面板将阈值设置为3，得到参与项目数量≥3的作者共现分布图（见图2）。作者共现分布图得到节点数236个，连线266条。立项作者共现局

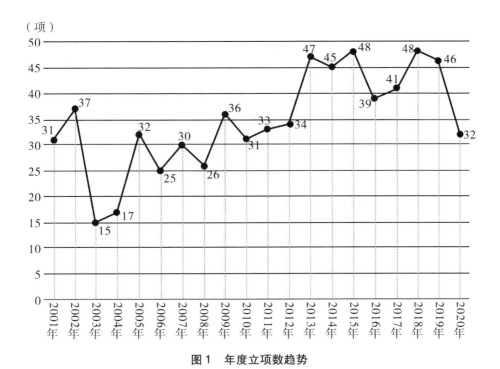

图 1　年度立项数趋势

部图可让我们更直观地了解核心研究学者之间的联系，分析形成的研究合作学者群体。

作者的圆圈大小表示作者立项频次高低，其作者之间的连线则表示学者之间的联系。观察图 2 发现，以高频作者为中心，形成了较为明显的三大研究合作团体。以二阶堂善弘、千田大介、田村容子、三须祐介、山下一夫等为核心的研究作者群体主要研究中国古典艺术、中国传统戏曲、古典文献等；佐竹保子、佐藤大志、林香奈等学者的立项主要涉及中国南北朝时期至隋唐的乐府文学研究；以中野彻、中村みどり、杉村安几子、中野知洋为核心的研究学者群主要围绕中国抗战期间重庆、湘西、青岛、济南的知识分子的文化活动进行研究。除去合作关系较为紧密的学者之外，还有内田庆市、盐山正纯、松江崇、莺清行、中岛贵奈、木村英树、中川谕、住吉朋彦、道坂昭广等学者广泛参与其中。

除日本学者外，我国复旦大学陈广宏、南京大学卞东波、香港中文大学张健、香港浸会大学张宏生、大连外国语学院田洪宝、浙江省舟山海洋学院毛久燕、浙江省舟山民间文艺家协会张坚、温州博物馆杨思好、温州大学林小旻、四川大学罗鹭、中国社会科学院许金龙、北京外国语大学杨炳菁、北京大学钱志熙、清华大学王中忱、香港城市大学吴耀宗等学者也参与合作。总体来看，日本学界"中国文学"的学者合作体现了跨国界、跨学科、跨方向的合作特征。

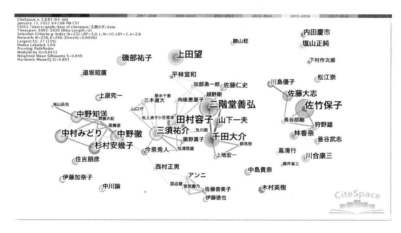

图2 作者共现情况

（三）机构分布

通过研究机构情况统计可知某一领域研究核心机构的分布，本研究通过CiteSpace分析软件得到如图3的立项机构共现图。分析图3可以发现，图中连线紧密，编织成为不同的网络矩类。根据数据统计与CiteSpace数据分析可以发现涉及机构数量183个，立项数量≥3的研究机构87个，约占总机构数量的47.54%。

结合数据统计与图3，可以发现合作立项机构涉及东京大学、京都大学、名古屋大学、大阪大学、北海道大学等帝国大学，一桥大学、广岛大学等知名国立大学，庆应义塾大学、早稻田大学等知名私立大学等。

其中，东京大学对中国文学研究较多的机构是东洋文化研究所，成立于1941年，最初主要研究中国的地方志和民俗，后扩大成为研究亚洲各国文化的综合性研究机构。京都大学对中国文学研究较多的机构是人文科学研究所，该研究所的前身是1929年成立的东方文化研究所，最初以研究中国文化为目的。京都大学人文科学研究所和东京大学东洋文化研究所是日本最著名的两处汉学研究机构，其设立之初的研究对象主要是中国文化。此外，还有东北大学的东北亚研究中心、九州大学的比较社会研究院、金泽大学的外语教育研究中心等。日本机构还十分重视与中国复旦大学、南京大学、香港中文大学、大连外国语学院、浙江省舟山海洋学院、浙江省舟山民间文艺家协会、温州博物馆、中国社会科学院、北京外国语大学、北京大学、清华大学等高校机构的合作，联系紧密，合作较多。

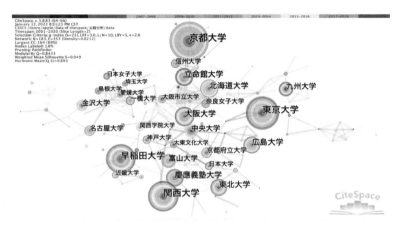

图3 机构共现图

二、日本学术界"中国文学"研究的学术脉络与内容诠释

（一）关键词共现图谱分析

关键词是文章内容的高度概括，通过关键词分析可直观呈现研究领域的知识结构、热点问题、主题方向及研究趋势。CiteSpace软件可对关键词进行频次统计、中心性计算、突现和聚类分析，频次越高表示受关注度越高，中心性越大表示越重要，突现出的关键词反映某时段相对突出的研究热点，聚类分析可探测研究的主要方向（李先跃，2019）。本文以2010年为节点，对2001—2020年20年进行切割，在节点类型中选择"Keyword"选项，分别把2001—2010年和2011—2020年各10年的日本科学研究费补助金数据库的关键词进行关键词知识图谱分析，得出两个共现分析图谱如图4和图5。

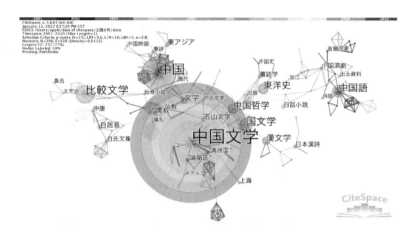

图 4　2001—2010 年关键词共现图谱

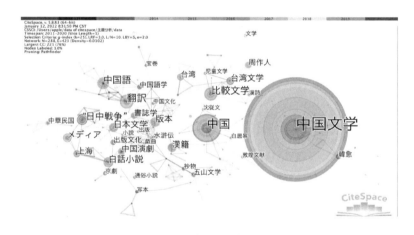

图 5　2011—2020 年关键词共现图谱

观察图 4 和图 5，在两个不同的时间区间内，关键词"中国文学"和"中国"在频次和中心度都居于前列，是日本学界"中国文学"研究的核心关键词，这与本文研究主题的数据收集有一定的关系。图 4 和图 5 在图谱中的节点与共现较多，节点反映了其不同时间段的研究主题，共现反映了主题之间的联系，部分节点在各个关键词中起着的连接作用。本研究还通过 CiteSpace 数据分析，对高频关键词和高频中心度关键词按照 2001—2010 年和 2011 年—2020 年时间段来进行比较分析（见表 1、表 2）。分析所统计的高频关键词和高中心度关键词，一定程度上能够明确表达日本学界"中国文学"科研项目所呈现的研究热点及主要内容等。综合分析可知：

第一,2001—2010年高频关键词除中国文学与中国以外,主要有比较文学、国文学(即日本文学)、中国学、中国哲学、东方史、汉文学、文学、白居易、儒教、东亚、白氏文集、中世文学、日本汉诗、中国史、出版、浙江、吴语、出土资料、太宰治、鲁迅、中国电影、唐诗、音韵等。研究所涉及关键词范围较广,国文学、比较文学、汉文学、礼乐、敦煌文书、传奇小说等关键词都存在一定的联系。其中,涉及白居易研究主要有中唐"风流"文学研究、东亚白居易的接受情况、白居易文学中的唐美意识研究等。

第二,2011—2020年高频关键词除中国文学与中国外,主要还有翻译、比较文学、中国学、中日战争、白话小说、日本文学、媒体、版本、汉籍、中国台湾文学、中华民国、抄物、周作人、儿童文学、沈从文、韩愈、敦煌文献、出版文化、中国学、戏剧、说唱文学等。其中,"日中战争"研究主要集中在抗日战争期间中国知识分子、文人作品、文化艺术、教育机构的研究。如大阪大学今泉秀人聚焦1933年至1939年杨振声、朱自清、沈从文在中华民国政府委托下从事语文教科书编写工作,通过密切追踪抗战期间三人的活动,揭示了中华民国学校教育中语文与新文学的关系。

表1 高频关键词(2001—2020年)

序号	频次	2001—2010年高频关键词	频次	2011—2020年高频关键词
1	108	中国文学	110	中国文学
2	32	中国	32	中国
3	18	比较文学	16	翻訳
4	13	国文学	16	比較文学
5	12	中国語	14	中国語
6	10	中国哲学	13	"日中戦争"
7	10	東洋史	12	白話小説
8	8	漢文学	11	日本文学
9	6	文学	11	メディア
10	5	白居易	11	版本
11	5	儒教	11	漢籍
12	5	五山文学	10	台湾文学
13	5	東アジア		

表2 高中心度关键词（2001—2020年）

序号	中心度	2001—2010年高中心度关键词	中心度	2011—2020年高中心度关键词
1	33	中国文学	26	中国文学
2	32	中国	14	水滸伝
3	18	中国语	11	中国
4	15	中国哲学	11	中国语
5	14	儀礼	11	白話小説
6	10	中唐	11	上海
7	10	内務府	10	出版
8	10	勧善金科	10	受容
9	10	儀典戲	9	翻译
10	10	乾隆朝	9	比較文学
11	10	八旗体制	9	版本
12	10	九九大慶	9	漢籍
13	10	傅惜華	9	中国演劇
14	10	万寿節	9	戲曲
15	10	内府鈔本	9	演劇
16	10	八旗制		

（二）关键词突现图谱分析

关键词是研究内容的高度提炼和概括，梳理和分析文献中高频关键词的时间分布及对应变化趋势，有助于了解该领域学者的研究热点以及随着年限变化其热点的发展趋势。突发性关键词探测是指一个变量值在短时间内激增，突变成学术界所关注的热点（王云、马丽、刘毅，2018）。突发性关键词的研究能更好地把握研究热点和研究发展走向。通过CiteSpace深入制作得到关键词突现图谱图6，Keywords为关键词，Year为检索数据的年份，Strength为突现强度，Begin为某一关键词研究热点的起始年份，End为终止年份，关键词的突现年份即该研究领域在某时间段内追踪的热点。

Keywords	Year	Strength	Begin	End	2001 - 2020
中国語	2001	3.06	**2001**	2002	
中国	2001	3.01	**2001**	2004	
吳語	2001	2.48	**2001**	2002	
文学	2001	2.26	**2001**	2004	
白氏文集	2001	2.11	**2003**	2006	
類書	2001	1.92	**2003**	2004	
国文学	2001	3.94	**2005**	2008	
日本漢文	2001	1.79	**2005**	2006	
中国文学	2001	3.97	**2009**	2012	
日本漢詩	2001	2.29	**2009**	2010	
漢文学	2001	2.22	**2009**	2012	
東洋史	2001	2	**2009**	2010	
白話小説	2001	2.73	**2011**	2014	
日中戦争	2001	2.26	**2011**	2014	
中国語学	2001	1.97	**2011**	2014	
沈従文	2001	1.8	**2011**	2014	
周作人	2001	3.05	**2013**	2016	
出版	2001	1.97	**2013**	2018	
台湾文学	2001	2.29	**2015**	2018	
敦煌文献	2001	2.24	**2015**	2016	
注釈	2001	2.11	**2015**	2018	
水滸伝	2001	1.96	**2015**	2018	
漢詩	2001	1.84	**2015**	2016	
児童文学	2001	2.44	**2017**	2020	
翻訳	2001	1.89	**2017**	2020	

图6 2001—2020年关键词突现图谱

在突现强度较强方面，有中国语、中国、吴语、文学、白氏文集、日本汉文、中国文学、日本汉诗、汉文学、东洋史、白话小说、"日中战争"、沈从文、周作人、出版、中国台湾文学、敦煌文献、注释、水浒传、汉诗、儿童文学、翻译等，反映出日本学界中国文学研究涉及不同文学体裁、不同文学作家及作品的研究。

从突现数值来看，突现强度较大的关键词主要有中国文学（3.97）、日本文学（3.94）、中国语（3.06）、周作人（3.05）、中国（3.01）、白话小说（2.73）、吴语（2.48）、儿童文学（2.44）。中国文学和日本文学的研究强度较高，这与研究主题数据收集有一定的关系。而对中国语、周作人、中国、白话小说的研究在所有关键词中尤为突出，主要是中日近现代文学在日本的研究。如对鲁迅的研究主要有鲁迅编的《现代日本小说集》在中国的接受、以鲁迅为核心的中日文学对比研究、鲁迅作品中"阿Q"形象,以及以小田岳夫的传记《鲁迅传》、竹内好的评论《鲁迅》等。

从持续性时间来看,21世纪日本对"中国文学"的关注是一个持续的过程,形成了较明显的三个阶段。第一阶段是2001—2008年,这一阶段的研究主要集中在语言层面的关注,是文化交流的奠基阶段。第二阶段是2009—2014年,研究主要涉及中国近现代文学,如日本汉诗、白话小说,以及沈从文和鲁迅的作品等。第三阶段是2015—2020年,在前面研究的基础上从翻译、出版、注释角度深入研究中国的古代文学、台湾文学、儿童文学等。日本对中国文学的研究重心从最初的中国、中文到中国古代文学、抗日战争时期的作家作品,又到古代文献的注释与翻译上,这个研究过程整体上呈现的趋势由浅入深。

综合而言,21世纪以来日本对"中国文学"的关注度较高,关注层面较广,"中国文学"的研究主题逐渐丰富,研究范围朝着多元方向发展,逐渐形成较完善的研究体系。

(三) 关键词时间线图谱分析

时间线图谱主要勾画聚类间的关系和某个聚类中文献的历史跨度,关注聚类间的相关联系和影响,描绘各个研究领域随时间的演变趋势。把同一聚类节点按时间顺序排布在同一水平线上,每个聚类的文献就像串在一条时间线上,从而展示出该聚类的历史成果(陈悦、陈超美,2014)。图7为本研究2001—2020年关键词时间线图谱,从中可以发现五山文学、白居易、比较文学、"日中战争"、金瓶梅、源氏物语、中国哲学、琉球等几个聚类。结合关键词,下文从日本文学、中国诗人群体、比较文学、"日中战争"、中国文学、中国哲学六个方面展开论述。

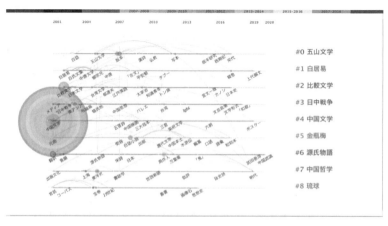

图7 2001—2020年关键词时间线图谱

第一，日本文学，主要包括聚类"#0 五山文学""#6 源氏物语"，涉及白话、版本、汉诗、佛教、抄物等关键词。在五山文学方面，主要涉及五山文学与中国的宋代诗文（尤其是黄庭坚的诗）、佛教典籍等的关系。如，日本国文学研究资料馆落合博志以中世日本的刊本，特别是五山版（主要是禅宗的寺院出版的书）为对象，收集日本国内及海外存在的原本书目数据，在此基础制作五山版序言、刊记集成，中世出版年表，五山版所在目录，考察了五山版存在的各种问题，各传书的版本的定位和资料的价值，同时代的五山版的接受，五山版和中国、朝鲜刊本的关系等。大阪大学茑清行（茑清行，2016）就《山谷幻云抄》与《黄氏口义》展开了研究，发现了室町时代制作的汉字片假名混合文的注释书——关于黄山谷（黄庭坚）的诗的抄物，该抄物是留下黄庭坚诗歌最多数的传书之一，其中《山谷幻云抄》与《黄氏口义》总结的禅僧学说以及林宗二编写的相关内容都极具价值。茑清行制作了《山谷幻云抄》中引用的禅宗、书籍的全面索引，根据制作的索引探讨了在《黄氏口义》和《山谷幻云抄》中不同的学说、注释等呈现的倾向。《源氏物语》的相关研究涉及翻译、音韵、宋诗、日本、周作人、万叶集、武田泰淳、中国认识等，主要包括《源氏物语》的中文译本在中国的传播接受以及它与中国唐朝文学诗的风格等的对比研究。如明治大学长濑由美（2009）调查了《源氏物语》和平安时代中期汉文《文选》和《白氏文集》散文接受的方式。

第二，中国诗人群体研究。主要关键词包括白氏文集、中唐文学、柳宗元、中唐、古文、平安朝、禁忌、韩愈等，研究主要着眼于白居易、柳宗元等人。如京都大学绿川英树（2009）主要对酬唱诗展开研究，分析了欧阳修、梅尧臣、苏舜钦等文人在北宋中期的实际情况，揭示了他们的创作活动对"宋诗"风格形成起到的重要作用。具体对以下两点展开了考察：①苏焕元、苏舜钦兄弟联句作品，从联句到次韵不断变化的过程，是继承中唐韩孟联句的奇特风格的尝试。②夷陵时期欧阳修的作品，不是沉溺于悲伤而是关注当地的风俗习惯，可以看到向韩愈文学同化的倾向，这一点在重返中央政坛后的作品《忆山示圣俞》诗歌中得到了很好的体现。

第三，比较文学研究，关键词有日本文学、中国台湾文学、郁达夫、江户汉诗、太宰治、知识青年、侗族、日本史等。关西外国语大学牛承彪以在中国侗族歌谣文化传承中发挥巨大作用的"歌师"为研究对象，对"歌师"歌曲的有关故事、"歌师"传承的歌谣、"歌师"的传承活动，以及与活动背景相关的生活、生产、信仰、社会情况进行了考察，制作了许多图文、音视频资料，全面探析了侗族歌谣文化。随后，牛承彪在"中国侗族歌谣生态研究——以侗族大歌、行歌坐夜、歌会为对象"的研究中，聚焦于中国侗族的侗族大歌、行歌坐夜、歌会的生态，到中国乡村对生活、环境、习俗、信仰等进行田野调查，综合考察了侗族歌谣文化及其产生、发展的原因和影响关系等。中央大学远藤雅裕（2016）就《陆丰客家方言》（Het-Loehfoeng Dialect）的文法体系与中国台湾海陆客家语进行了对比研究。《陆丰客家方言》是荷兰汉学家商克（S. H. Schaank）在西婆罗洲（West Borneo）完成的作品。远藤雅裕对这本书中记录的客家语的单词、例句，荷兰语、英语、同系的现代中国台湾海陆客家语、普通话进行了对照，附上文法项目的标签，对代词、介词（格标记）、量词（类别词）、补语、时态、形容词谓语句、比较句等与海陆客家语进行了比较分析。

第四，"日中战争"的研究，关注媒体、东亚、殖民地、中国思想、芭蕾、中国台湾、文艺政策、文学形式、和歌等，总体来看是对这个时期的中国艺术、中国文学的发展、中国知识分子的思想等展开研究。茨城大学西野由希子（2006）研究了"日中战争"前后日本、中国大陆、中国香港文学家之间的交流和创作。日本文学家方面，以诗人草野心平为中心进行了研究和考察；中国文学家方面，重点考察了抗战时期从上海迁居到香港的"现代派"诗人戴望舒，着重研究戴望舒的创作手法、技巧和文学思想。她还对中日战争时期香港文学家的交流和发展情况进行了探析。

第五，中国文学研究，涉及五言诗、三言诗、乐府文学等。神户大学釜谷武志（2002）、广岛大学佐藤大志（2003）等研究六朝时期的乐府制度和乐府诗歌，其研究最基本且最重要的文献就是《宋书·乐志》。相关研究确定了《乐志》的定本，给出其现代日语翻译，并做了详细的注释，介绍了历代音乐制度的沿革、雅乐的性质和历史、俗乐的种类和性质、乐器的种类和特质等，并附上图片以有助于理解。同时，还收集了从汉魏六朝到唐代的乐府相关资料，研究了神仙思想和乐府诗的关系、文人的拟古乐府诗创作、文论中对乐府的评论。随后釜谷武志、佐藤大志、佐竹保子等在"汉魏六朝乐府诗的综合研究"中，对《宋书·乐志》进行校定，并对傅玄《晋郊祀歌》、《晋四厢乐歌》三首、《晋正德大豫舞歌》两首、颜延之《宋南郊雅乐登歌》、谢庄《宋明堂歌》、王粲《魏俞儿舞歌》等进行校订、翻译以及详细注释。该研究发现，乐府除具有音乐性之外还有模仿性和虚构性，乐府是对特定的人、事件、场景等进行虚构的作品，或是对原来的歌曲进行模仿的作品，而徒诗是与现实紧密联系的作品。

"金瓶梅"的研究热点主要有元曲、接受、白话小说、出版、中国本土、编纂、口语、词汇、日刻本等。研究涉及《金瓶梅》的外译、传播、写作特点、对近代小说诞生的影响等，还分析了小说中的服饰。德岛大学田中智行

(2009)以明末的《金瓶梅》为中心，分析了小说构成以及作品创作手法，探讨了白话长篇小说的手法。其研究把男性的道教仪式与女性的宝卷语言对照，前半部分列举召请诸神的大量礼仪文书，后半部分描写宝卷中女性怀孕到生产的韵文，引用了相同宗教文本，表现了社会性和身体性不同的意向。另外，田中智行着眼于清代张竹坡对《金瓶梅》小说手法的批判，分析了张竹坡的批判手法，整理了关于《金瓶梅》小说手法的研究历史。

第六，中国哲学研究，关键词有出版文化、上海、世说新语、文献学、批评、咏诗、明代等。主要是从中国哲学的视角出发研究中国文学，研究内容有《五经正义》、儒学、八股文学史、诗经解释学研究史、术数学、阴阳五行说等学科。京都大学武田时昌（2007）就术数学和阴阳五行学说展开了研究，考察了先秦方术经过汉代思想革命向中世纪术数学转变的过程，为综合性考究中国科学思想史中的术数学奠定了一定的研究基础。

总体来看，关键词时间线图谱较好地反映了日本科学研究费补助金数据库关于"中国文学"研究的时序特征。

三、结论

本文运用文献计量工具 CiteSpace，以日本国立情报学研究所和国立国会图书馆共同建立的日本科学研究费补助金数据库为数据来源，对 2001—2020 年 20 年间日本学界对于中国文学研究的立项趋势、立项作者、内容主题等问题展开论述，分析研究现状、发展趋势等，同时对收集的数据结合具体研究展开论述，以此把握日本对"中国文学"的研究所涉及的研究前沿。

研究发现，2001—2020 年每年均有日本学者对中国文学方面进行了研究立项，一定程度上体现了日本学者对中国文学研究的关注。从机构与学者图谱分析来看，主要形成了三大研究合作团体。各个研究群体的研究主题在一定程度上各具特色，但又相互有一定的联系。通过图谱的分析，研究机构与学者之间合作紧密，形成了一定的合作网络群。研究领域以唐宋诗词为主，一定程度上是由于唐宋诗词的数量较大、传播较广。其中主要集中在唐宋诗词的作家研究、作家的写作特色研究、传播到以日本为主周边国家的接受研究、在日本文学作品中中国诗词风格的体现研究等。此外，其中也有许多对于女性作家、女性作品、女性文学的研究。这些内容主要通过 CiteSpace 制作的知识图谱结合数据分析得以体现。本研究有助于把握日本学者 2001—2020 年间的中国文学研究势态，能为中国研究者研究中国文学带来借鉴和参考。

参考文献

長瀬由美. 2009. 平安時代仮名作品および漢詩文作品にみる中国文学受容の様相 [D]. 明治大学.

陈悦, 陈超美. 2014. 引文空间分析原理与运用 [M]. 北京: 科学出版社.

釜谷武志. 2002. 六朝の楽府と楽府詩 [D]. 神戸大学.

李先跃. 2019. 中国文化产业与旅游产业融合研究进展及趋势: 基于 Citespace 计量分析 [J]. 经济地理, 39 (12): 212 – 220, 229.

卢茂君. 2020. 国家社会科学基金日本文学研究项目析论 [J]. 日语学习与研究, (3): 93 – 101.

緑川英樹. 2009. 北宋中期における文人ネットワークと酬唱詩の研究 [D]. 京都大学.

蔦清行. 2016. 中世抄物の註釈の展開:『山谷幻雲抄』『黄氏口義』の比較による [D]. 大阪大学.

田中智行. 2009.『金瓶梅』第三十九回の構成 [J]. 東方学巻, (119): 58 – 72.

王云, 马丽, 刘毅. 2018. 城镇化研究进展与趋势: 基于 CiteSpace 和 HistCite 的图谱量化分析 [J]. 地理科学进展, 37 (2): 239 – 254.

武田時昌. 2007. 術数学と陰陽五行説の中世的展開 [D]. 京都大学.

西野由希子. 2006. 日中戦争期における香港文学者と日本・中国文学者の関係図 [D]. 茨城大学.

遠藤雅裕. 2016. インドネシア客家語『客語陸豊方言』の文法体系研究: 台湾海陸客家語との比較から [D]. 中央大学.

中野知洋. 2013. 日中戦争時期重慶における民族主義文壇の成熟と在重慶知識人ネットワーク [D]. 大阪教育大学.

佐藤大志. 2003. 六朝楽府文学史研究 [M]. 広島: 渓水社.

日光中的眩惑

——《小城畸人》中的"畸"与孤独

李宇尘*

摘　要：本文聚焦舍伍德·安德森的作品《小城畸人》中的"畸"与孤独两个核心要素展开研究。此二者在以往的批评中均作为纯粹负面的要素而存在，因而容易导致批评趋向一致的结论。本文对此逻辑前提展开探讨，通过对"畸"的形成进行考察，发现"畸"其实是社会主流权力话语建构的结果。而"畸"与孤独在"囚禁"畸人群体的同时，也在工业社会的一体化洪流中保护了他们否定性、批判性、超越性的向度，为他们实现"大拒绝"提供了可能。

关键词：舍伍德·安德森　《小城畸人》　畸　孤独

Title: Dazzlement of Daylight: the Grotesqueness and Loneliness in *Winesburg, Ohio*

Abstract: This article focuses on two central elements in Sherwood Anderson's *Winesburg, Ohio*, grotesqueness and loneliness, which have existed in previous criticism as purely negative elements, resulting in homogeneous conclusions. This study questions this logical premise, and by the examination of the formation of "grotesqueness", argues that it is in fact the result of the construction of the dominant social discourse of power. While "grotesqueness" and loneliness "imprison" the "grotesques", they also serve as the protection of their negative, critical, and transcendental dimensions in the integration of industrial society, providing them with the possibility of achieving the "Great Refusal".

Key words: Sherwood Anderson, *Winesburg, Ohio*, grotesqueness, loneliness

舍伍德·安德森（Sherwood Anderson）的《小城畸人》（*Winesburg, Ohio*）由一系列短篇故事组成，描写了美国中西部一个小镇上的多位"畸人"（grotesques）形象，展现了一幅孤独、怪诞、与时代格格不入的小镇图景。对该作品的批评大致聚焦在三个方面：讨论"畸"之成因、应对出路，以及作品的

---

* 李宇尘，北京外国语大学硕士研究生，研究方向：英美文学。

形式（语言）。在已有文献中，对于"畸"现象成因的探讨多从心理分析角度入手，通过"畸人"群体表现出的神经症症状，进一步探讨神经症的成因。例如，有论者认为，宗教因素的缺失和在场都可以被解释为"畸"的成因："一战后的神经症与世俗化有着显著联系"，这种"世俗化"指涉"宗教的式微"，而"当宗教象征不再约束焦虑时，神经症症状就可能取代这些象征"（Idema，1990）。有人进一步分析说，"传统保守的清教思想刻板教条，使原本热情奔放，有着强烈情感的小镇居民在情感和性上遭遇挫折，导致精神扭曲，从而成为'畸形'的怪人"（付明端，2015）。性压抑也常被认为是导致这些神经症的"最明显的动因"（Yingling，1990），因而"交媾似乎最有希望打破囚禁个体的墙"（Lovett，1981），也因而对乔治·威拉德（George Willard）的"性意识和性体验"的描写是他"在情爱中成长，在情爱中跨越青春，走向成熟"的重要线索（孙胜忠，2010）。相较于"畸"成因的相对多样，已有文献对出路的讨论基本一致：呼吁"恢复信仰、重建价值"（何雁，2009），诉诸"同情、爱……人的本能"（Anderson，1981b：165）等方面。总而言之，已有文献普遍认为，不论是回归前工业时代有机社会的传统，还是召唤人性中最美好的本能，"畸人"群体对于"畸"和孤独均需加以克服，方能寻得出路。

孤独是作品中弥漫于小镇上、渗透在"畸人"群体存在状态中的核心要素。"畸人"们由于孤独而表现出"畸形"，又因为这些"畸形"的行为而在精神上被隔绝孤立，陷入巨大的孤独之中。因此孤独和"畸"在作品中的关系不可分割。然而，在对作品进行批评时，不论是探索其成因还是找寻解决之道，孤独大都是作为一个完全消极、负面的要素而成为上述诸般讨论的逻辑前提。有鉴于此，本文将就"孤独"这一逻辑前提展开讨论，检视其本身所蕴含的积极方面，认为孤独为故事中"畸人"群体抵制异化社会、保留超越性的向度提供了可能，并以此为基础重新审视作品中"畸"现象，实现对作品中"正常"与"畸"的二元对立的解构。

一、"畸人"不"畸"

在对《小城畸人》的各类解读中，"畸"几乎无一例外地被认为是一种先天的、自足的属性，一种在交流、思想等方面的能力缺失，进而导致"畸人"群体的孤独状态。故而本文认为，在讨论孤独之前，有必要先对"畸"进行一番考察，从"畸"的形成出发来探寻它的本质。

安德森在多个故事中暗示了"畸"现象的形成。在《手》（"Hands"，

2019）中，翼·比德尔鲍姆（Wing Biddlebaum）年轻时任教于宾夕法尼亚州的一所小镇学堂。他善待学生，深受学生爱戴。在和学生交流时，他"有时摸一摸男孩们的肩膀，有时抓一抓他们蓬乱的头发"①。阴差阳错，由于一位孩子"把他［自己］的梦影当作事实径直说了出来"（安德森，2019），比德尔鲍姆的这一行为被当地居民指认为同性恋行为，导致其受到人们的殴打和驱逐。比德尔鲍姆将这一切归咎于自己的手，因为"男孩［们］的父亲们反复提到手的事情；酒馆老板在校舍院子里气得一边跳脚，一边大吼：'管好你的手！'"从此，他"表现得十分怯懦，拼命地将两只手藏起来。他无法理解发生的一切，只觉得是这双手闯了祸"。所以，比德尔鲍姆的"畸"其实是被所谓"正常的人们"建构形成的。类似地，《纸药丸》（"Paper Pills"，2019）中瑞菲医生（Doctor Reefy）的"畸"是由于他"双手的指关节出奇地大"，并且喜欢在纸片上写下他的"真理"，然后团成纸球放在口袋里。《母亲》（"Mother"，2019）中，乔治·威拉德的母亲伊丽莎白（Elizabeth）因为年轻时有个"舞台梦"，所以常喜欢与父亲店里的旅客交往，并因为"衣着花哨"以及有一次"穿上了男人的衣服，踩了辆自行车穿过主街"而"在温士堡的名声有些飘摇"。不难看出，"畸人"并非天生就是"畸人"，而是后天演化形成。安德森本人曾在书信中提及这一特征。他写道，"畸人"们"都是些单纯、善良的人"，是"生活伤害并扭曲了他们"（Anderson，1953）。因此"畸"并非先天的、自足的属性，其在本质上是由"畸人"群体周遭的环境建构形成。这种建构导致他们在精神上被隔离，陷入孤独，并愈发变得"畸"。那么这种建构背后的逻辑是什么呢？

米歇尔·福柯（Michel Foucault）在《疯癫与文明》（*Madness and Civilization*）中关于疯癫之形成的论述恰好可以用于解释这里的"畸"，因为"畸"可以看作从属于广义上的疯癫。文明、理性通过界定疯癫、非理性来实现自我确证：人们"用一种至高无上的理性所支配的行动把自己的邻人禁闭起来，用一种非疯癫的冷酷语言相互交流和相互承认"（福柯，2019）。从这个意义上再看《手》这个故事时，我们会发现它"实际上是一个恐同的故事，一个自我确证的异性恋权力标识与虐待那些在仪表、言行上异己分子的故事"（Yingling，1990）。正如福柯所言，"非理性与理性的关系正如眩惑与日光本身的关系一样"（福柯，2019），"畸人"与"常人"同样是这种建构关系，因此"畸人"之"畸"并非自然自足。

---

① 本文对安德森小说的引用均出自安德森著，陈胤全译：《小城畸人》，天津人民出版社2019年版。

在这种理性与非理性、光亮与黑暗的象征中，值得注意的是，小说所包含的"二十二个故事里有十七个的关键场景发生在夜晚［……］大多数故事以人物进入彻底的黑暗告终"（Stouck，1990）。"正常"而"光亮"的环境将"畸人"群体指认为异己的力量并将之驱逐进"黑暗"的空间，使得"畸人"们陷入灵魂上的隔绝与禁闭的状态。小说中墙壁和房间的意象在这个意义上也极具象征意味，它们"是安德森的作品，尤其是《小城畸人》中挫败的象征"（Idema，1990）。作品中几乎每个"畸人"的房间、墙壁都有专门的笔墨描述，比如：以诺（Enoch）感到"公寓里的生活仿佛画地为牢，令他无法呼吸"；瑞菲医生"整天呆坐在空荡荡的办公室里，挨着一扇结满了蛛网的窗。他从没打开过那扇窗"；而爱丽丝（Alice）最终回到房间，"把脸转向墙壁，开始强迫自己勇敢地面对一个事实：许多人必定独自生活，独自死去，就算这里是温士堡"。墙壁和房间象征着对"畸人"灵魂的"大禁闭"，孤独就是这种"禁闭"的产物。那么，这种"大禁闭"中的孤独又意味着什么呢？

二、守护之墙

马尔库塞（Herbert Marcuse）在《单向度的人》（*One-Dimensional Man*）的第三章论述文化领域的一体化时，提到孤独是"支撑个人反抗和远离社会的条件"（马尔库塞，2014）。马尔库塞认为，在高度一体化的社会中，个人的主体性在政治、思想、文化等领域都被消解，人因为丧失了其否定性、批判性、超越性的向度而逐渐成为"单向度的人"。这种一体化的力量势不可挡，难以逆转，以至于孤独作为"支撑个人反抗和远离社会的条件，在技术上已不再可能"（马尔库塞，2014），因为"心灵内部极少含有那种不能加以理性讨论和分析研究的秘密与渴望"（马尔库塞，2014）。马尔库塞描绘的是20世纪中期发达工业社会中人的存在状态，而在那之前的30年，在安德森创作《小城畸人》的时代，一体化的进程虽尚未达到后来那般不可挽回的地步，但已然"凶相毕露"。那是美国经济飞速增长的年代，但同时也是垄断盛行、个体消逝的年代。值得注意的是，"作为首个也是最成功的垄断集团"（格兰特，2017）的标准石油公司正是由约翰·洛克菲勒在俄亥俄州创立的。垄断不仅影响市场秩序，而且"大合并企业的崛起威胁到了个体的发展能力"（布林克利，2019）。这不仅发生在工业领域，农业也同样呈现出组织化和经营化的"大农业"特征（何顺果，2015）。然而个体性的消逝不仅在于垄断环境下个体经济难以生存，更重要的是，以福特流水线和"泰勒制"为代表的所谓"科学生产"和"科学管理"使得劳动者彻底沦为毫无主体性、可替代的机器组件。在社会文化层面，对印第安原住民，对外来移民，以及对非裔美国人的迫害正愈演愈烈，再加上"一战"末期通过的《反间谍法》以及其后的《反破坏法》和《反煽动法》着力打击反资本主义团体和反战团体，整个社会在经济、政治、社会文化等多方面都笼罩着一种一体化的压抑气氛。

在这样的背景下，《小城畸人》中那段对时代的反思就显得格外意味深长、发人深省：

> 在过去的五十年，我们的生活发生了巨变，应该说是发生了一场革命。伴随着工业化的来临，眼花缭乱的事物喧嚣而至；无数个新的声音从海外来到我们身边，发出刺耳的喊叫；火车来来往往，城市拔地而起；兴建的城际铁路在小镇内外、农舍前后逶迤而行，不久前还出现了汽车——这一切，使美国中部人的生活和思维习惯都发生了翻天覆地的变化。（安德森，2019）

这足以说明安德森对于他所处的时代，对于历史的转折有着敏锐的自觉意识和精准的定位。《小城畸人》以19世纪90年代俄亥俄州的一个小镇为故事背景，表明安德森以极其高超的洞见，在时空两个维度上把握住了美国的重心。从时间上看，"美国的工业产值占工农业总产值的比重，由1859年的37.2%上升到1889年的77.5%……农业已退居次要地位"（何顺果，2015）。而在1894年，美国的工业产值已居于世界首位（何顺果，2015）。从空间上看，俄亥俄州从19世纪六七十年代的美国农业重心（约翰逊，2019）摇身一变，在1900年成为了美国工业中心（何顺果，2015）。而从对象选择上看，在韦伯、涂尔干、马克思、托克维尔等社会学家的研究中，小镇在工业发展和城市化的背景下"既是传统家庭价值观和社会凝聚力的体现，也是现代历史车轮滚滚向前时被遗忘的角落"（伍斯诺，2019）。因此，在当时的社会学家保罗·道格拉斯（Paul Douglass）看来，美国的希望就蕴含在小镇里，这里的居民既没有农民间的紧张关系，也没有城市居民间的冷漠和"极度争权夺势"，"在这里，深刻的社会进程与亲密的人际交流紧密结合"。然而，道格拉斯忽略了至关重要的一点，即在现代工业社会那全方位的一体化进程中，"语言本身已然败坏。这种败坏的发生不是因为语词的改变，而是因为它们的使用不再定义它们的价值"（Yingling，1990）。在这一点上，社会学家道格拉斯未能察觉，但文学家安德森却没有忽视：

> 因为时代匆忙而胡乱想象、随便写就的书本进入了家家户户，数以百

万计的杂志广为流传，到处都充斥着新闻报纸。在我们这时代，一个站在山村小店火炉旁的农民，脑子里装的别人的话几乎要漫出来。是报纸杂志使他膨胀了。旧时那野蛮的愚昧，带着一种孩童般的天真之美，如今已一去不复返。这个火炉旁的农民跟城里人彼此半斤八两，如果你侧耳倾听就会发现，他说起话来和我们最杰出的城里人一样，信口开河、愚蠢无知。（安德森，2019）

这就是为什么"畸人"群体普遍有自我表达的困难：因为他们时代的话语已不能表达他们的自我价值。"畸人"们卡在了传统与现代之间历史的"缝隙"中，因而受到两边的夹击，这也就能解释为什么在对《小城畸人》的不同批评中，宗教的缺位与在场都可以被解释为"畸"的促成因子："畸人"群体一方面不能融入一个高度世俗化的现代社会，另一方面又受到尚存的清教主义传统的压抑。在这种双重夹击之下，在社会主流权力处于自我确证的需要而进行的"畸形"建构中，"畸人"们最终成为"畸人"，被送上现代社会的"愚人船"进行放逐，因而陷入巨大的孤独之中。但是这种孤独在给他们造成痛苦的同时，也因为使得他们与异化的社会相隔离，而起到了保护他们的超越性向度的作用，因之具有一定的积极意义。我们注意到，"畸人"群体大都表现出了不同程度的超越性，这种超越性使得他们能够拒斥工业社会同化的力量，超越了小镇上的"正常人"的世界，具有更加丰满的向度。

在《手》中，比德尔鲍姆教训乔治·威拉德，"指责他太容易受周围人左右。'你这是在毁灭你自己，'他大声说，'你想一个人待着做梦，却害怕做梦。你想变得和这镇上的其他人一样。他们说什么你都听得进去，还想模仿他们'"（安德森，2019）。这里的拒斥意义再明显不过：与周围的人们同化相当于自我毁灭。随后，他又在方法论上教导乔治："'你要试着忘了你知道的一切，'老头说，'你要开始做梦。从现在开始，你要对那些大吼大叫充耳不闻。'"（安德森，2019）这里的"梦"指的是"田园牧歌式的黄金时代"，即一种乌托邦。在布洛赫看来，这种乌托邦的精神维度本身是一种"超越现存不合理现实的一种批判的维度，一种批判的精神"（布洛赫，2012）。年轻时的比德尔鲍姆因为向孩子们传递他的"梦"而导致误会，受到殴打和驱逐，造成心理创伤。即便如此，他也并没有因为恐惧而放弃他的"梦"，反而继续（虽然是小心谨慎地）将之传递下去，希望乔治对工业时代的喧嚣充耳不闻，并且保留"梦"的维度——"他经由那男孩表达对人类的爱，只是那份渴望再次成了孤独和等待的一个章节"（安德森，2019）。比德尔鲍姆对社会现实的批判，以及他超越这种不合理现实的精神空间都因为他的孤独而得到了很好的保护。《手》作为安德森最先写就的故事，在一系列"畸人"故事中又列于首位，为整部小说奠定了基调，其代表性和重要程度不言而喻。

与比德尔鲍姆的乌托邦不同，露易丝·本特利（Louise Bentley）的超越性体现在她对爱情的追求中。在《屈服》（"Surrender"，2019）中，敏感而渴望爱情的露易丝在寄居于哈迪（Hardy）家时，爱上了约翰（John），但婚后却发现两人的追求截然不同：

> 露易丝一直试图让丈夫明白，她之所以写字条，是出于何种模糊不明、难以言喻、至今未能满足的渴望。她一次又一次地慢慢蹭进他的臂弯，想要聊一聊那渴望，却从未得偿所愿。（安德森，2019：62）

而约翰"心中自有对男女之爱的种种理解，什么也不听，只管亲她的嘴唇"。从前后文来看，约翰（以及他的两个姐姐）基本代表着马尔库塞所描述的在操作原则统摄下的社会里，"本能组元的各种对象统一为单一的、异化的力比多对象，表现在确立了生殖器性欲至高无上性方面"（马尔库塞，2012）。而露易丝尽管"满脑子想着亲近这个男孩……渴望着某种温暖而亲密的东西，却从来没有往性的方面想过"，她追求的是"或许在他身上能找到她毕生想在他人身上寻找的品质"，是"欢乐与活力……愉快、自由的生活，对友谊与爱情予取予求，犹如感受轻风拂面……踏进一个温暖的、随着生活与现实跃动的世界"（安德森，2019）。她所追求得正是那种"不能加以理性讨论和分析研究的秘密与渴望"（马尔库塞，2014），即一种升华的、具有超越性的爱欲（Eros）。与约翰相似甚至有过之而无不及的是哈迪家另外两个姑娘，尤其是玛丽（Mary）。露易丝无意中躲进了玛丽与情人幽会的地方，于是"玛丽·哈迪便在来陪她共度良宵的男子的帮助下，教会了露易丝一点男女间的知识"（安德森，2019）。住在城市中的哈迪一家三姐弟的恋爱状况与来自乡村的露易丝·本特利形成了鲜明的对照。而哈迪三姐弟恰能代表工业化的城市中人们的婚恋状况，安德森对此也有一段描述：

> 女孩只有"漂亮"和"不漂亮"之分。如果漂亮，就有年轻男子在周日或周三晚上登门拜访。她有时跟他去参加舞会或是教堂联谊，其他时候便在家约会，客厅归她所用，没人会打扰。两人在门扉紧闭的房间里一坐就是几个小时。有时，他们会把灯调暗，然后搂搂抱抱。他们两颊滚烫，头发凌乱。过个一两年，两人若越发炽烈，情意不减，就结为连理。

这便不难理解，露易丝"觉得，她和世界上的其他人之间，似乎筑起了一道墙；其他人所能接受、理解的生活只是一个温暖的小圈子，而她住在这个圈子的边沿"。露易丝终于没能打破那堵"墙"，她也在这种"禁闭"所带来的孤独中变成了一个"畸人"，表现出对周遭的一切充满敌意。但是我们也看到，这堵锁住孤独的"墙"在给露易丝造成痛苦的同时，也保护了她的超越性，使她升华的爱欲没有被她所栖身的工业化城市环境同化，这最终变成一股拒斥性的力量，一种马尔库塞所说的"大拒绝"。

比德尔鲍姆和露易丝·本特利是两个比较典型的案例。其余"畸人"们也各呈现出不同的否定性、批判性、超越性的向度。比如瑞菲医生热衷于用他那许许多多的"真理"建造"一座座小小的真理金字塔"，以诺沉浸在艺术的幻境里，伊丽莎白·威拉德想要"摆脱小镇，摆脱衣服，摆脱婚姻，摆脱身体，摆脱一切"。这些"畸人"的孤独与"畸"，本质上源于他们对超越性的追求同压抑、同化的社会现实之间的冲突。孤独是这个过程的必然结果，给"畸人"群体带来了巨大的精神痛苦，使他们成为"畸人"。但是同时，这种孤独反过来又成为一堵"保护之墙"，一堵阻挡工业社会同化力量的坚固城墙，为"畸人"群体保留住了否定性、批判性、超越性的向度，使得"大拒绝"成为可能。在这个意义上，孤独并不是一个纯粹消极的因素，它也具有其积极的方面，应当辩证地加以理解和对待。

在对孤独进行重新认识之后，批评该作品的许多焦点问题也许可以得到解答。比如，乔治·威拉德算不算"畸人"？这就要看他是不是孤独，有没有保留超越性的向度。答案显然是否定的。乔治并不孤独，他与父母、与女友、与"畸人"群体沟通并无障碍，且小说结尾他离开小镇去往城市，等于主动放弃拒绝与抵制，走向同化，这些都与"畸人"群体的典型特征相悖，因此乔治算不得"畸人"。再比如作品中的性别问题：有的批评认为，作品中的男性角色至少有选择的权利，而女性角色则根本没有出路，"通过对温士堡的女人们的生活进行考察，我们能够发掘一个时代的偏颇，一个小镇的偏颇，以及一位作者的偏颇"（Atlas，1981）。但当我们从"大拒绝"的角度来看待孤独时，孤独本身就是一种出路，作品中女性角色的孤独与男性角色的孤独并没有本质上的差异，因而不应当以性别问题将作品割裂开来。作品中呈现的"裂隙"主要不在男女性别之间，而在个人与异化的工业社会之间，这才是作品的主要矛盾之所在。

孤独与"畸"是互为因果，"二而一"的存在。对于孤独的理解直接决定了对于"畸"的理解。那么"畸"又可以怎样理解呢？

三、不畸之"畸"

值得注意的是，在描写孤独和"畸"主题的时候，作品并没有给出负面评价。相反，在小说中的多个地方，我们都可以找到对于孤独和"畸"的诗意描绘。反倒是处在其对立面的"不畸"人群得到了相对负面的描绘。比如，在小说开头的《奇人与奇闻》篇（"The Book of the Grotesque", 2019）："至于为作家改装床铺的木匠，我提到他，只是因为他有点像那些被称为'普通人'的人，是作家写的《畸人传》中，与易懂、可爱离得最近的一个"。另一个例子是加害比德尔鲍姆的人们的暴力行径。这些"正常人"的命运普遍是在庸庸碌碌中度过乏善可陈的一生："父辈祖辈的无数人物，从世界的虚无中诞生，过完一生，重新消失在虚无中。"

反观对"畸人"群体的描写，这些描绘充满了浪漫的想象：比德尔鲍姆"经由那男孩表达对人类的爱"；伊丽莎白"奇迹般地冲破了憔悴妇女的躯壳，破茧成蝶"；杰西·本特利（Jesse Bentley）"从小便充满想象、渴望知识"；雷·皮尔森（Ray Pearson）"对一切令生活丑陋不堪的事物不满"。他们都像树上畸形的苹果，虽然人们都不愿意去采摘，"可咬一口就会发现，畸形的苹果其实很美味。苹果上隆起的一小块，集中了所有的甜蜜"。纵观作品可以看出，安德森笔下的"畸"不仅不是作为一个纯粹负面的要素而存在，相反，它甚至是超凡而甜蜜的。

因此，从安德森对"畸人"的态度与写法来看，"畸"与孤独一样可以被视作一种对工业社会异化力量的反拨，对"一个压抑性的、充满敌意的美国社会……性压抑、清教主义、物质主义……这些消弭个体价值的［力量］"的反抗，一种"新的解放"（Anderson, 1981a）。"安德森笔下的人物，正像他本人一样，更倾向情感而非逻辑……《小城畸人》中的人们感受而非思考。"（Flanagan, 1981）"在《小城畸人》以及他后来的创作中，安德森反抗那种把现实还原成秩序，并据此归化人的存在状态的那种形式逻辑。"（Weber, 1981）这在小说形式上表现为没有一以贯之的情节："因为情节作为一种小说机制已经变成了一种僵化的仪式"（Pearson, 1981）和"充分探索想象世界的主要阻碍"（Stouck, 1990），而"安德森所要追寻的是一种有机的形式，这种形式构筑在一系列次要人物上"（Pearson, 1981）。这种情节上小单位孤立的处理使得它们避免屈从于一个主干情节，从而保持了各自的独立性和自足性，是在形式层面的"大拒绝"。通过这些方式，"安德森超越了拒斥与反抗而走向一种最终的积极的肯定性"（Anderson, 1981c）。因此，《小城畸人》在形式、人物、表现主题等多维度的"畸"其实本身是一种对抗性的、超越性的力量。

有鉴于此，安德森作品中真正的"畸"也许并不专属于那些所谓"畸人"。在工业社会强大的异化力量下，人的存在受到了普遍的扭曲。"畸人"群体所抗拒的其实是一种更大的"畸"。"畸"是"正常"的"眩惑"，是"笼罩着任何光照过于强烈的地方的核心部分的黑暗"（福柯，2019）。因此"畸"其实是也一种"正常"，而"正常"也是一种"畸"。"畸"与"正常"这原本作为二元对立的两方彼此含有对方的要素，二元对立的界线被打破，这种二元对立的关系也即被解构。

四、结语

理清孤独和"畸"之间的关系是理解《小城畸人》的核心，对这二者的认识决定了对作品整体的理解。孤独和"畸"很容易被默认为纯粹消极而病态的要素，因而需要加以克服。而以此作为逻辑前提和出发点来对《小城畸人》进行探讨，也就容易导致批评趋向一致的结论。因此，在对孤独和"畸"这一逻辑前提进行重新考察，发掘其所具有的积极作用，并以此为脉络重新对文本进行梳理后，便不难看出小说中"畸人"群体的行为都可被视作某种程度上的疯癫，应和了福柯对于疯癫的研究结论。其实不论"疯"也好，"畸"也罢，在本质上都是主流权力/知识建构的结果。"畸人"就这样被"理性的光明"驱逐进"非理性的黑暗"中，但这种"黑暗"却也恰恰是"最深刻的白昼"。囚禁"畸人"灵魂的禁闭之墙同时也是在工业化的异化洪流中保护他们的否定性、批判性、超越性向度的守护之墙，是他们的"大拒绝"。于是俄亥俄州的温士堡不再仅仅是一座绝望之都，它更是孕育希望的花苞。"畸人"群体在被放逐到"愚人船"上的同时也被推向了一个自由的空间，这正是《小城畸人》，也是舍伍德·安德森独特的浪漫之所在。

参考文献

Anderson, D. D. (ed.), 1981a. Sherwood Anderson and the Critics [M] //*Critical Essays on Sherwood Anderson*. Boston: G. K. Hall & Company: 1 – 20.

Anderson, D. D. (ed.), 1981b. Sherwood Anderson's Moments of Insight [M] //*Critical Essays on Sherwood Anderson*. Boston: G. K. Hall & Company: 155 – 171.

Anderson, D. D. (ed.), 1981c. Sherwood Anderson in Retrospect [M] //*Critical Essays on Sherwood Anderson*. Boston: G. K. Hall & Company: 172 – 180.

Anderson, S. 1953. "To Arthur H. Smith", [M] //Mumford, H. & Rideout, W. B. (eds.) *Letters of Sherwood Anderson*. Boston: Little, Brown.

Atlas, M. J. 1981. Sherwood Anderson and the Women of Winesburg [M] //Anderson, D. D. (ed.) *Critical Essays on Sherwood Anderson*. Boston: G. K. Hall & Company: 250 – 265.

Douglass, H. P. 1919. *The Little Town: Especially in Its Rural Relationships* [M]. New York: Macmillan.

Flanagan, J. T. 1981. The Permanence of Sherwood Anderson [M] //Anderson, D. D. (ed.) *Critical Essays on Sherwood Anderson*. Boston: G. K. Hall & Company: 111 – 119.

Idema, H, 1990. *Freud, Religion, and the Roaring Twenties* [M]. Maryland: Rowman & Littlefield.

Lovett, R. M. 1981. Sherwood Anderson [M] //Anderson, D. D. (ed.) *Critical Essays on Sherwood Anderson*. Boston: G. K. Hall & Company: 96 – 101.

Pearson, N. H. 1981. Anderson and the New Puritanism [M] //Anderson, D. D. (ed.) *Critical Essays on Sherwood Anderson*. Boston: G. K. Hall & Company: 102 – 110.

Stouck D, 1990. Anderson's Expressionist Art [M] //Crowley, S. W. (ed.) *New Essays on Winesburg, Ohio*. Cambridge: Cambridge UP: 27 – 51.

Weber B, 1981. Anderson and "The Essence of Things" [M] //Anderson, D. D. (ed.) *Critical Essays on Sherwood Anderson*. Boston: G. K. Hall & Company: 125 – 137.

YingLing T, 1990. *Winesburg, Ohio* and the End of Collective Experience [M] //Anderson, D. D. (ed.) *New Essays on Winesburg, Ohio*. Cambridge: Cambridge UP: 99 – 128.

安德森. 2019. 小城畸人 [M]. 陈胤全, 译. 天津: 天津人民出版社.

布林克利. 2019. 美国史 [M]. 陈志杰, 等译. 北京: 北京大学出版社.

布洛赫. 2012. 希望的原理 [M]. 梦海, 译. 上海: 上海译文出版社.

福柯. 2019. 疯癫与文明 [M]. 刘北成, 杨远婴, 译. 北京: 生活·读书·新知三联书店.

付明端. 2015. 从《小城畸人》看清教: 谈清教观在《小城畸人》中的体现 [J]. 外国语文, (2): 40 – 44.

格兰特. 2017. 剑桥美国史 [M]. 董晨宇, 成思, 译. 北京: 新星出版社.

何顺果. 2015. 美国历史十五讲(第二版) [M]. 北京: 北京大学出版社.

何雁. 2009. 现代社会虔诚信仰的重拾: 读舍伍德·安德森的《小城畸人》[J]. 复旦外国语言文学论丛, (1): 21 – 24.

马尔库塞. 2012. 爱欲与文明 [M]. 黄勇, 薛民, 译. 上海: 上海译文出版社.

马尔库塞. 2014. 单向度的人 [M]. 刘继, 译. 上海: 上海译文出版社.

孙胜忠. 2010. 在情爱中成长: 作为成长小说的《小城畸人》[J]. 国外文学, (3): 124 – 130.

伍斯诺. 2019. 小镇美国 [M]. 邵庆华, 译. 上海: 文汇出版社.

约翰逊. 2019. 美国人的故事: 中卷 [M]. 秦传安, 译. 北京: 中信出版集团.

文化与文化批评

《十九号房》中的性别危机

——基于布尔迪厄象征暴力视角

高文萱*

摘　要：多丽丝·莱辛的短篇小说《十九号房》表面上看表达的是苏珊不堪来自家庭和社会的重负，以死亡来追求自由的故事，但它进一步体现的是象征暴力对家庭生活的影响。在小说中，女性的生存境况受制于男性主宰的象征暴力；与此同时，男性也在这套社会规则的制约和压迫下，陷入"无意识期待"的境地之中。在此基础上，本文探讨象征暴力下性别未来的发展道路，并对性别研究提供一些思考。

关键词：象征暴力　男性统治　多丽丝·莱辛　《十九号房》

Title：The Gender Crisis in "To the Room Nineteen"
——Based on Bourdieu's Symbolic Violence Perspective

Abstract：Doris Lessing's "*To the Room Nineteen*" is ostensibly a story that expresses Susan's pursuit of freedom through death, but it further embodies the impact of symbolic violence on family life. In the story, the situation of women is subject to the symbolic violence of male dominance. At the same time, men are also constrained and oppressed by this set of social rules, falling into the situation of "unconscious expectations". On this basis, this paper discusses how the future development of gender under symbolic violence, and provides some thoughts on gender studies.

Key words：symbolic violence, male domination, Doris Lessing, "To the Room Nineteen"

多丽丝·莱辛的《十九号房》是一篇讲述女性在家庭环境中感到窒息，尝试一步步逃离，最后选择以死亡来终结生活的短篇小说。《十九号房》开篇就说到："这个故事，我想，是个理智发挥不了作用的故事，因为罗林夫妇的

---

* 高文萱，华中科技大学人文学院硕士研究生，主要从事外国文学、文艺理论研究。

婚姻，是以理智为基础的。"① "理智"在这里的含义，实际上也是小说想要表达的内容与主题。在目前的研究中，罗艺的《〈去十九号房〉中女性主体性的多维度构建》通过分析英语词汇词根词缀的方式将其解读为当时社会的主流价值，即男权意识（罗艺，2021）。徐飞燕在《〈十九号房〉中的象征解析》中认为，"理智"是令人压抑的心魔，使得人在致命的公式化生活面前低头，它是真实内心孤寂、空虚的显现，是阻碍自我自由翱翔的牢笼（徐飞燕，2009）。对这篇小说有多个角度的解读，其中女性主义方向的解读占据很大比重。从女性意识、男权压迫的角度看，"理智"一词表达的就是男性社会对以苏珊为代表的女性的压迫和制约。她们在这样的环境下，放弃工作，退出公共空间，回归家庭。但是小说除了体现苏珊的悲惨遭遇以外，对马修所遭受的生活压迫也有所体现，马修也在某种程度上遭受着来自男性社会规范的压迫。所以，本文认为这部小说表面上讲述社会规范对苏珊的压迫，实际上展现了隐藏在男权社会中的象征暴力对性别的影响，它不仅对苏珊有规约的作用，对马修同样如此。《十九号房》展现的是性别暴力对家庭生活的影响，女性的生存境况受制于男性主宰的象征暴力；与此同时，男性也在这套社会规则的制约和压迫下，陷入"无意识期待"的境地之中。

象征暴力是布尔迪厄在《男性统治》中提出的概念。象征暴力是一种社会构造，并非个人的行为，实质是一种权力的结果。这种权力以认识和（倾慕、尊敬和爱等的）配置模式的方式永久纳入被统治者之中，让被统治者在内心深入认可并接纳。也就是说，象征暴力是一种权力运行的机制，它将统治者所需要的认知通过潜移默化或者是合理化的方式让被统治者接受，并认为这是自然而然、无须解释的。

《男性统治》中提到的统治阶级是指占统治地位的男性，相对应的被统治阶级就是处于弱势地位的男性和女性。所以，象征暴力所针对的群体并非只有女性，也包括男性，它对男性群体也有不可忽视的影响作用。象征暴力将女性物化，把女性看作维系男性之间关系的砝码："作为交换主体和婚姻主体的妇女被暴力机制否定了，交换和婚姻是通过她们建立起来的，暴力机制却将她们简化为物的状态，或更确切地说，简化为男性政治的象征工具：她们注定要作为信用符号流通并建立男人之间的关系，因此沦落为象征资本和社会生产或再生产的工具。"（布尔迪厄，2012）而对于男性，象征暴力也有制约与压迫的影响："男性特权也是一个陷阱，而且它是以长久的压力和紧张换来的，这种

---

① 本文引用《十九号房》中的内容，见多丽丝·莱辛著，范文美译《一个男人和两个女人的故事》，花城出版社1998年版。

压力和紧张是男人在一切场合展示男子气概的义务强加给每个男人的，有时甚至发展至荒谬的地步。"（布尔迪厄，2012）这种男性特权对男性来说是社会化的必需品，对于他们来说，"'赢得'男性气质竞赛不仅赋予了与地位和尊重有关的特权，而且还引起了与同事的亲密和友情"（布尔迪厄，2012）。

因此，不论是女性还是男性，都会不可避免地、潜移默化地受到象征暴力的影响，《十九号房》中的苏珊与马修也是如此。

一、象征暴力与性别期待

《十九号房》表面展现的是 20 世纪西方中产阶级和谐美满的家庭生活，但实际上这样的家庭与婚姻有着多个不幸福的"种子"，其根源就在于"理智"对人们观念的支配。罗林夫妇二人的婚姻得到周围人的认可与祝福，大家都认为他们俩般配、合适。他们彼此是相爱的，"两人有时不免会带着不敢置信的心情，私底下想着他们所创造出来的——婚姻、四个小孩、大房子、花园、女佣、朋友、车子等，这一切，这一整体之所以存在，由无而有，全赖两人彼此相爱，真实且与众不同"。他们能机智地解决生活中的困难，为家人提供更好的生活环境，"运用智慧，在这充满痛苦、火爆的社会，保全他们创造出来的"。马修是全职丈夫、全职父亲，白天在外工作为家人赚取生活费，晚上回到家中陪伴家人。苏珊则在家中照料一家人的衣食住行，家中还有一位白太太帮忙，为苏珊减轻负担。物质充足、夫妻恩爱、孩子健康，且苏珊和马修都是深思熟虑后决定一起进入婚姻，可以说，他们的生活是很多人羡慕和渴望的模样。在"理智"的指引下，在社会的约定俗成下，每一次的选择都是正确的，两人的生活也是完美的。尽管是这样令人羡慕的生活，但他们俩总觉得少些什么，他们找不到生活的定点，不知道为了什么而这样生活，"他们的生活似乎像条咬着自己尾巴的蛇"。没有定点、没有目标的原因在于罗林夫妇对于生活的选择来自社会的影响而非个人内心自发的决定，他们拥有的理想生活是"理智"的结果，是象征暴力强加的结果。所以，他们感到生活被蛇咬着，这种压迫感和紧迫感源于社会无意识的期待，这种社会期待推动他们这样去选择，按照固定的程式来生活。

《十九号房》隐藏了象征暴力对苏珊和马修的控制与压迫。小说从两个人刚结婚开始写起。第一部分是他们俩婚前的个人生活以及对未来家庭的规划。第二部分是马修一次婚外情的公开，两人之间的情感出现嫌隙，苏珊强忍心中的"无名火"继续"幸福"的家庭生活。第三部分是孩子们都上学后，苏珊的家务活大大减轻，但她没有感到轻松和解脱，反而想要逃离这个家庭，于是展开了四次出逃历程并最后结束生命、走向自由。小说在幸福美满家庭的氛围下暗藏灰暗、悲伤的基调，苏珊走向绝路的心理历程也是马修对她一步步压迫的过程。而马修看似在生活中占据统治地位，有美满的家庭和顺利的工作，是人们眼中的成功人士，可是他的内心防线也在生活的压迫下一步步崩塌。

苏珊、马修两个人受到的象征暴力常常通过作者的议论表达出来。在找寻生命的意义时，小说写道："小孩虽可叫人感到生命愉快、有趣、充实，但小孩不可能是生命的泉源。事实上，也不该如此，马修和苏珊两人都深懂此理。""那么是爱？这个吗，这个最接近了……这一切，这一整体之所以存在，由无而有，全赖两人彼此相爱，真是与众不同。这就是生活的核心，生命的源泉。"由此可见，他们俩人的结合到底是因为什么，他们自己也说不清楚，于是他们给了这一决定一个合理化的解答：因为爱。但对于爱的解读又是经由种种理性思考和深思熟虑后得来的，并非他们声称的那种以感性为主、奋不顾身的爱。所以说，罗林夫妇决定结合的原因是什么呢？其实源于社会对他们的规训，也就是布尔迪厄在《男性统治》中提出的象征暴力带来的影响。罗林夫妇所向往的生活并非他们内心认同的幸福，更多的是社会赋予他们的幸福的定义。长期生活在这套社会规则下，他们的幸福由社会建构，不是他们体会到的实际感受，而是社会定义的"你这样做就是幸福"。

二、女性规约与身份反抗

作者开篇称，这是一个以"理智"为基础的婚姻。在工作上，苏珊原本在一家广告公司工作，受到器重，乐于其中。马修也是报社编辑，有不错的薪水，对工作十分满意。在生活上，苏珊和马修都一致希望过上安稳踏实的日子，按照最完美、最有力的形式，一切按部就班。在未来规划上，两人都主张"男主外，女主内"，住在一个大房子里，一家人其乐融融。总之，马修和苏珊的选择与规划都按照那个时代最理想的模式进行。不论是在他们自己还是外人看来，这种模式都是堪称满分的生活方式。可最终，这样的生活让苏珊痛苦不堪，多次想要逃离，并最后以生命为代价结束这样的生活。

实际上，苏珊在这段家庭关系中受到了隐形的压迫，这种压迫逐渐令她难以忍受。贝蒂·弗里丹在《女性的奥秘》中讲述了这一观点，认为："社会指定妇女必须扮演的角色是贤妻良母。当妇女牺牲了自己的个性和事业去完成贤妻良母的职责之后，她们却痛苦地感到生活缺乏意义和内心极度空虚，女人面临着一种精神分裂症一般的人格分裂。"（弗里丹，1999）弗里丹把社会强加于妇女的贤妻良母的职责称为"女性的奥秘"。虽然离开工作、回归家庭看似是苏珊心甘情愿的选择，但其实并非如此。小说中多次提到，苏珊的理智和多年的经验告诉自己，回归家庭照顾家人是最好的选择。拥有宽敞的房子、广阔的花园、贴心的丈夫和四个健康的孩子，这些应该付出代价，自己应该为现有的生活感到满足。由此可见，苏珊的内心处于挣扎状态，一方面认为自己的生活已经完美了，另一方面又如同行尸走肉一般完成每天的日常生活。生活成为了责任与义务，不再能给自己带来内心的富足与安稳，苏珊觉得"生命像沙漠，一切都无意义"。

苏珊的选择是那个时代的产物，符合资产阶级对女性的要求和约束，女性的幸福生活被千篇一律地概括为丈夫、家庭、孩子、房子等可以量化的事物，女性只要拥有这些，人们就会羡慕，就会认为她幸福。这样的要求从根本上来自男性对异性的统治。"倘若性关系表现为一种社会关系，这是因为性关系是通过主动的男性与被动的女性之间的基本区分原则形成的，而且这个原则建立、组成、表达和支配欲望……性与权力之间的联系以特别明确的方式显示出来，在性关系中所处的地位和扮演的角色，尤其是主动的或被动的角色，似乎与社会条件之间的关系密不可分，社会条件同时决定了地位和角色的可能性和意义。"（布尔迪厄，2012）男性对女性的统治较为普遍的形式是婚姻，即形成以男主人为中心的家庭关系。在这样本就以性别为区分的二元关系中，社会通过话语和权力，逐步让这样的关系划分合法化，使之成为"无意识认可"（期待）的无意识服从。

不仅如此，苏珊在家庭之外的公共空间中也同样遭受象征暴力的侵害。在向外寻求安定空间的过程中，苏珊辗转多地才得以每周在十九号房间待上一会。她多次变换地点的原因是什么呢？很显然不是金钱不足。租住维多利亚区房间时，唐珊对这位女性的租房行为表示怀疑。在这之后，她尝试去了更远的浮德旅馆，旅店老板对苏珊的租房行为也感到怀疑。他们都对苏珊的做法持负面态度，难以理解她这样拥有幸福生活的女主人竟会想要逃离。当然，苏珊也知晓情况，所以从不展现自己的真实身份。不论苏珊还是旅店人员，她们都不约而同地认为女性单独租住旅店是需要隐瞒的、是不能正大光明的。租住旅店本就是一种商品交易，理应和日常买东西一样，只要苏珊支付足够的金钱并按照要求使用房间，就没有问题。由此可以看到象征暴力对于女性潜在的影响。这种统治是一种认识行为，被压迫者产生了被统治的、支离破碎的、矛盾的意识，男人则通过物质的、合法的和精神的权力对女人的意识予以侵犯。也就是说，统治者通过话语、权力、社会规范等方式，将女性在公共空间中的行为举止做了一一规定，符合这套标准的女性便是"好的"。这不仅限制女性的个体发展，也是对女性公共空间的挤占。

迫于这套规则，女性逐渐放弃在公共场合争夺权力，回归家庭。身体这个看不见的围墙限制了她们运动和移动的范围，而男性却用他们的身体占据更多的地方，特别是公共空间。不仅如此，"男性以无所不在的权力对她们意识的侵入"（布尔迪厄，2012），是悄无声息、潜移默化的，试图将这样的规则自然化，把它归结于身体的构造。但实际上，他们只是借助身体构造区别的幌子，让女性甘于接受规训。比如男性位于右边、女性位于左边，步态和头部姿势的区别，眼神是直视还是躲闪等，都是通过身体这个借口让女性的顺从自然化、伦理化。布尔迪厄认为，在日常社会交往中，男性统治已经被当作普遍的思维模式影响了绝大部分人。这套规则在运行的过程中，为了证实其合理性并让人接受，按照性别进行了划分，即男性应该如何、女性应该如何。这样划分看起来似乎"存在于事物的秩序中"，但依据性别的划分本身就是人为的刻意构造，很明显，"比如，我们实际上没有解释性别等级的神话（也许除了关于大麦起源的神话）以及力图使男人和女人在性行为中的'正常'地位合理化的神话"（布尔迪厄，2012）。

总而言之，象征暴力体现了强烈的男性中心观念，这种观念被当成中性的、合理的东西为大家认可、接受。不过，不仅女性遭受了社会象征暴力的影响，男性也是如此。

三、男性规约与自我重塑

作为男性中心话语的统治者，男性在制定这个依据性别身体划分的规则中难免会将自身规定进去。按照马克思的说法，他们"被他们的统治所统治"，即统治者不可避免地将无意识的模式用于他们自身，也就是用于他们的身体以及他们所成为的和所做的一切。在《十九号房》中，马修就是很典型的囿于无意识模式中的男性形象。

首先是马修的婚姻观，他与苏珊对幸福生活的理解一样：生活稳定、有房子、有子女，这个观点早已深入马修的内心。他的做事风格在人们眼中也一向是慎重、谨慎、不出错的，马修自己想这样做，也希望人们这样认为。在这种社会赞扬中，马修作为一家之主获得了满足，即成为所谓的"成功男士"。不过同样地，随着生活的继续，他逐渐感到无聊与乏味，思考生活的重心究竟是什么？他也明白，"两个人，不论经过如何细心选择，都不可能成为对方的一切"（布尔迪厄，2012）。可以说，在承认出轨之前，他只是被迫出于对苏珊和孩子的责任，选择隐瞒此事并继续家庭生活，他对这一行为本身并非感到愧疚。这一责任感实际来自象征暴力对马修的影响：如果不这样做就会让他丈夫的权威形象在家庭和社会中崩塌。当马修误认为苏珊频繁外出是有外遇之时,他不仅没有恼怒反而欣喜、松了口气,隐藏在心中的秘密终于可以说出口。而且,他还主动提出来一场旅行。

这些行为无疑是矛盾且荒谬的。马修在面对家庭展现的丈夫形象实际来源于社会对男性的要求,他将这些要求内化成自己的生命准则。他认为自己有权利和义务把自己培养成那个现实社会为他规定的角色——他必须成为男人和父亲的典范。布尔迪尔在《男性统治》中以伍尔夫小说《到灯塔去》中的父亲拉姆齐先生为例子予以说明。拉姆齐先生是一位不受孩子喜欢的父亲,他为了与以温柔、宽容为代表的母爱区分开来,借助世界中最无情的东西来表达男性在家庭中的统治与支配地位。他选择的父爱表达方式并非个人意愿,而是基于"社会期待"的必然选择。拉姆齐先生的种种做法与马修有类似性,本质上都是社会规定对男性观念的影响,他们都是自发地顺从了约定俗成的"丈夫"和"父亲"的形象。

在家庭关系中,丈夫的话具有创造性指定的神奇作用,这来自身体的隐喻作用。正如弗洛伊德强调的,身体严格地采取隐喻。在家庭内部,男性对于女性而言拥有垄断、合法的象征暴力,人们将这归于丈夫的"天职";而恰恰因为"天职"的出现促成了父权话语和判断,即使这些话语看起来是无意识的表达。所以,不论在家庭还是公共环境中,男性就在这样一套相互促进、固化的话语体系中,拥有无上权威的同时也陷入自我约束之中。"象征暴力对男性的制约也是对男性的异化过程,让男性忘记自己是一个在扮演男性角色的人。这一异化过程是特定的权威之根源:因为男性很早就被制度的常规指定为统治者,而且以这种名义具备了统治欲望,为了统治的需要,他们会全力投身到游戏之中争取特权。"(布尔迪厄,2012)所以,马修的行为看似是自愿的选择、精心的策划,实际上也是在象征暴力下的自我约束,本质上与苏珊无异。

丈夫与父亲的威严是男性统治在家庭中的体现,在社会中,男性统治则是表现为同性之间的主导关系。根据施罗克和施瓦尔贝的说法,"男子气概行为"包括以体力、耐力和/或冒险为标志的行为,使一些男性与众不同。男性采取这种行为是为了将他们受伤的男性地位恢复到原来的状态,或者要求更高的男性等级(Schrock & Schwalbe, 2009)。为此,男性在工作领域努力奋斗、向上拼搏、获得更高的权力和地位,都是男性统治对男性的要求。

四、何以应对性别危机?

多丽丝·莱辛十分注重对人的生存状态和人类社会发展的关注,"在她的近60部作品中都有体现,《十九号房》也不例外"(王丽丽,2014)。《十九号房》中,她基于当时英国社会的现状,没有只关注女性的生存危机,而是将女性与男性的性别危机当作整体来看,两者在社会化过程中都受到难以忽略的性别压迫。她的这一观察,体现了她对作家的要求:"一个敬业的作家一定要'触摸时代的伤口'。但这还不够。'作家应该是一个预言家,要'在它完全出现之前寻觅其踪迹,在它成为潮流之前抓住它,要把自己的天线伸向宇宙去感知它最细微的颤动'。"(王丽丽,2014)她确实做到了,她不仅关注女性主义问题,也探讨全人类的性别危机,一定程度上实现了对女性主义未来的预见,虽说她并不声称自己是女性主义作家。

从布尔迪厄象征暴力的角度探讨女性与男性的生存困境,"如何应对性别危机"这一问题成为需要进一步探讨的话题。在社会空间中,女性的空间几乎被挤占得所剩无几,即便有,女性也居于低端和边缘,高端核心的工作通常与女性无缘。在家庭生活中,女性受到来自丈夫的统治和来自孩子的掠夺,身心全部奉献于家庭。"德尔菲和伦纳德认为,在婚姻中丈夫占有的是女性的劳动力,纪尧明认为被占有的不仅仅是劳动力,而是女性的整个人,包括她们的身体,她们的劳动力从中产生。"(Guillaumin,1995)相对于女性,男性的生活环境对他们相对宽容,而且他们在任何场景中都能够较为轻松地产生对女性的压迫。不过另一方面,男性所面临的性别危机又更为复杂和严峻。他们的主战场为工作环境,权力、金钱、地位是他们争夺的核心。在象征暴力的影响下,没有获得这些事物的男性将会面临被其他男性统治、排挤的境地,将会被整个团体边缘化。"霸权的实现手段在最开始是依靠武力,通过打斗的方式实现。随着人类社会的发展进步,争夺的手段逐渐多元,渗透进政治、经济、文化、思想等各个方面。比如,在经济生产活动中,霸权男性气质作为一种劳动剥削策略,这种策略也通过工业生产使父权制秩序永久化。在某种程度上,工人坚持规范男性气质的策略助长了他们的剥削,这是为了保持性别地位而不是阶级地位。隐含地坚持霸权男性气质与作为非生产性劳动的女性气质形成鲜明对比。女性气质仍然是缺乏劳动力产出和撤回工作的框架。"(Guillaumin,1995)总的来说,霸权男性气质的构建既允许男性受益,也要求男性付出代价,但主要功能是保持对女性气质的蔑视。在象征暴力的影响下,不论女性还是男性,都遭受着较大程度的压迫与制约,需要为之付出相应的代价。

在性别平等问题还未有定论的情况下,如何去解决面对全人类的性别危机呢?《十九号房》在很大程度上给出了思考方向。一方面,对于处于相对弱势的女性而言,她们需要走出家门,积极参与工作与公共场合的活动。现有的社会模式还没有打破公共/私人、男人/女人的二分法,这些模式结构赋予了男性以权力和特权。要完成女性解放，国家需要在立法之外，致力于改变社会结构。正如露丝·蒙帕蒂在全国妇女节的演讲中所述："除非性别分工受到挑战，除非男人平等地承担养育子女的责任，否则妇女仍然是不平等的。"（参见 Britton：43-71）通过法律、社会结构完善等途径，赋予女性在家庭和公共空间中的权力，这才可以促进性别的平等。另一方面，对于男性面临的性别危机，也应该从社会的层面进行调整。应该理解并包容男性特征的多样化，在宣扬传统男性气概的同时也宣扬非传统的男性气概，减少社会对男性的单一刻板印象，促进不同类型男性的发展。与此同时，可以放松对男性的阳刚期望，鼓励他们抵制这些传统期望。总的来说，一方面要积极促进性别平等，加强女性社会地位，从社会结构上解决这一问题；另一方面也要提倡性别特征的多样化，避免象征暴力等刻板印象对性别发展的压迫和制约。正如多丽丝·莱辛所认为的："男女应该平等，但是男女无论是心理、生理还是智力上都是不一样的。世界上没有两个人是完全一样的，更何况是男人和女人。但这并不是说女人就比男人差，女人有女人的优势和才能，他们只是不一样而已。"（王丽丽，2014）《十九号房》体现出多丽丝·莱辛对于女性与男性的期望：社会应该对女性给予更多的关注，同时对男性面临的问题也给予帮助，最终实现性别平等。

参考文献

Schrock, D,. and Ann, M. S. 2009. Men, masculinity, and manhood acts [J]. Rev. Sociol., 35 (91): 277-295.
布尔迪厄. 2012. 男性统治 [M]. 刘晖, 译. 北京：中国人民大学出版社.
弗里丹. 1999. 女性的奥秘 [M]. 哈尔滨：北方文艺出版社.
莱辛. 1998. 一个男人和两个女人的故事 [M]. 范文美, 译. 广州：花城出版社.
罗艺. 2021. 《去十九号房》中女性主体性的多维度构建 [J]. 安康学院学报, 33 (3): 98-103.
王丽丽. 2014. 多丽丝·莱辛研究 [M]. 北京：社会科学文献出版社.
徐飞燕. 2009. 《十九号房》中的象征解析 [J]. 重庆科技学院学报（社会科学版），(8): 133, 141.

数字人文视角下英语诗歌的张力研究：以艾略特为例

成俊飞　周启强*

摘　要：诗歌领域新的研究范式对推动诗歌的发展具有重要的意义。鉴于此，本文以艾略特诗歌为语料，通过数字人文视角下 Uam corpus 语料库、Antconc 语料库、Lancsbox 语料库、Wmartrix 语料库、SPSS 数据分析软件，用定量"远读"的方法探究艾略特诗学的"非个人化"理论，但又从具体的文本数据"文本细读"方法中分析体现"个人化"诗学实际意义上的割裂与张力。通过数据分析发现，艾略特诗学是对浪漫主义诗学的继承与创新，它的非个性化诗学是对浪漫主义诗学的继承，一定程度体现了诗学的张力。其个性化诗学体现在政治、宗教、个人自传、哲学因素等。造成这种张力的原因在于：首先，现代主义诗歌和浪漫主义诗歌作者场域和惯习的不同；其次，艾略特诗学创作独特的场域和惯习；最后，现代读者对于诗学解读的滞后性。这说明，艾略特的诗学并不是完全的非个人化，它体现了诗人的情感和社会因素的影响，诗歌世界并不完全是客观的显现，还包含一种主观的识解，这种诗学的张力不自然地体现了诗人创作观的物化与客观化。

关键词：艾略特诗学　语料库　张力

Title：A Study of Tension in English Poetry from the Perspective of Digital Humanity：Take Eliot as an Example

Abstract：Research paradigm is of great significance to promote the development of poetry. In view of this, this paper employs Eliot poetry and Wordsworth poetry as the comparative corpus from the digital humanities perspective as with Uam corpus, Antconc, Lancsbox, Wmartrix, Spss Data Analysis software, via the methodology of quantitative "distance reading" to explore Eliot poetics "Impersonality" theory, but based on the specific text data, fragmentation and tension of impersonal poetics are delved into in "close reading" analysis. Through data analysis, it is found that Eliot's poetics is the inheritance and innovation of romantic poetics. Its "Impersonality" poet-

---

* 成俊飞，湖南科技大学外国语学院硕士研究生，研究方向：系统功能语言学。周启强，湖南科技大学外国语学院党委书记，研究方向：认知语言学。

ics reflects the inheritance of romantic ones, which partly reflects the tension of poetics. Its personality poetics is reflected in politics, religion, personal autobiography, philosophy, just to name a few. The reasons for this tension are as follows: 1. Different field and habit of modernist poetry and romantic poetry. 2. Unique field and habit of Eliot poetics creation. 3. The anachronism of reader's reaction. This shows that Eliot's poetics is not completely inhuman, which reflects the influence of the poet's emotional and social factors. The poetic world is not completely objective, but a subjective understanding. This tension of poetics reflects otherness and objectification of the poet's creation outlooks.

Key words: Eliot poetics, corpus, tension

随着信息化技术的发展，人文学科的研究不再局限于本领域，而是扩展到了与计算机、工程等多个学科的交流（朱子彤，2023），数字人文应运而生。本文运用数字人文视角下的 Uam corpus 语料库、Antconc 语料库、Lancsbox 语料库、Wmartrix 语料库、Spss 数据分析软件，用定量"远读"的方法探究艾略特诗学的"非个人化"理论，又用"文本细读"的方法分析体现"个人化"诗学实际意义上的割裂与张力。本文拟探究以下几个问题：是否存在学界所说的艾略特诗学的割裂与差异？这些特征在诗学文本中是如何体现和展现的？造成这种张力的原因是什么？

一、艾略特诗学的张力

20世纪早期，西方诗学批评主要有两大流派，即俄国形式主义批评和美国新批评，它们共同的特征是强调诗歌语言内部的研究，亦即本体研究。形式主义的关键概念是陌生化。"'陌生化'（defamiliarization）由20世纪初俄国形式主义者什克洛夫斯基提出。所谓陌生化就是'使之陌生'，就是要审美主体对受日常生活的感觉方式支持的习惯化感知起反作用。"（杨向荣，2005）"语言最终甚至成为人与人之间的障碍。我们大部分的诗歌都是为了改变这一情形而写的。诗歌是用来揭开那使所有事物具有一种虚假的熟悉感的语言面纱……"（Scholes，1985）新批评则关注反讽："新批评的基本理论术语都是为揭示语义结构的朦胧性和复杂性这一基本目标而服务的。是否具有语义叠加、语义冲突、语义交织、意义复杂等特征成为新批评区分文学文本和其它文本最根本的标准。"（支宇，2004）"美国新批评的细读方法，把诗歌局限于修辞，把'悖论'和'反讽'概括为诗歌核心的规律：只要在具体语境中，外延和内涵不相一致，或者把平常的事情写得不平凡就是诗意。"（孙绍振，2011）

诗人艾略特继承和发展了形式主义的观点，在《传统与个人天赋》中提出了"非个性化"的理论，"诗歌不是表现个性，而是逃避个性，诗歌不是放纵情感，而是逃避情感"。（李赋宁，1994）"艾略特明确指出，诗歌中的情感不应该是实际生活中人们的真实情感，相反地，它是诗人在加工、综合这些普通情感的基础上所形成的一种不同于人们个人情感的情感。我们认为，艾略特的'非个性化'理论就是强调诗人应该在诗歌中探寻、把握、表现人类情感的共性。只有这样，他的诗歌才能够经受住时间的考验，在传统中占有一席之地。"（余莉，2003）艾略特说诗人的作用就像乙醚，是一种催化剂；他强调以文本为中心，并割裂文本与作者、文本与读者的关系。艾略特的诗学是对浪漫主义诗学的反讽，是对浪漫主义诗学的批判性继承；他认为，只有跳出个人情感的桎梏与窠臼，才能客观地表现自然万物、描摹人生百态。

二、Uam corpus 语料库视域下艾略特诗学的张力

（一）语法隐喻与诗歌

诗歌是丰富的语言形式，具有波诡云谲的语言张力和变体；诗歌语言大量运用语法隐喻一致式和非一致式的变换与映射，就是这种丰富性的体现。诗歌语言简短凝练，及物性小句、内嵌小句、不定式、名词化、介词短语在语法形式上与诗歌的表现形式契合，物质过程与心理过程的转化体现了诗歌的拟人化，关系过程与物质过程的转换凸显了动静结合。主客观情态隐喻的转变体现了主观性与客观性视角的转换，印证了浪漫主义诗学。语法隐喻也体现出语篇功能，通过语法层的变异使得单词前置，造成诗歌单词韵律的和谐。

语法隐喻的模糊性与含蓄性有利于诗歌意境美的构造。情态隐喻有时可以隐蔽真正的情态责任，造成诗歌的含蓄美和委婉曲折性。因此，利用语法隐喻理论分析艾略特诗学中的张力具有一定的依据。

（二）艾略特诗学中的情态隐喻分析

通过 Uam corpus 对《杰·阿尔弗莱特·普鲁弗洛克的情歌》（*The Love Song of J. Alfred Phtfrock*）中的情态进行标注发现，情态语法隐喻在全文占比 6.36%；除去 token 在全文占比 61.65%（实义词占比 52.87%，标点符号占比 8.78%），group（词组）占比 26.37%，所以情态隐喻在语法分析中占有重要比例。

看下面这个段落：

And indeed there will be time.
For the yellow smoke that slides along the street.
Rubbing its back upon the window-panes;
There will be time, there will be time.
To prepare a face to meet the faces that you meet;
There will be time to murder and create,
And time for all the works and days of hands.
That lift and drop a question on your plate;

《杰·阿尔弗莱特·普鲁弗洛克的情歌》中的地理空间场域是夜色黄昏，一片慌乱和迷离、恶心与粘稠，时间仿佛被倒错。"总有时间"似乎意味作者强烈的拖延症与强迫症。诗人叙述主人公似乎有神经质的倾向，谋杀似乎有某种毛骨悚然的暗示，谋杀与创作具有某种非个人化理论的反讽，矛盾、轭式搭配、"迟疑"和"幻象"都再一次印证着叙述者的疯癫。there will be 的语言构式属于及物性隐喻中的存在性隐喻，存在过程往往以"是"（be）来凸显。在识别关系中，"there will be time"被视为识别者和价值，"time"是虚拟的被识别者和标记，一致式是关系过程"I have time"。通过 there 一词，time（时间）被得到凸显和前景化，拖延症得到强化。除此之外，will 作为情态隐喻，其实并不表示将来，而是表示作者艾略特对于主人公普鲁弗洛克的肯定推测。艾略特有意识地塑造了普鲁弗洛克的自卑和萎缩形象，是一种个性化的诗学理论行为。

再看下面一段：
And the Son of Man was not crucified once for all,
The blood of the martyrs not shed once for all,
The lives of the Saints not given once for all:
But the Son of Man is crucified always.
And there shall be Martyrs and Saints.
And if blood of Martyrs is to flow on the steps.
We must first build the steps;
And if the Temple is to be cast down.
We must first build the Temple.

在戏剧《岩石》（"The Pock"）开篇的第六诗篇，诗人引入了耶稣被钉死在十字架上的圣经故事。耶稣作为圣徒，他的鲜血染红了世人前进的阶梯。

"艾略特先前脱离的唯一神教与他所皈依的安立甘教派（即英国国教）有哪些区别？主要区别在于，与安立甘教派不同，唯一神教不强调'原罪说'，不接受'三位一体'说，不相信耶稣的神性，也不相信原罪的劝慰。"（张世锋、王家和，2016）shall 和 must 表现了一种强烈的情感态度与宗教皈依的态度，因为 shall 和 must 是情感量值较高的情态隐喻。"那么必须有圣徒，那么必须有神庙"，这种撕心裂肺的呼唤是诗人对于资产阶级民主社会堕落的反叛，强调要构建一种神学（英国国教）的秩序，这样才能拯救现代主义的荒原，因为强烈的信仰才是浇灌贫瘠世界的良药。而神庙被推倒而又再建立，象征着艾略特先前脱离的唯一神教与他所皈依的安立甘教派冲突与矛盾。

（三）艾略特诗学中及物性隐喻分析

韩礼德系统功能语法把及物性分为物质过程、心理过程、行为过程、关系过程、存在过程和言语过程。韩礼德的语法隐喻理论把周围的世界模式化、概念化，体现了不同的认知表征，小句是表征经验的方式，六大及物性过程，把世界识解成有效的过程类别：物质过程是发生的事件或动作，是外在的行为和方式；心理过程则是对外界作出主观能动性的独立思考过程和意识状态。我们对不同的事件进行归类处理和分类识别，把不同的经验片段归为这一类或者那一系列，通常以关系词来进行凸显。

语法隐喻中及物性的手动标注和自动标注为我们呈现了文本复杂性和词汇密度以及语块中诗歌字数和形符的占比。通过比较，在文本复杂性方面一致，而对于词汇密度，物质、关系、存在隐喻所构建的"非个性化"与心理、言语、情态隐喻的"个性化"占比总和比较无甚相异，这体现了艾略特诗学的张力。这些六大过程并不是孤立存在的，而是有机联系甚至不可分割的，介于物质过程和心理过程之间的是行为过程，介于心理过程和关系过程之间的是言语过程，因为言语既是心理的反映，又联系着不同的经验片段，即话语本身和话语所指。语法隐喻小句的三维框架包括过程、参与者、环境。过程的及物性往往由动词词组体现，参与者由名词词组体现，环境因子由副词和介词短语体现。这在一定程度上体现了艾略特诗学的张力，诗人借此表达客观外物的手段并不是毫无情感的外衣，正如这六大及物性隐喻的有机结合与交叉融合，他们是有机共生关系，这种诗学意义上的反讽体现诗人创作观即使是在"非个性化"的指引下，也难以达成目标，不自主地融入主观主义与个性化的倾向，难以摆脱其窠臼。

三、Antcconc 语料库艾略特诗学中高频词分析

通过语料库 Antcoonc 对于关键词的检索，发现艾略特诗中，与男性相关的用语多于与女性相关的用语。通过 Concordance 共现词检索验证，与女性相关的共现词基本呈现负面的意义，例如："走廊里的各位淑女，觉得自己沾上边而丢脸，唤来了证人为他作证。"艾略特在此描写了一群负面的女性形象，利用反讽的修辞手法，表达了她们生活的物质化、堕落。格莉许金也是一个有名的妓女，在艾略特的描写中，她眼中只有肉体。贝勒多纳在意大利语中是"美丽女人"的意思，但是又有"含毒的花"的暗喻，显示了艾略特对于女性的负面情感态度。普鲁弗洛克所追求的美女只不过是附庸风雅的贵族，她们的美丽和空虚形成了反讽。

Where are the eagles and the trumpets?
Buried beneath some snow-deep Alps.

雄鹰象征着罗马帝国的衰败，"雄鹰葬送在阿尔卑斯山脚下"，体现了一种政治倾向，暗讽着世界大战后大英帝国的衰落。综上所述，厌女症和政治倾向代表着艾略特诗学的非个性理论的割裂。

而诗歌中排名前列的高频词都是人称代词如 I、you、we，这些人称代词并不是诗人情绪的表达，而是诗歌中人物的诗性表达，一定程度上体现了诗人的非个性化诗学，他们都是诗人客观意义上的转述，是对那种澎湃情绪的否定。无论是个性化还是非个性化的诗歌表达，都是为了塑造对客观世界的普遍认识，因此高频词 world 在诗歌中的出现，体现了朴素的哲学世界观，体现了非个性化的诗学因素。

四、Lancsbox 语料库艾略特诗学中 Graphcoll 共现分析

Four rings of light upon the ceiling overhead,
An atmosphere of Juliet's tomb.
Prepared for all the things to be said, or left unsaid.

光的意象在艾略特诗歌语料中占比 21%，出现次数为 69 次，在这首诗中，罗密欧与朱丽叶的爱情哲学隐喻渲染了一种拒绝与悲情的氛围，诉说

"我"其实并不爱她。其实"我"是象征着艾略特的爱情心路历程,爱的光圈像朱丽叶的坟墓一直萦绕在诗人心头,犹如罗密欧与朱丽叶的爱情故事,从高潮走向死亡的坟墓。艾略特的生平正是这样:"虽然他之后的爱情道路和人生道路不得而知,但可以反观诗人自身。诗人艾略特的妻子患有精神疾病,引发了偏执狂型精神分裂症,后被送入精神病院,这使他一生备受折磨;但他苦心孤诣,于1948年获得诺贝尔文学奖,然后继续求索,终其一生兢兢业业地攀登事业的巅峰"。(支斌生,2017)

这正与他非个人化的诗学相矛盾:"这种一方面强调个体性,另一方面拒绝个人主义,将创作个体放置在历史与外部世界之中加以考量的辩证原则,在艾略特同时期的哲学思想中也能窥见一斑。因为这一诗作颠覆了传统作家与文本割裂的情形,创作的诗人个体并不处于诗歌的外部世界。"(许小凡,2022)根据 Lancsbox 共现词图,光并不是无意识的非个性化主体,它往往与宗教的神坛相联系,光是可见的与不可见的,他可以引领(led)人,它可以对我们(we)施加(upon)影响,所以,诗歌创作不可避免的与有意识行为结合在一起。

五、艾略特诗学高频"个人化"主题词分析

通过 Standford 语料库的标注,我们在艾略特的诗歌中得到一些个人化主题词领域的高频主题词(见表3),这些主题词体现了高度的个性化理论倾向,比如身体政治:眼睛、手、头发;环境书写:水、田野、岩石;政治书写:帝国、圣徒、祷告、秩序、法律、恐怖、版权、委员会;商业书写:钱、商人、赎回、利益。艾略特的诗学看似是客观主义与科学主义的产物,实则是一种糖衣炮弹,在对客观载体的认识上,体现了一种强烈的主观主义。以科学客观物 world 为例,通过共现词可以找到一些情感个性化的联系:

Yet with these April sunsets, that somehow recall
My buried life, and Paris in the Spring,
I feel immeasurably at peace, and find the world
To be wonderful and youthful, after all.

世界在主人公的识解中是美好和年轻的。

And when all the world came back

And the light crept up between the shutters,
And you heard the sparrows in the gutters

世界变成了拟人化的产物，世界可以重返我们的舞台。

As if the world gave up
The secret of its skeleton

世界犹如放弃了不可外扬的家丑。

the unstilled world still whirled
About the centre of the silent Word

世界看似喧哗，在诗人眼中，科学的世界并不喧哗，其实是围绕着静谧的中心，动中有静，静中有动，看似科学的客观反映其实有着诗人的主观识解。

There spring the perfect order of speech, and the beauty of incantation.
LORD, shall we not bring these gifts to Your service?
Shall we not bring to Your service all our powers
For life, for dignity, grace and order,
And intellectual pleasures of the senses?

秩序在艾略特的诗歌中是一种美感与尊严，诗人向上帝呼唤美好的秩序，以求拯救失落的现代主义荒原。

…be still, and wait without hope
For hope would be hope for the wrong thing; wait without love
For love would be love of the wrong thing; there is yet faith
But the faith and the love and the hope are all in the waiting.

信仰、爱和希望都需要等待，从某种意义上来说，信仰、爱和希望都是缺乏的。在这个现代主义的世界，到处弥漫着悲观的情绪，原因从句表达了艾略特的生存哲学。

艾略特的诗歌中，积极词汇和消极词汇参半，这体现了一种词汇意义上的张力。积极词汇包括 like、faith、peace、laughter、smile，消极词汇包括 cry、fear、care、suffer、terror、death、dead、dry、lost 等。而在具体的意象中，water 和 fire 是一对具有张力的意象，它们塑造了两个不同的画面，而它们本身也具有张力，water 代表着溺亡又代表着拯救生命沙漠的希望，fire 代表着死亡又代表着凤凰涅槃。因此，它们构成了生与死的张力、希望与毁灭的反讽。

六、艾略特诗学张力的动因探赜

"1910 和 1911 年的学生时代，艾略特就开始以神圣的追求度量自己的人生了，他的转折并非发生在接受洗礼的 1927 年，而是在他初次对圣徒的内心驱使、苦难与成就发生兴趣的 1914 年。""惯习是持久的可转移的禀性系统"（毕天云，2004）。"禀性，也就是说以某种方式进行感知、感觉、行动和思考的倾向，这种倾向是每个个人由于其生存的客观条件和社会经历而通常以无意识的方式内在化并纳入自身的。持久的，这是因为即使这些禀性在我们的经历中可以改变，那他们也深深扎根在我们身上，并倾向于抗拒变化，这样就在人的生命中显示某种连续性。可转移的，这是因为在某种经验的过程中获得的禀性（例如家庭的经验）在经验的其他领域（例如职业）也会产生效果；这是人作为统一体的首要因素。"（柯尔库夫，2000）艾略特这种信奉宗教的家庭惯习在其诗歌写作中不自然地流露，以致当代读者会不自然地捕捉到，而这种对宗教的皈依，也代表着其对欧洲传统的皈依。"在现代西方文论中，艾略特却以'非个人化'诗学理论来调和个人感知与综合性的意识之间的关系，他要将个人感知同人类传统，尤其是欧洲传统相联系。"（冯文坤，2003）艾略特身处 20 世纪，"一战"的结束给西方世界带来了精神危机，人们心灵受到创伤，人的因素被过分放大，战争给人带来无限冲击，而艾略特诗学正是消解这种人和世界的二元对立、带有某种非个性化的因素。艾略特这种复杂的诗学理论可以追溯至他的哲学传统和独特的惯习。"艾略特所受到的教育也对他的诗学理论产生了重要的影响。他早年博览群书，深受古典文学和传统文化的熏陶，在大学期间又主修哲学，对哲学进行深入学习和研究。"（欧造杰，2011）

我们所受教育和家庭、时代背景都和 20 世纪的艾略特不同，再加上诗歌陌生化的效果，导致我们在对艾略特诗歌的解读上具有某种滞后性，我们会把主观化的当成客观化，把客观化的当成主观化，这种错位正构成了诗学解读意义上的第三层张力。

七、结语

本文以艾略特诗歌为语料,通过数字人文视角下 Uam corpus 语料库、Antconc 语料库、Lancsbox 语料库、Wmartrix 语料库分析软件,用定量"远读"的方法探究艾略特诗学的"非个人化"理论,但又用具体的"文本细读"方法分析其"个人化"诗学。艾略特诗学是对浪漫主义诗学的继承与创新,它的非个性化诗学体现了对浪漫主义诗学的一种继承,其个性化诗学体现在政治、宗教、个人自传、哲学等因素。这些因素多半与其他时代的诗人具有某种共性。艾略特的现代主义诗歌和浪漫主义诗歌存在场域和惯习的不同,具有独特的创作场域和惯习,而且现代读者对于其诗学解读具有滞后性。这说明,艾略特的诗学并不是完全的非个人化,它体现了诗人的情感和社会因素的影响。诗歌世界并不完全是客观的,而是一种主观的识解。

参考文献

Scholes, R. 1985. *Textual Power: Literary Theory and the Teaching of English* [M]. New Haven: Yale University Press.

李赋宁. 1994. 艾略特文学论文集 [M]. 南昌:百花洲文艺出版社.

毕天云. 2004. 布迪厄的"场域—惯习"论 [J]. 学术探索,(1):32-35.

柯尔库夫. 2000. 新社会学 [M]. 北京:社会科学文献出版社.

冯文坤. 2003. 论 T. S. 艾略特的"非个人化"诗学理论 [J]. 外国文学研究,(2):86-90,174.

李全生. 2000. 布迪厄场域理论简析 [J]. 烟台大学学报(哲学社会科学版),(2):146-150.

欧造杰. 2011. 论艾略特诗学理论产生的背景 [J]. 河池学院学报,(1):43-47.

宋昕. 2012. 英国诗歌爱情主题的时代变迁:比较分析三首爱情诗 [J]. 遵义师范学院学报,(4):40-42.

孙绍振. 2011. 美国新批评"细读"批判 [J]. 中国比较文学,(2):65-82.

王松林. 2006. 小说"非个性化"叙述背后的道德关怀 [J]. 外国文学研究,(1):36-43.

许小凡. 2022. 西方文论关键词:非个人化 [J]. 外国文学,(6):92-104.

杨向荣. 2005. 陌生化 [J]. 外国文学,(1):61-66.

余莉. 2003. 再论艾略特的传统观与非个性化理论 [J]. 外国文学研究,(6):147-150.

张瑞虹. 2022. 托马斯·哈代诗歌中的"内在意志" [J]. 遵义师范学院学报,(5):63-66.

张世锋,王家和. 2016. 论艾略特《灰色星期三》的诗歌结构 [J]. 佳木斯职业学院学报，(1)：62-63，65.

支斌生. 2017. 艾略特《情歌》中的现代人真情［J］. 名作欣赏，(32)：63-65，84.

支宇. 2004. 文本语义结构的朦胧之美——论新批评的"文学性"概念［J］. 文艺理论研究，(5)：87-97.

朱子彤. 2023. 数字人文视域下的吕班电影研究：以 CiteSpace、Darwin、微词云、Voyant 为主要工具［J］. 当代电影，(4)：63-69.

《痕迹》中的病毒学、免疫学和细胞学

李宝虎[*]

摘　要：1887 年，美国国会为同化印第安人，颁布《道斯土地分配法案》，将部落土地私有化，导致大量印第安人土地落入白人之手。直到 1924 年，美国才颁布《印第安人公民权法》，首次承认印第安人的公民权。美国印第安奥吉布瓦裔作家路易斯·厄德里克的作品《痕迹》描述了 1912 至 1924 年间奥吉布瓦人为土地和生存而苦苦挣扎的悲惨境况。本文借助病毒学、免疫学和细胞学，解读作品中奥吉布瓦人肌体遭受白人文化病毒穿透、奥吉布瓦人肌体免疫防御、奥吉布瓦人肌体中细胞变异和奥吉布瓦人肌体重获新生的过程，发掘出白人文化通过政治、宗教等手段解构奥吉布瓦人的企图，也挖掘出作者通过批判西方文化保护奥吉布瓦人本土文化的创作目的。

关键词：《痕迹》　病毒学　免疫学　细胞学　厄德里克

Title：Virology, Immunology and Cytology in *Tracks*

Abstract: In 1887, the United States Congress enacted the *Dawes General Allotment Act* to assimilate the Indians. Tribal lands of Ojibwa were privatized and white people gained large amounts of Indian lands. It was not until 1924 that the *Indian Citizenship Act* was enacted, which first recognized the citizenship rights of Native Americans. *Tracks*, a work written by Ojibwa writer Louis Erdrich, describes the plight of the Ojibwa people struggling for land and survival between 1912 and 1924. With the help of virology, immunology and cytology, this paper interprets the process of the penetration of the white culture virus into Ojibwa's organism, the immune defense of Ojibwa organism, the cellular mutation in Ojibwa organism, and the reborn of Ojibwa organism. The study found the attempt of the white culture's deconstruction of Ojibwa people through political and religious means, and the author's writing purpose of protecting Ojibwa people's native culture by criticizing Western culture.

Key words: *Tracks*, virology, immunology, cytology, Erdrich

---

[*] 李宝虎，南京师范大学外国语学院、南华大学语言文学学院，主要研究方向：印第安文学、语料库翻译学。

一、引言

奥吉布瓦（Ojibwa）人，也称为齐佩瓦人，是北美印第安原住民中的一支。美国奥吉布瓦裔作家路易斯·厄德里克（Louis Erdrich）创作了"北达科他系列"小说，包括《爱药》《甜菜女王》《痕迹》和《宾果皇宫》四部小说，讲述了北达科他州龟山印第安居留区内几代人的故事。其中，《痕迹》描绘了在《道斯土地分配法案》（*Dawes General Allotment Act*）颁布后，奥吉布瓦人在重税、食物短缺、肺病、严寒等灾难下苦苦求生的故事。本文试图从病毒学、免疫学和细胞学角度，根据"病毒穿透—免疫防御—变异死亡—肌体新生"的生命过程，分析《痕迹》中奥吉布瓦人在面对白人文化入侵时从斗争到死亡再到新生的过程，揭示了厄德里克通过白人文化与奥吉布瓦人本土文化之间的斗争，批判西方文化、保护印第安本土文化的创作目的。

二、白人文化病毒对奥吉布瓦部族肌体的"穿透"

在生物学中，细胞是构成生物体的基本单位，衰老后的细胞容易被病毒感染，成为病毒繁殖的温床。病毒通过穿透细胞膜并向细胞释放大量的遗传物质，进而感染细胞，造成细胞死亡、变异。被病毒侵入的细胞叫作宿主细胞。病毒学（virology）产生于20世纪60年代，该学科以病毒为研究对象，研究病毒感染宿主细胞的过程。穿透是病毒感染宿主细胞引发癌变的第一个环节（蒋天平、胡启海，2019）。亚瑟·杜勒认为，社会和精神层面都存在穿透现象，病毒可以威胁、穿透和摧毁个人的身体和思想（Otis, 1999）。为实现对"宿主细胞"的穿透，白人殖民者通过建立教堂、派遣传教士传教等途径，把奥吉布瓦部落年轻一辈作为"宿主"，向他们植入白人文化，使他们沦为被病毒穿透的"宿主细胞"。以达米恩神父、安妮修女为首的传教士是携带白人文化的穿透者，以波琳为代表的奥吉布瓦人年轻一代是"宿主细胞"。白人文化在经过传教士的传教后，成功实现了对波琳等人的意识形态穿透。

白人文化对波琳的穿透表现在肉体和精神两个方面。肉体上，在皈依天主教后，波琳表现为"只喝烫水""吃最小块的面包""在她裙子的腋窝部放带刺的种子，在她的袜子里放螺旋草，在她的领口里放荨麻""任由脚指甲长长，直到连走路都疼，以提醒自己耶稣去往骷髅地途中所受之苦""故意穿错鞋""只允许自己两天上一次厕所"等一系列自虐式的惩罚，疯狂折磨自己的肉体，以表示自己对天主教的虔诚。① 在精神上，波琳被天主教控制了精神内核，波琳从多神论者变为一神论者。她抛弃了信仰"万物有灵论"的奥吉布瓦人传统宗教，相信天主在万有之上，甚至认为自己刚出生的孩子被魔鬼玷污而丢弃。在伯纳黛特用"两个黑铁勺制成的工具"接生波琳的孩子后，"勺子在孩子的两个太阳穴留下了深色的瘀伤"，波琳却认为那是被"魔鬼的拇指标记了"，最终把自己的孩子丢给了伯纳黛特抚养。作为一个母亲，波琳弃亲生血肉于不顾。她追求自己的名誉，其观念本质上是资本主义的，这与白人主流社会提倡个人主义价值观的影响是分不开的。波琳深受白人文化病毒的荼毒，是白人殖民活动的受害者，是被"病毒"寄生的"宿主细胞"。

三、奥吉布瓦人对白人文化的免疫防御

免疫防御是指免疫系统通过免疫应答阻止和清除入侵病原体及其毒素的功能。免疫应答是指机体受到抗原刺激后，免疫细胞对抗原做出一系列的生理反应，以达到破坏或清除抗原的目的。

弗勒·皮拉格作为故事的女主人公，是一名土著印第安人，拥有萨满天赋，擅长印第安传统医术，"象征着印第安古老的动物世界，连接着社会群落与自然"（Sarve-Gorham，1995）。弗勒是白人文化的抵抗者，充当着"免疫细胞"的角色。作为皮拉格家族的两名幸存者之一，弗勒从白人传播的肺结核中幸存，被纳纳普什接到自己的土地居住。在得知白人即将侵略自己家族的土地时，弗勒毅然独自一人回到湖上生活。土地是奥吉布瓦人的归宿，是奥吉布瓦人肌体的一部分，也是"免疫细胞"发挥作用的场所和力量源泉。在阿格斯小镇的屠宰场，白人男子利利·维德的狗向弗勒表现出攻击性，但被弗勒吓退。通过狗前后的态度转变，厄德里克从侧面展现出弗勒在面对白人的淫威和恐吓时不畏强暴、勇于反抗的民族气节。在屠宰场，弗勒和一起工作的三名男性——利利·维德、托尔·格鲁内瓦尔德和达弛·詹姆斯——打牌，赢了他们30美元，这使得利利、托尔和达弛大为恼怒。于是，他们趁着屠宰厂厂主离开的机会，对弗勒实施了侵犯。第二天，龙卷风袭击了阿格斯小镇，大部分地区都受到了破坏。但奇怪的是，除了侵犯过弗勒的白人男子外，并没有任何人受伤。这场龙卷风被人们认为是弗勒借助萨满的力量对利利、托尔和达弛实施的复仇。在受到男性侵犯后，弗勒作为"免疫细胞"发挥了自己的免疫能力，精准清除了特定的"抗原"。在《痕迹》第六章，弗勒的第二个孩子刚出生就

---

① 文中所引小说内容，译自 Louis Erdrich, *Tracks*, New York: Marper & Row, 1988.

死了。就在波琳要给已经死亡的孩子洗礼时，弗勒制止了她。作为肌体的"免疫细胞"，弗勒对白人宗教的抗拒使得她即使面对自己死去的孩子，也要使其免受白人宗教的穿透，以保存死去孩子纯粹的印第安性。故事最后，当伐木工人企图砍伐弗勒土地上的树木时，风吹倒了树，伐木工人被吓得落荒而逃。这都被认为是弗勒的魔力所致。在遭到白人文化入侵后，弗勒坚决抵抗，积极地做出"免疫"应答，以避免病毒对奥吉布瓦部族这一肌体的感染。

肌体本身具有愈合能力，在受到病毒感染后可以依靠免疫系统实现自我修复。波琳唆使索菲勾引伊莱，给伊莱与弗勒两人的感情带来裂痕。为弥补自己的过错，伊莱效仿印第安人给神灵祭祀的做法，给弗勒带来六只鸭子，以求弗勒的原谅。在纳纳普什的指导下，弗勒重新接纳了伊莱。弗勒的小屋一片欢声笑语，保留地中居住的印第安人也得以安心地在马其曼尼托湖钓鱼。

四、奥吉布瓦人肌体的"良性变异"

细胞学认为，细胞的变异分为良性变异和恶性变异，因而免疫应答发挥两种作用：第一是识别并积极对抗非我的生物体，试图将恶性变异转变为良性变异，而非清除它们；第二，疲劳、衰老、癌变的自我细胞有时会发生严重变异甚至癌变，从而弱化身体内部和边界的防御的程度，形成恶性变异而必然受到免疫应答的清除（蒋天平、胡启海，2019）。在白人文化病毒成功穿透奥吉布瓦人肌体后，被寄生的细胞产生了两类变异：一部分为良性变异细胞，这类细胞从白人文化病毒中汲取营养物质，其目的是保卫肌体的其他健康细胞；另一部分为恶性变异细胞，这类细胞的内核被白人文化病毒占据，其目的是感染其他健康细胞。

以纳纳普什、玛格瑞特和伊莱为代表的奥吉布瓦人是白人文化病毒侵袭下的"良性变异细胞"，他们肩负着让其他健康细胞免受病毒感染，保卫肌体的使命。

纳纳普什五十岁，目睹了奥吉布瓦部族人的凋零，是奥吉布瓦人中最年长的人。他小时候接受过白人宗教耶稣会的教育，精通英语和奥吉布瓦语，充当过白人政府的翻译，是白人文化与奥吉布瓦文化的结合者。纳纳普什虽然受到白人文化的穿透，但选择在两种文化之间进行斡旋，坚守自己奥吉布瓦人身份，利用自己对两种文化的了解对白人文化进行反抗，以保留自己部族传统文化的火种，因此属于"良性变异细胞"。

首先，纳纳普什"良性变异细胞"的作用体现在其对不平等条约的反抗及其历史叙事上。纳纳普什了解印第安人的历史和处境，意识到白人正通过掠夺印第安人的食物来源，逼迫他们用土地交换粮食，还利用大部分印第安人不识字的弱点，诱导他们在一系列条约上签字。纳纳普什曾做过白人政府的翻译官，因鼓励奥吉布瓦人拒绝在条约上签字而被政府开除。面对白人所制定的一系列侵犯奥吉布瓦人利益的文件，纳纳普什拒绝在上面签自己的奥吉布瓦名字和白人名字，认为政府会削减自己名字所蕴含的力量。纳纳普什对天主教和政府文件的抵制表现了纳纳普什对抗白人话语、保护部落利益的立场。在纳纳普什看来，由白人所主导的政府所统一撰写的历史是不完整、不真实的。为还原奥吉布瓦人的真实历史，纳纳普什采用了与波琳书面记载的故事截然不同的叙事方式，将英语和奥吉布瓦语混合，通过口头叙事给其孙女露露重塑奥吉布瓦人的叙事，向年轻一代"新生细胞"传递印第安人的部落文化。纳纳普什重新叙述的历史是少数人的历史，是白人所叙述历史的反面，是一部社会弱势群体和边缘群体遭屠戮、迫害和压榨的血腥历史。纳纳普什力图冲击、挑战白人官方所拟定的规则和边界，突破既定的概念、认知或社会结构，以达到保护露露等人作为"肌体干细胞"免受白人文化病毒入侵的目的。

其次，纳纳普什"良性变异细胞"的作用体现在其对白人宗教的反抗和对本土文化的坚守上。当达米恩神父试图向纳纳普什传教时，纳纳普什不停地讲话，以阻止达米恩神父的讲话。达米恩问纳纳普什是否会和玛格瑞特结婚时，纳纳普什声称自己已经和玛格瑞特发生了关系。在达米恩要求纳纳普什办告解时，纳纳普什向神父描述了与玛格瑞特发生关系时的细节，以此羞辱神父。纳纳普什通过对性的开放性描述来反抗天主教的保守思想。同时，纳纳普什又对自己本族文化有着坚定的信仰。寒冬之际，纳纳普什派伊莱去寻找食物，自己则在家通过在脸上涂木炭、祈祷等传统的方式在精神上引导伊莱。玛格瑞特被克莱伦斯和宝伊剃光了头，纳纳普什则从狩猎文化中汲取智慧，利用从教堂取来的钢琴线，采用印第安人传统的方式——布置陷阱，而不是借助枪炮的力量进行复仇。为了把露露从白人所设立的学校中拯救出来，纳纳普什成了一名官僚，决定用笔作为自己的武器，继续为保护奥吉布瓦人的文化进行抗争。面对白人文化病毒的入侵，纳纳普什虽然接受的是白人的教育，但却"师'白'长技以制'白'"，利用从白人那里学到的知识对抗白人，重塑奥吉布瓦历史，发挥出了自己"良性变异细胞"的作用。

玛格瑞特是奥吉布瓦人，是伊莱的母亲、纳纳普什的妻子，信仰天主教和奥吉布瓦本土宗教，是被白人文化部分同化的印第安人。天主教的渗透导致玛格瑞特的信仰发生了变异，但变异并没有导致玛格瑞特迷失自己。她没有选择只信仰其中一方，而是在两种信仰的夹缝中生存，成为两种文化融合下的"良性变异细胞"。

在奥吉布瓦人眼中,婚姻不需要法律的限制。虽然伊莱和弗勒已经生活在了一起,但伊莱的母亲玛格瑞特由于信仰天主教,不承认他们的婚姻。天主教作为白人文化病毒的一部分,同化并改变了玛格瑞特对奥吉布瓦部族传统婚姻的观念,这使得玛格瑞特与伊莱之间产生不和。为确认弗勒是否怀孕,玛格瑞特逼迫纳纳普什乘着底部有洞的船,穿过湖灵弥斯舍皮舒所在的马其曼尼托湖,冒着严寒和溺水的危险,抵达弗勒所在的土地。在返回途中,为求平安,玛格瑞特向湖中献祭了烟草,同时向马尼图(北美印第安人的神灵)和圣母玛利亚祈祷。在印第安传统信仰和白人信仰面前,玛格瑞特没有依附任何一方,而是寻求这二者之间的平衡,表现出印第安人多神论的特点。虽然玛格瑞特反对伊莱与弗勒的结合,但在弗勒分娩时,她却依然选择冒着生命危险渡湖去帮助弗勒生产,映射出玛格瑞特身上所具有的善良和怜悯心。在索菲跪在弗勒门前请求原谅时,玛格瑞特给索菲带来了毯子和食物,并在索菲的身旁生起火堆,表现了玛格瑞特对年轻一代印第安人的关爱。在玛格瑞特遭受克莱伦斯和宝伊的绑架时,玛格瑞特用唱印第安死亡之歌的方式对其反抗。玛格瑞特虽然被白人文化病毒所穿透,但依然保留着诸多印第安人的特性,是在白人文化和奥吉布瓦文化之间的夹缝中生存的"良性变异细胞"。

伊莱是奥吉布瓦土著,弗勒的丈夫、玛格瑞特的儿子,是《痕迹》中最具印第安性的人物。他虽沦为白人掠夺印第安人财富的帮凶,但其初心是为了保护弗勒的土地。他属于奥吉布瓦人肌体中的"良性变异细胞"。

伊莱习惯于狩猎生活,远离现代化生活,不善与人交际,保留了奥吉布瓦人最原始的生活习性。玛格瑞特曾试图说服伊莱去教堂,信仰天主教,但伊莱对此毫无兴致,却对自然敬畏万分。为扩大领土,白人砍伐森林,肆意捕杀动物。在阿格斯小镇的屠宰场中,动物的尸体堆积如山。而在伊莱眼中,人与自然是平等的,人是自然的一部分。人类对自然要怀有敬畏之心,自然界的一花一草一木都有着灵性,每只动物都值得人类尊重。伊莱在找到其猎物驼鹿时,即使饥寒交迫,也还是等驼鹿吃完休息时才将其猎杀。伊莱杀掉猎物后,取出鹿身上最珍贵的部分——肝脏,自己吃了一小部分,一部分作为祭品埋在土地,剩余的留给了年长的纳纳普什。伊莱对自然和长者怀揣着敬畏之心,是尊崇狩猎生活的传统印第安人代表。在返回的途中,伊莱将鹿肉绑在自己身上,放缓脚步,以抵御严寒,展现了印第安人的生存智慧。然而,白人的入侵使得印第安人的食物和土地大幅减少,也使得伊莱的身份产生变异。为了解决生存困境,伊莱抓了一窝貂,用它们的皮买了面粉、毯子和子弹,还给露露买了她喜欢的漆皮鞋。漆皮鞋代表了白人文化对奥吉布瓦人下一代的渗透,露露对漆皮鞋的喜爱显露出露露被同化的倾向。在弗勒的土地即将被政府没收时,伊莱去木材公司上班赚钱，以期通过砍伐树木偿付弗勒土地的税款。受生活所迫，伊莱屈服于白人的淫威，奴化为白人掠夺印第安人财富的帮凶，但其初心是为了保护弗勒的土地，是肌体中的"良性变异细胞"。

五、奥吉布瓦人肌体的"恶性变异"

波琳·皮娅其貌不扬，是奥吉布瓦人和白人的混血，但排斥奥吉布瓦人文化，渴望成为白人，被厄德里克描述成一个骗子。以波琳为首的奥吉布瓦人年轻一代崇尚白人文化，渴望融入白人社团，并向下一代输送着白人的价值观，对奥吉布瓦部族产生了破坏性作用，是肌体中的"恶性变异细胞"。波琳的"恶性变异"可分为三个阶段，其变异表征分别如下：

波琳"恶性变异"的早期：精神内核受白人观念感染，开始显露诸多症状。

在波琳决定去白人小镇跟随修女学习绣花边的手艺时，波琳的父亲曾警告波琳这会丧失她的印第安性，但波琳不以为然。在得知自己有四分之一的白人血统后，波琳以自己的白人血统为荣，在自己家中拒绝使用奥吉布瓦语，并要求自己的父亲建一所像白人一样带门的厕所。波琳渴望成为白人社团中的一员，向往着白人的现代生活。同时，波琳又渴望引起异性的注意，但因自己其貌不扬，对弗勒的美貌和其身上的萨满天赋十分嫉妒。弗勒在屠宰场受到男人们侵犯时，曾向波琳求助，但波琳选择用双手堵住双耳，视而不见。面对自己的同胞受难，波琳置身事外，对同胞的漠视使她成为侵犯者的帮凶。波琳甚至因为曾被异性忽视，在龙卷风来袭时将屠宰场的男工人锁在冷库中，导致两死一残，而后又把罪名嫁祸给弗勒。回到保留地后，波琳向伯纳黛特撒谎说自己受到姑妈雷吉娜和达弛虐待，以此让伯纳黛特收留自己。伯纳黛特见波琳可怜，教波琳读书识字，向她传授入殓的技能。波琳幻想自己能够成为白人，对同辈之人嫉妒，对同族之人无情，利用自己族人的善良和同情心为自己谋生，其观念本质上是白人所奉行的个人主义。

波琳"恶性变异"的中期：对奥吉布瓦人肌体产生破坏，沦为肌体的"异己成分"。

波琳向玛格瑞特撒谎，用自己的谎言掩盖了阿格斯小镇的真相，让玛格瑞特相信弗勒肚子里的孩子不是伊莱的，引发玛格瑞特与纳纳普什、伊莱之间的矛盾。波琳暗恋着伊莱，尽管波琳明知伊莱已经和弗勒在一起了，但她仍试图去勾引伊莱。在遭到伊莱拒绝后，波琳从摩西那里取来性药，混在伊莱的午餐里，利用索菲来诱惑伊莱。索菲和伊莱的丑闻被发现后，波琳将自己置于道德制高点来谴责索菲的不贞。宝伊和索菲的兄弟克莱伦斯为替索菲报仇与纳纳普什和玛格瑞特发生冲突。玛格瑞特的头发被剃光,宝伊也被玛格瑞特咬伤并因此死亡。索菲沦为波琳复仇计划中的工具人,是"恶性变异细胞"感染下的受害者。受个人主义的影响,波琳将一切视为为自己利益服务的工具,甚至不惜对天主教妄加改造,使其为自己服务。波琳看到童贞圣母玛利亚流泪,认为圣母流泪的原因是从未体验过来自男人的性快感。在发现自己怀孕后,波琳将罪责推脱给孩子的父亲拿破仑,把他看成魔鬼,认为肚子中的孩子是魔鬼的产物。为了向上帝显示自己的忠诚,她试图利用印第安传统医术来使自己流产。波琳想在自己的孩子出生前自杀,以避免孩子沾染原罪。天主十诫中第五诫是"毋杀人",禁止妇女堕胎,认为这种做法伤害了他人的生命,会犯下大罪。但波琳为挽救自己的声誉,不惜触犯教规,最终把自己的孩子丢给了伯纳黛特抚养,自己去了修道院。波琳对天主教的信仰受个人主义的影响产生了异化,她选择天主教更多是源于她的自私和虚荣。波琳具有弥撒亚情结,将自己视为如耶稣般的救世主,却又屡次违反教规。波琳的孩子出生后,伯纳黛特参照圣母玛利亚的名字,将其起名为玛丽,暗示了天主教对奥吉布瓦下一代人的同化。在修道院,波琳陷入了自我幻想之中。她看到上帝晚上会来到火炉前来看望自己,却又称上帝怕冷,暗示了波琳所幻想中上帝的不真实性。上帝告诉波琳她是完完全全的白人,是被上帝选中的传教者,并向她表示,在玛丽的事情上波琳已经得到了上帝的原谅,让自己忘记玛丽。波琳的自我幻想是她内心愿望的表征,她的所见都是自己希望而现实无法得到的事物。波琳前往弗勒的小屋,见到了玛丽,却撒谎说自己对此一无所知。波琳只允许自己两天上一次厕所的自我惩罚遭到纳纳普什的嘲笑,对自己实施的自虐式惩罚也遭到修道院院长的阻止,暗示了波琳的信仰方式并不符合天主教的信条。在个人主义的影响下,天主教在波琳身上发生了异化,波琳沦为一个既非奥吉布瓦人又非白人的游离者。

波琳"恶性变异"的后期:感染其他健康细胞,沦为病毒繁育的温床。

恶性变异细胞破坏肌体的同时,自身也成为死亡的象征。波琳向伯纳黛特学习如何照顾将死之人时,发现自己可以像希腊神话命运女神中的阿特洛波斯一样通过剪断生命之线来结束他人生命,但她并没有以此为耻,而是将掌控死亡的能力视作一种恩典,将他人的死亡视作自己心灵的慰藉,甚至在照料完亡者后,用自己的双手去触碰他人,亲手去传播这种"恩典"。为杀死马其曼尼托湖的湖灵——弥斯舍皮舒,波琳决定效仿耶稣去湖上待四十天四十夜。在湖中,波琳又一次出现严重的自我幻想,将拿破仑当作湖怪,杀死了他,并将罪名嫁祸给弗勒。为抛弃自己的印第安人身份,波琳将自己的名字改成白人名字利奥普多，成为一名修女，认为自己"是完完全全的白人"，并相信自己的使命是"给人命名、洗礼、收集灵魂"，沦为具有感染能力的"恶性变异细胞"。波琳去皮拉格家的小屋，试图说服他们入教。在修道院中，波琳成为一名老师，她让印第安儿童摈弃土著语言和文化，学习英语和欧美文化。白人的价值观通过波琳传递给代表着奥吉布瓦族希望的下一代人，对肌体的再生能力实施着破坏。

恶性变异细胞作为孕育病毒的温床，必然遭到肌体免疫应答的清除，其结局是悲剧性的。

波琳被纳纳普什认为是一个骗子，一个神经质的人，即使是喜欢她的拿破仑也嫌弃她。波琳最后成为既非肌体，又非病毒的存在。奥吉布瓦人部落将其视为异己，是肌体中的外来细胞；白人将其视为印第安人，是有着红皮肤的他者。宿主细胞在孕育新毒株后的结局是细胞膜破裂，宿主细胞死亡。波琳最终丧失了印第安人身份，同时又无法融入白人文化，最终忧郁而死。

六、奥吉布瓦人肌体的"新生"

干细胞是一类具有不同程度自我更新和分化潜能的细胞（卢加琪等，2019），是肌体的"种子"，孕育着肌体的希望和未来。

露露是弗勒的女儿，纳纳普什的养孙女，是在白人文化病毒侵入后幸存下来的"干细胞"。皮拉格家族的氏族标记是熊，而露露也是在最后一只熊被射杀的那一天出生的，表明了露露是奥吉布瓦人的种族延续。纳纳普什以自己死去的女儿给露露命名，暗示露露是纳纳普什女儿的再生。弗勒在第二次分娩时遇到了困难，露露为了找玛格丽特（露露的养祖母，纳纳普什的妻子）帮忙，穿着代表着白人文化的漆皮鞋走入大雪中，因漆皮鞋保暖性差冻晕在玛格丽特家门前。达米恩神父找来保留地之外的医生救治露露，当医生提议把露露带回自己的办公室时，纳纳普什和露露都拒绝了这一提议，表现了露露对白人医生的抗拒。弗勒的灵魂在去往马其曼尼托湖的路上时，从之前侵犯弗勒的男性幽灵那里得知露露的危险境地。于是，弗勒和白人幽灵赌博，以露露的生命为赌注，最终救下了露露。弗勒在失去土地后，为了保护露露，将露露送往白人政府学校。尽管露露在学校深受白人文化影响，但露露仍有着和弗勒一样似狼般令人畏惧的笑容，表明露露仍保留着奥吉布瓦人的特性。作为从白人文化病毒侵蚀下幸存下来的"干细胞"，露露代表着奥吉布瓦人的希望和未来，意味着奥吉布瓦人在白人病毒入侵下的重生。

七、结语

厄德里克的《痕迹》描绘了1912—1924年间，即《道斯土地分配法案》颁布后，白人文化对奥吉布瓦部落肌体的穿透，以及肌体的防御、反击过程，展现了奥吉布瓦与白人的宗教和土地斗争，批判了白人文化，旨在保护奥吉布瓦本土文化。一方面，波琳作为被白人文化病毒穿透的"宿主细胞"，受到了身体和精神两方面的穿透；另一方面，弗勒和纳纳普什为抵抗白人文化，各自通过暴力和非暴力手段，成功为奥吉布瓦人保留了露露这一"火种"，彰显了奥吉布瓦人面对白人文化入侵，为延续部落文化不屈不挠的斗争精神。

参考文献

Erdrich L. 1988. *Tracks* [M]. New York: Harper & Row.

Otis L. 1999. *Membranes: Metaphors of Invasion in Nineteenth-Century Literature, Science, and Politics* [M]. Baltimore: The Johns Hopkins University Press.

蒋天平，胡启海. 2019.《天使在美国》中病毒学、人权、新帝国主义 [J]. 当代外国文学，40（3）：31-32.

卢加琪，刘伯宁，罗建辉. 2019. 基于干细胞的再生医学产品研究进展与监管现状 [J]. 中国科学：生命科学，49（1）：18.

身份认同与治理:当代西方后人类背景下命运共同体研究

黄宇维　伍　韵　王媛媛[*]

摘　要:人类社会似乎正按照科幻小说的剧本发展,人工科技改变了物种之间的边界清晰度,也让人类对自己的身份认同产生了歧义。人类社会因而成为"后人类社会"。不断涌现的身份认同危机实际上是社会治理问题的体现,身份的不确定性导致人类社会的治理愈发困难。中国方案——命运共同体成为一种"良方","边界模糊"与"科技合成人"的出现促使人与曾经的"他者"更加紧密联系起来。后人类社会新的治理主体成为社会、历史发展中必然的命运共同体。

关键词:身份认同　治理　后人类　中国方案　命运共同体

Title:Identification and Governance:A Study of the Community with a Shared Future in a Contemporary Western Post-human Context

Abstract:The development of human society resonates with the plot of Sci-fi, with the artificial tech blurring the boundary of species and causing ambiguity in human identification. The human society is regarded as post-human society by contemporary Western post-humanists, where the emerging identification crisis is embodies problems in the governance in reality. The China Solution— the Community of Shared Future serves as the "cure" in that "the blurred boundary" and "tech-synth" prompts closer coalition of human and "the other". The new governing subject in post-human society inevitably turns into the community of shared future in the process of social/historical development.

Key words:Identification, governance, post-human, China Solution, The Community of Shared Future

---

[*] 黄宇维,北京科技大学博士研究生,研究方向:文学理论与实践、外语教学。伍韵,湖南科技大学硕士研究生,研究方向:英美文学,英语语言学。王媛媛(通讯作者),北京科技大学博士研究生,研究方向:英国文学,文体学。

严格来说，当人类向身体注射第一剂疫苗来改为良人体免疫结构，开始人工干预人及外部环境时，人类已经进入后人类时代。20世纪晚期，尤其是进入21世纪，科技的发展让人不断反思人类社会的未来是否还是"人类"的社会，是否还是"人类"的未来。那些仅存在于科幻小说的"人造人""合成人""超人"开始在人工科技加持下成为可能。同时，现代科技带来的"兽人""脑芯融合""机械人"等给当下社会主体、人类本体带来前所未有的挑战。人们开始质疑，当下的人是否还是曾经的那个本体（身份认同），而曾经作为社会主体的"自然人"在后人类时期是否仍然是主体（治理危机）。

科学与人文的交互碰撞产生了极强的冲击力，引发了普遍的"人类世"焦虑（姜礼福、孟庆粉，2021）。人文领域一直担忧着科技带来的负面影响，并试图利用人文理论引导科技发展。此时，中国方案——命运共同体的前瞻性便体现出来。2012年党的十八大明确提出，"要倡导人类命运共同体意识，在追求本国利益时兼顾他国合理关切"①。人类命运共同体的提出旨在追求本国利益时兼顾他国合理关切，在谋求本国发展中促进各国共同发展。这一全球价值观包含相互依存的权力观、利益观、发展观和治理观。后人类主义视国家的主体为这个国家范围内的主体（包含人、动植物等其他物质），而同时作为治理主体的他们在这个时代更加紧密地联系成命运共同体。马克思、恩格斯指出，共同体是以"同一基本关系"为基础的联合形式，在一定"历史条件和关系范围内"的联合，存在"血缘、语言、习惯等共性"，并从事相对生产活动，以维系"整个共同体生存"（孙福胜，2020）。在后人类时代，人与非人的二元对立关系逐渐消散、人工技术已经融入人体，开始影响人的功能和思维，在"新的同一关系"基础上，形成了新的集合关系体。这个时代（历史条件）让整个地球甚至宇宙逐渐融入"关系范围"，人与非人、物质与非物质、有机体与无机体等等的共性被发掘，在新的治理环境中共同维系这个大集体。在后人类时代，地球上的生产生活已经发生重大改变，大家面临同样的危机、同样的身份认同问题、同样的发展问题及技术改变人的现实考量。只有认识到大家身份之扭变、危机之重扰、治理之难决，才能在后人类时代真正做到命运之统一。

---

① 人民网2012年11月11日，http://cpc.people.com.cn/18/n/2012/1111/c350825-19539441.html。

一、从"人文主义"到"后人类主义"——人类社会发展的必然与共同体治理的复魅

伊哈布·哈桑指出:"后人类主义代表了文化的一种潜力与趋势,即人类的形态,包括人类愿望及其外在的表现,正在发生根本的转变……随着人文主义转变为后人类主义,五百年来的人文主义正在终结。"五百多年来,人文主义一直秉持"人类中心主义",而后人类范式则在 20 世纪晚期之后开始逐渐成形,福柯、布鲁斯·布劳恩、哈拉维、罗西·布拉依多蒂、卡里·伍尔夫、威斯特林·罗伊斯等西方学者对当下人类社会发展时代变迁——后人类进行了范式分析和探讨。

尤其是哈拉维的《灵长类动物的愿景:性别;现代科学世界中的种族与自然》《赛博格宣言》《猿人、电子人与女人:大自然的再创造》《同伴物种宣言:狗、人和重要的其他性》等,更是将后人类主义推向高潮,他提出的赛博格(cyborg)成为集合有机体,不仅消融人与非人的界限,而且同时开始描述后人类形态(Haraway,1989;1991;1992;2003)。布鲁斯·布劳恩指出,后人类主义的责任、人与非人的边界、去人类中心化是三条主要研究路径范式(Braun,2004)。威斯特林·罗伊斯认为后人类的主要有两种研究重心:人工科技打破人类身体限制和外部环境制约和模糊边界后界定人的位置(Louise,2006)。罗西·布拉依多蒂进一步研究了后人类时代所带来的道德思考和科技范式,认为人类社会的发展主体——人早已经发生了改变(Braidotti,2013;2018)。因此,作为后人类时代的社会主体,依然成为彼此相依相联的共同体,而维系新时代的健康的共同体则属于治理问题。

治理不同于一般的规则,更是通行于已存在的规则之间的一种规约。当原有的规则无法跟上时代步伐,新的利益冲突开始显现,治理便成为了调和性的原则、决策、规范程序。治理要能发挥作用,需要多种进行统治、互相发生影响的行为者的互动(俞可平,2000)。共同体时代的公共治理,讲究生产关系的平等合作、社会关系的和谐无私,可称为"共同体治理"……国家的出现是人类政治文明的核心标志之一,表明人类从落后的原始共同体发展到先进的人类联合体(梁宇,2018)。随着技术文明的发展,国际边界、物种边界也会随之变化,人工科技介入人体,亦会影响人类社会生产关系。在这种共同体更加紧密的过程中,治理的困境逐渐显露出来。

过去,我们似乎对人的本质属性不曾怀疑。然而,随着人类本体性和主体性的改变(人工科技大幅度介入人的本体和外部环境),导致"人与技术"这

一集合体对人本质属性产生了影响。随着人与非人边界的消逝（出现了人"他"共同体），以及一系列"超人"（人技共同体）的出现，人们开始不断担心后人类时代的治理问题。从另一角度看，后人类主义批判把人类置于其他生命形式、物质之上的理念，同时从伦理、哲学、社会学等角度对技术改造人的生命形式进行了探索，发现在后人类时代，人与非人更加紧密地联系成了一个共同体，因而共同体治理在这个时代展现出新的活力，共同体治理价值观的魅力复现于后人类主义核心价值观上（见图1）。

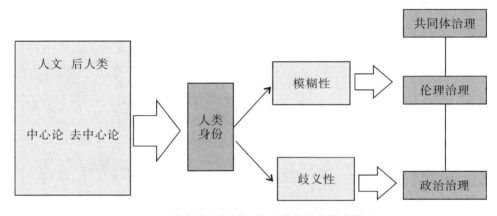

图1　后人类主义视域下的人类身份和社会治理

二、从"明确"到"模糊"——时代必然的人类身份

Tzu-Ning Wu 称："随着'二战'后技术的发展，人/非人、有机/无机、自然/人工的边界变得模糊，这些模糊的边界成为了哈拉维甚至通过'赛博格'在不同语境下重新创造自然，甚至重新创造'人'的切入点，我们可以说，20 世纪 90 年代'后人类主义'的是'赛博格'理论的延伸。"（Wu，2020）

后人类理论批判人类中心论及人的独特性，认同普遍生命力和非人联合体（Braun，2004）。而致力于消除人与非人的象征性界定，同时认同非人与人的同等主体地位，这并非仅仅是后人类主义观点，更是具有重大意义的哲学遗产。福柯、德里达、洛克、康德、休谟等关于人与"他者"边界的观念与后人类耦合。因此，后人类对边界的理解范式超越人类中心论，即人在当下社会实践中，不断参与结构、重组，用开放姿态塑造着新本体——人与"他者"的集合体（如哈拉维指出的"赛博格"）。这等同于承认非人实体和物质行动

者（Braun，2004）身份，赋予了非人实体这一曾经"他者"新的本体身份和道德地位。从马修·克拉洛的《动物志：从海德格尔到德里达的动物问题》到哈拉维的《与物种相伴》，再到卡里·伍尔夫的《动物仪式》，均主张人与非人（尤其是动物）的平等治理观，批判人类在社会治理中的霸权地位。

当人与非人（动植物、机械、非生命体、人工产物等）的界限不再明确，人类本身已然成为自然的一部分，人类就不再被认为是宇宙的中心，这也是时代发展的必然结果。风靡500年的人文主义将人定义为宇宙的中心、万物主体、世界本体，而这种身份认同将人与非人二元对立起来。这种二元对立在后人类主义出现后被推翻，正是时代进步的必然。随着人类在新的时代有了新的身份认同（边界从"明确"走到了"模糊"），在地球上的命运共同体不仅包含人类，而且涵括天地万物，每个事物在其中都扮演着重要角色。没有了人类中心说，万物将更加平等，因为"模糊"的边界在一定程度上去除了不同物种之间的对立，让共同体内部之间更加有机融合起来，人类身份在后人类时代有了新的伦理内涵。

三、从"单一"到"歧义"——科技必然的人类身份

人总是根据自己和时代的需求改造自己，在不经意间发现技术已经不再是"听话的"技术，而是一种可以独立思考、能力远超常人的存在。在技术化生产和生存的时代，科技已经不仅是一种辅助人类社会发展的工具，而已"嵌入"肉身，影响身心，并进一步使人类的身份产生歧义（ambiguity）。如今太多人不禁担忧，随着科技的运算能力、实践能力远超人类，届时究竟是人控技，还是技控人？此时"合成人"的身份便歧义不断。拉图尔的"行动者网络理论"（Actor-Network Theory）从行动者角度出发，认为无论是"自然人"还是"合成人"都是构建世界的行动者（常照强，2022）。这里的"行动者"可以指人，也可以指非人的存在和力量。"行动者网络"中的"行动者"之间关系是不确定的，每一个行动者就是一个结点（knot或node），结点之间经通路链接，共同编织成一个无缝之网。在该网络中，没有所谓的中心，也没有主—客体的对立，每个结点都是一个可以行动的主体，彼此处于一种平权的地位。主体间是一种相互认同、相互承认、相互依存又相互影响的主体间性的关系。非人的行动者通过有资格的"代言人"（agent）来获得主体的地位、资格和权利，以致可以共同营造一个相互协调的行动之网。科技介入人体后的人类成为超越"自然人"的"行动者"。然而此时的人类身份由于科技的介入而更为歧义，即到底此时的我是"人"，是"机器"，还是"超人"？技术本身已

然成为一种能动性"行动者"。身份的歧义性带来的是认同危机,并进一步影响着社会治理。

也就是说,技术不是简单的、沉默的中介,而是积极的、能动的组成部分。而今,人类的主体身份不再是"自然人",而是带有歧义性的科技"合成人",两者的关系在不同水平的科技干预下,意义不一。这种歧义性的身份认同,让后人类主义进一步将人类社会看作一种混合主体所构架的差异身份性的"行动者网络"。简单而言,由于不同人整合入体的科技水平不一,作为主体的"行动合成者"能力水平也不一样(即便是合成超人,不同超人之间的能力也不一样,会造成人与人之间巨大的能力鸿沟),技术与人的共同体已然成为后人类的一个特征,为人类社会的共同体治理带来挑战。于是,强制、制约性的政治治理成为处理歧义性人类身份的"良方",让每一位社会参与者都承担好自己的责任与义务(政治身份)。

四、从"模糊"到"道德身份"——命运共同体视角下的伦理治理

在科技不断发展、认识不断进步的时代,人与非人的边界开始模糊。从前被认为从属于人类的其他生命体也开始拥有自己的道德地位,技术的发展让曾经的有机体与无机体、物质与非物质也逐渐整合起来,很多已然成为人身体的一部分,开始在社会的伦理治理中成为不可忽视的存在。

后人类主义的伦理治理观并不排斥科技、非人生命体、物质在人的身份中扮演的角色,而是积极地、能动地正面这些对人身份带来的挑战。当他们的边界开始模糊,共同体开始形成,人类应该正视曾经的"他者"所扮演的伦理角色。特别是基因工程技术及脑机接口技术让曾经从属于人的"他者"开始进入人体,融入并影响人的思维和实践,成为能动性的共同体,如果不认可这种共同体的道德地位,仍然以"他者"身份来对待,则不仅无法形成真正的命运共同体,更会为人类社会的治理埋下隐患。

2015年出品的科幻剧《真实的人类》(*Humans*)对女"合成人"与男"自然人"之间的伦理关系提出了具有现实意义的道德挑战。女"合成人"需要裸体才能修复受损部分,而男"自然人"面对"合成人"这种拥有人类身体,带有正常人功能的实体,表现出了社会伦理的窘迫。一方面,男"自然人"仅仅是为了修复女"合成人";另一方面,由于身份边界的模糊,让男"自然人"担心这种修复方式违背伦理道德(男女应有的伦理距离、作为已婚者的伦理操守)。在这种情况下,作为集合体的"合成人"与"自然人"在科

技发展的时代已是一种共同体关系,一同面对各种挑战,但彼此的伦理关系也应该在共同体治理中被正视。在这部剧作中,后人类社会不信任自己造出来的"合成人",亦不给予其合适的伦理身份(忽视了他们主体之一的身份),不把"合成人"当人。当出现问题时,人类选择的是摧毁自己制造出来的"合成人",导致六个高等"合成人"为了"逃命",隐藏于人类社会,用其他"自然人"的身份掩饰真正的自己,同时与"自然人"作斗争。

在共同体治理的本质意义中,伦理是主体道德约束的基础。个体的力量局限性凸显出来后,人需要与"他者"进行联合,共同抵御各种挑战与风险(孙福胜,2020)。在科技社会中,这种合成的集合体在增强个体力量的同时,仍然被部分人类视为"次等"主体或者被"自然人"所掌控的客体,这种不尊重其道德地位的观念十分危险。后人类时代是人类社会发展的必然,科技带来的是边界模糊的集合体,而集合体只有在伦理治理下才能发展成命运共同体,否则集合体内部、外部都将危机重重,更有悖于后人类主义和科技发展的初衷。因此,后人类主义要实现的命运共同体的本质之一就是实现伦理治理,如图2所示。

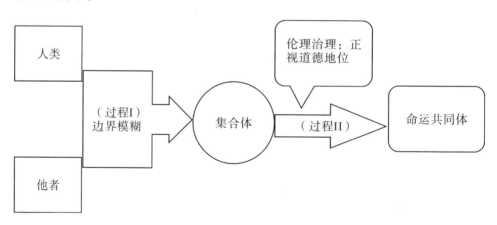

图2　后人类主义的共同体伦理治理观

康德所确立的世界主义法则以"友善待人"(hospitality)为基础,即他提到的"当一个人来到一个陌生的地方时,作为一名陌生人,他拥有不被敌视的权利"。世界上每个人不管身处何方,都拥有被友善对待的权利,每个人也负有友善对待他人的义务,所有人由此而处在人类共同体当中,"世界上的所有民族都处在一个全球性的共同体当中,并且全球性的共同体还意味着某个地方出现违背权利的现象时,世界上的其他地方也都感同身受"(刘明,2018)。承认曾经的"他者"的道德地位,赋予其主体(之一)的身份,有助于人类社会的共存、共进、共长。边界开始模糊后，人与"他者"逐渐融入一种集合体，而这种集合体进行有机联合形成共同体成为后人类时代的一大特征。边界的模糊让人重新认识自己的身份，并衍生出后人类伦理治理问题——人非万物中心，共同体伦理治理赋予了人与非人的共生、共融关系。

五、从"歧义"到"社会身份"——命运共同体视角下的政治治理

哈拉维认为，"赛博格是机器和有机体的混合体，既是虚构的产物，也是社会现实的产物。社会现实是生活的社会关系，是我们最重要的政治建构，也是改变世界的小说虚构物"（Haraway，1991）。

人类不仅通过科技改变外部生活环境，而且利用科技增强改良自身。人工合成物属于"人"还是"技术"，或者说谁占比较多，对此亦存在争议，因而在科技发展的时代，人类的身份充满歧义。对主体的政治治理是社会健康发展的保证，身份的歧义性则让政治治理充满挑战，这一切正如哈拉维所说，在当代科技影响下，"自我认同"已经开始了"历史性"的挑战，而这种挑战开始动摇文明社会的政治基石（Haraway，1991）。

命运共同体的价值观体现在文明社会治理中的有机联合，各部分（成员）在有制约、规约的情况下进行活动，这也是文明社会政治治理的基础。弗朗西斯·福山在其作品《我们的后人类未来：生命技术革命的后果》中详细描述了脑技术、基因技术、控制技术对自然人本质、价值观、思维判断、行为能力、权利义务等的挑战，并强调"这种挑战不仅是伦理的，也是政治的。因为它将成为我们未来几年所做的政治决定，这些决定关乎我们和科技的关系，进而影响人类社会的发展"（福山，2017）。后人类理论一直关注技术生命集合体的政治向度，新兴技术在这个时代对社会主体的干预有着不可估量的政治后果。后人类主义学者也担忧，若任由技术肆无忌惮地发展，人类文明所产生的政治治理或可能"崩盘"（张灿，2021）。

例如，元宇宙所构建的虚拟世界早已超脱肉身，以虚拟身份凭借"意识"在元宇宙开展"社交"活动并建立相关"制度"。这不仅仅是个虚拟游戏，这种虚拟身份对现实社会制度提出了前所未有的挑战，例如，世界范围内吸引的投资巨大，大量现实社会人力资源进入其中，这直接动摇了金融、人力市场的根本。

现代技术不仅仅在肉身（基因技术等）上面做文章，更开始以意识为特殊实体形式融入共同体中，并一同参与治理构建。不同于伦理治理的"自觉

遵守性"，正视政治身份的政治治理是共同体治理的强制规约性要求，如图3所示。

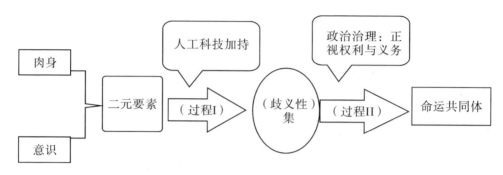

图3 后人类主义的共同体政治治理观

六、结语

作为人类，我们一直很清楚自己非凡的能力，甚至如上帝一般能掌握"造物主之神"的技术，但我们对自己的身份认同问题却随着我们能力不断发展和产生的后果而发生改变。荷兰大气化学家克鲁岑提出的"人类世"（anthropocene）概念表明，地球已进入人类对地球系统产生决定性影响的新的地质时期（姜礼福、孟庆粉，2021）。过去我们认为人类不同于其他生命体，因为人有独立的思维和创新能力，能利用科学技术改良自我和改善环境，但正因为如此，人文主义一直信奉"人类中心论"，采取人与非人之间的二元对立观。后人类主义则打破这一"敌托邦"（dystopia），不仅批判了这种二元对立的人文主义，还正视人与"他者"的逐渐模糊的边界及技术集合体概念，进一步推进人在飞速发展的时代的身份认同，让人类认识到曾经的"他者"已经成为我们共同体的一部分，而我们作为共同体，发展的基础则在于治理。共同体治理的存在维度贯穿着一条主线，即"自然—社会—自身"之间的逻辑关系。这条主线彰显出了共同体治理的"关系体"，这种"关系体"就是共同体治理的本质（孙福胜，2021）。维系这种关系体需要正视关系体各成员的伦理、政治地位，即需要相互尊重，并遵守规约制度。治理问题关乎人类社会的生存与发展，而在时代发展的当下，治理方法、治理实践、治理形式、治理理论、治理模式、治理主体、治理理念都发生了后人类转向。把握人的身份认同（边界模糊、人工集合体）的变化，才能正确把握这个时代的治理任务（伦理治理、政治治理）。

参考文献

Braidotti R. 2018. A Theoretical Framework for the Critical Posthumanities [J]. *Theory, Culture & Society*, (3): 1 – 31.

Braidotti R. 2013. *The Posthuman* [M]. Cambridge: Polity Press.

Braun B. 2004. Querying Posthumanism [J]. *Geoforum*, 35 (3): 267 – 273.

Cary W. 2003. *Animal Rites: American Culture, the Discourse of Speices, and Posthumanist Theory* [M]. Chicago: University of Chicago Press.

Haraway D. 1989. *Primate Visions: Gender; Race and Nature in the World of Modern Science* [M]. New York: Routledge.

Haraway D. 1991. *Simians, Cyborgs, and Women: The Reinvention of Nature* [M]. New York: Routledge.

Haraway D. 2003. *The Companion Species Manifesto: Dogs, People and Significant Otherness* [M]. Chicago: Prickly Paradigm Press.

Haraway D. 1992. The Promises of Monsters: A Regenerative Politics for Inappropriated Others [M]. New York: Routledge, pp. 295 – 327.

Harbers H. 2005. *Inside the Politics of Technology: Agency and Normativity in the Co – Production of Technology and Society* [M]. Amsterdam: Amsterdam University Press.

Hassan I. 1977. Prometheus as Performer: Toward a Posthumanist Culture? [J]. *Georgia Review*, (4): 830 – 850.

Nayar P. K. 2014. *Posthumanism* [M]. Cambridge: Polity Press.

Sharon T. 2014. *Human Nature in an Age of Biotechnology: The Case for Mediated Posthumanism* [M]. Dordrecht: Springer.

Wu, T. N. 2020. Millennials' Incubation: Posthuman Bodies in Taiwanese Contemporary Arts [J]. *Art in Translation*, (11): 441 – 470.

Louise W. 2006. *Liturature, the Environment, and the Question of the Posthuman* [M]. Amsterdam/New York: Rodopi.

常照强. 2022. 行动者网络理论的后人类主义困境：从马克思主义的观点看 [J]. 自然辩证法研究, 38 (2): 59 – 65.

福山. 2017. 我们的后人类未来：生物技术革命的后果 [M]. 黄立志, 译. 桂林：广西师范大学出版社, p20.

姜礼福, 孟庆粉. 2021. 人类世：从地质概念到文学批评 [J]. 湖南科技大学学报（社会科学版）, 21 (6): 44 – 51.

姜礼福, 孟庆粉. 2021. 人类世权力话语的建构：论21世纪西方气候小说的中国形象 [J]. 湖南科技大学学报（社会科学版）, 24 (1): 53 – 58.

梁宇. 2018. 走向共同体治理：马克思的国家治理思想及其当代启示 [J] 社会主义研究. (1): 30 – 37.

刘明. 2018. 互嵌式人类共同体及其全球治理逻辑 [J] 天津社会科学, (1): 80 – 86.

孙福胜. 2021. 共同体治理的多维考量 [J]. 中共青岛市委党校青岛行政学院学报,（1）：56-60.

孙福胜. 2020. 马克思主义共同治理理论探析 [J]. 云南行政学院学报,（6）：62-69.

俞可平. 2000. 治理与善治：[M]. 社会科学文献出版社, 270-271.

张灿. 2021. 当代西方后人类主义：范式、议题与启示 [J]. 长沙理工大学学报（社科版）,（4）：21-28.

剪不断的中国结

——谭恩美《灶神之妻》中儒家文化的孝表征

贾东旭[*]

摘 要：华裔女作家谭恩美凭借其处女作《喜福会》蜚声华美文坛，其随后的又一力作《灶神之妻》更是巩固了她在亚裔美国文学界的地位。在东西方文化不断夹击之下，她并没有数典忘祖，而是在作品中或隐或显地褒扬儒家文化，表达了对中国文化割舍不断的情愫。本文以其小说《灶神之妻》为切入点，借由文本细读的策略去剖析儒家孝文化在谭恩美小说中的呈现，揭示传统儒家孝文化在作者心中所占据的地位。

关键词：谭恩美 《灶神之妻》 儒家 孝文化

Title：Unbreakable Chinese Bond—Representations on the Traditional Confucian Culture in *The Kitchen God's Wife*

Abstract：Amy Tan, as an up-rising star, is well-noted for her debut, *The Joy Luck Club*, in the realm of Chinese-American literary circle, and her following work, *The Kitchen God's Wife*, helps her gain more fame. Amy Tan, who is living between the worlds, is never cutting hers ties with her descent; instead, she praises Confucian culture in her works either implicitly or explicitly. This paper takes *The Kitchen God's Wife* as the point of departure by means of close reading to reveal the position of Confucian culture in the author's mind.

Key words：Amy Tan, *The Kitchen God's Wife*, Confucian Culture

引言

学界普遍认为，亚裔美国文学的发展大致可以划分为三个历史阶段，即

---

[*] 贾东旭，山东财经大学外国语学院硕士研究生，研究方向：英美文学、华裔美国文学。

19世纪末20世纪初的萌芽时期，20世纪六七十年代的"大跃进"时期，以及20世纪80年代至今的后发展阶段。谭恩美（Amy Tan，1952— ）则是第二次文学发展浪潮中涌现出来的佼佼者，"借助处女作《喜福会》（*The Joy Luck Club*，1989）而声名鹊起的谭恩美无疑是一个旗帜性人物"。（刘向辉、郭英剑，2020）善于描写母女关系的谭恩美继开山力作《喜福会》之后，重又推出另一扛鼎之作《灶神之妻》（*The Kitchen God's Wife*，1991），这部小说被认为是《喜福会》的姊妹篇，仍然以母女关系为叙述基底，延续了女性间的爱恨情缘。素有"唐人街牛仔""亚裔美国文学匪徒"之誉的华裔男作家赵建秀（Frank Chin）借由文化民族主义（cultural nationalism）的大旗公开撰文批判谭恩美是出卖母国文化的"香蕉人"（ABC），是不折不扣的伪华裔作家。赵建秀与其同僚陈耀光、徐忠雄等人在《大哎咦！华裔与日裔美国文学选集》（*The Big Aiiieeeee: An Anthology of Chinese and Japanese American Literature*，1991）中称，汤亭亭、谭恩美、黄哲伦等人专门为谄媚白人、丑化华裔男人而写作，并认为他们已经被白人所同化，数典忘祖，根本与中国传统文化脱了节，反过来故意扭曲、贬低中国文化。赵建秀认为谭恩美、汤亭亭等人缺少亚裔美国人所特有的亚裔美国感性（sensibility），因此她们是比"美国白人还白的黄种人"。赵建秀的批评不无道理，但对于谭恩美等一众华裔女作家却难言公允，正如《灶神之妻》序言部分所说："这些三四十岁的作家代表了第二代华裔美国人，他们在美国本土长大，受正统美国教育，用地道的英语写作。但是，由于中国血统，由于从长辈那儿潜移默化地受到汉文化的影响，他们不约而同、自然而然地把目光集中在华人命运上。"（谭恩美，1992）由此可见，儒家文化在谭恩美的创作过程中是无法忽视的显性存在，她的身体里流淌着儒家的文化血脉，她的作品也无不彰显出儒家文化的客观性表征（objective representation）。儒家文化是她创作的源泉，是母女间关系的纽带。她的作品就是儒家文化的复现和延续。

一、儒家文化的基本核心思想

孔子是儒家的创始人。儒家学派自诞生之日起，就以仁为核心，义与礼为两翼，仁义礼相辅相成，形成稳定的逻辑架构，进而建构儒家思想观念的主体框架。后世发展的儒学也大都以仁、义、礼为准绳，沿用至今。诚然，儒家思想中，孝文化是其重要成分，所谓"百善孝为先"，孝文化在中国传统伦理道德体系中占据重要地位。儒家思想博大精深，"从一定意义上说，儒家乃是中国传统文化的主干和代表"（何中华，2020）。儒家文化以其包容性、时代性和内涵多样性造福于人类，可以说，没有儒家文化就没有中国文化。儒家的"孝、悌、忠、信、礼、义、廉、耻"与中国传统文化相生相随、互为表里。

二、《灶神之妻》与孝文化

梁簌溟认为，"说中国文化是'孝的文化'，自是没错"（梁簌溟，1987）。"孝"是传统儒家思想的核心要义，千百年来一直作为伦理道德之基、行为规范之首而备受推崇。"百善孝为先"，这句话便表明孝文化在儒家思想体系中所占据的不可动摇的"霸主"地位。正如《孝经·圣治章》所云："曾子曰：'敢问圣人之德，无以加于孝乎？'子曰：'天地之性，人为贵，人之行，莫大于孝。'"由此可见，孝的传统不仅贯穿于中国两千多年的文化历史，而且深深植根于儒家思想道德体系之中。"所谓'八条目'与'三纲五常'，莫不以孝义为起点，从孝义而演绎生发出来。"（肖群忠，2001）谭恩美身为华裔，自然与中国文化有割舍不断的感情纠葛，她摆不脱也不可能摆脱中国文化的影响。《灶神之妻》所体现出的孝文化是多维度的，是儒家文化与时俱进、包容并蓄的结果，该小说的部分内容便是中国儒家孝文化的母题（motif）再现。

（一）孝的婚姻维度

"在中国传统文化中，'孝'的一个主要表现是遵从父母的意志，实现父母的心愿。"（金学品，2016）孔子曰："父在，观其志；父没，观其行；三年无改于父之道，可谓孝矣。"（《论语·学而》）意即父亲在世时，要看子女内心的志向是否符合父亲（或母亲）的期望；父亲去世后，要看子女的行为是否符合父亲（或母亲）的遗愿；即使父母不在了，也能够长时间遵守父母的遗训，实现他们的心愿，这就是"孝"。这里强调了子女的"孝"与父母的"道"之间的关系。"儒家强调子女思想与行动应该受父母所控制，其理论根源在于'身体发肤，受之父母，不敢毁伤，孝之始也；立身之道。扬名于后世，以显父母，孝之终也。夫孝始于亲事，中于事君，终于立身。'"（金学品，2016）也就是说，子女的生命来源于父母，子女对父母的孝是一种补偿性行为。赡养父母、光耀门楣也是孝的道德体现。《灶神之妻》所表现的孝的维度是多方面的。首先是对于婚姻的遵从。《魏书·王宝兴传》："汝等将来所生，皆我之自出，可指腹为亲。"由此可见，自中国古代以来，包办婚姻便已存在。特别是在封建时期蔚然成风的"娃娃亲""包办婚姻"等联姻方式完全剥夺了男女恋爱的自由。父母之命媒妁之言，不遵从便是忤逆和大不孝。在小说的第三章"鱼死了三天"部分,女主人公薇莉就面临同样的遭遇。"我本来要嫁的那人家境并不富裕,但有教养,温文尔雅。我虚岁16时,没见过他本人就拒绝了他家的求亲。这是因为我听信了大婶婶的话。她是在饭桌上,当着小婶婶、叔叔、堂姐妹和家里的客人的面宣布那家的求亲之事的。"(谭恩美,1992)女主人公薇莉因为早年丧母,她的终身大事便落在了她大婶的肩上,她大婶要为她找到一个门当户对的如意郎君。她大婶完全掌握着薇莉的婚姻。薇莉是没有权利去自由挑选自己的心上人的,即便不是大婶做主:"如果我不是这么早就没了娘,就不会听大婶的。"(谭恩美,1992:63。以下引自该小说的内容均只列页码)倘若她母亲仍然健在,她母亲的做法也势必会和薇莉大婶所做的如出一辙,因为她大婶就是她已故母亲的化身和代言人。特别是在第二十五章"宝宝的婚礼"部分,塔莎和"我"母亲的对话证明了违背父母的婚姻安排而付出的"大不孝"代价。

"阿婆,"我听到塔莎再叫我母亲,"那个太太怎么啦?"她指着咪咪问。

"她结婚。"母亲回过头来喊道。

"不,不是那个意思。"塔莎说,"我是说她的鼻子里为什么会有个圈圈儿?她打扮得这么稀奇古怪。"

母亲重新用打量的目光满脸挑剔的样子审视着新娘:"哦,这个嘛,"她说,母亲思忖片刻,然后下了结论:"因为她不听妈妈的话,才这样稀奇古怪。"

菲儿说:"是这样的,看你妈妈,她听阿婆的话,她现在就不会稀奇古怪。"(458)

由此可见,新娘的稀奇古怪,甚至异类,都是因为违背了她母亲的话而理应付出的代价。父母对于婚姻的包办是儒家文化的一个客观性表征,子女要听命于父母,侍奉父母,不可违背父母的良言。特别是当"我"的母亲妄想自己选择丈夫时,她的叔叔大为不悦:"给她带来麻烦的,是她只为自己着想。"(107)因为"我"母亲的行为与孔夫子的思想背道而驰,这也遭到了小婶的反对:"(母亲)真正的麻烦是浪漫,是母亲为了爱情而结婚的愚不可及的幻想。"(107)而关于"我"和"花生"谁先结婚的问题则更是体现了父母之命不可违的强制性:"你听你妈妈说,我最大,得最先结婚。我只有服从。"(148)从儒家思想来看,子女的婚姻对于父母来说是头等大事,因为他们是家族延续香火的媒介,是光宗耀祖的希望。他们应该遵从父母的婚姻安排,而

"父母之命媒妁之言"正是儒家孝文化的体现。

(二)孝的"教育"维度

中国人历来重视光宗耀祖、光耀门楣之事。《孝经》曰:"扬名于后世,以显父母,孝之终也。"这就是说,子女应当在学业和事业上均取得成功,为父母增添光彩,因为他们的成功也是父母的成功,他们的成功会给祖上带来无上的荣耀。"来自儒家传统文化下的母亲们一方面认为做母亲的有责任教育好子女,另一方面也认为女儿的生命就是自己生命的延伸。"(金学品,2016)在名为"距离"的章节,珠儿谋得了一份好工作,帮助智力迟钝的儿童培养说话的能力。身为"语言教师"的她在帮助与自己没有任何血缘关系的残障儿童恢复语言的同时,毫无疑问会更加谙熟于如何培养智力正常的儿童说话,因此她的两个孩子似乎如鱼得水,很快在语言学习方面便超出了常人儿童。而她的孩子果然没有让她失望,特别是女儿塔莎:"她这么大的孩子大都只能用两个字的短语。她的确聪明。"无须赘言,女儿塔莎的语言天赋和超乎常人的智力给她带来了极大的鼓舞和震撼,让她对女儿的未来充满了期待和憧憬。而"我"母亲的"幻想恋人"鲁也是通过教育而平步青云的。鲁是一位马克思主义者:"出身在北部、盛产海味的山东,是一个打鱼人的儿子。"他的家庭以捕鱼为生:"因此,他生活的全部目标就是继承父亲那张他整天缝补得破烂不堪的渔网。"由于家境贫寒,没有钱,也没办法接受教育,也就没有办法改变穷苦的命运。"的确,每个人生活都是如此,当然(可以改变命运的人)除了有学问的人、外国人和那些堕落成性的人。"(108)机缘巧合之下,鲁有幸结识了一位马克思主义者,并在他的帮助下认识了字:"先生,我对你说,在10天之内我将教你读这份报纸和其他你想读的任何文章。"(108)那位马克思主义者同时教导他如何改变自己受奴役的命运。就在鲁一味地抱怨命运不公之时,一位伯乐的出现彻底改变了他的背运。"于是,鲁刻苦勤奋,改变了命运。但他并不满足于学会1000个字,而是继续学了更多、更多,他的勤奋是那么令人钦佩。他学会了2000个字、4000个字,直到1万个字。他学到家了,最后考上了复旦大学。"(108)鲁懂得知识改变命运的道理,因为他出生、生活在孔子的家乡——山东,自幼受儒家文化的熏陶,有着光宗耀祖的内心动力。因此:"他为能改变自己的命运兴高采烈。"(108)其实,他改变的不仅仅是自己的命运,而且是整个家族的命运,他的穷苦家庭定会因为他的建树而荣光倍增。他做到了对父母和祖上的孝,成了儒家文化中的"大孝子"。

(三）孝的"中国性"维度

中国自古有"落叶归根"之说，即"比喻事物总有一定的归宿，多指客居他乡的人终究要回到家乡"（江蓝生等，2012）。即便"我"的母亲未能回到中国，可她的心却始终未敢忘国，她的言行举止都无不流露出中国的痕迹，而"我"也选择接受来自母国的文化，认可自己的中国文化属性，尊重母亲的文化本源，尊重自己的中国母亲，这正是儒家孝文化的体现。所谓"父母之命不可违"，便是如此。小说《灶神之妻》对于中国文化的描写俯拾即是。在"杜奶奶的葬礼"部分，向来没参加过中国式葬礼的"我"也随母亲一起去参加了杜奶奶的葬礼仪式。当宝宝给我们一人一个箔包糖和一个小红包吉利钱的时候，我因为不懂它的寓意而说道："我没有参加过佛教葬礼。"而母亲回答道："这是为了保险，以防你在这里受到惊吓。"母亲在这里解释了表礼回礼的意义，"我"对此没有任何抵触和反驳，表明我对母亲的中国思想是支持的，因为不顶撞父母便是孝。特别是当母亲在讲中国财神爷的故事时，我因为不懂为什么要给他上供、烧香等行为时问道："那奶奶为什么还要供着他？"回答是："在中国，她那个家族已经信了好几代了。"我对中国风俗的好奇表明我对中国文化的好奇，这也表明我尊重母亲的中国式思维，遵守儒家的孝道说。渐渐地，我也相信了中国传统文化所宣扬的"运气说"，并以中国人的思维告诉我们她（母亲）的命是怎么回事。当我回忆母亲的时候："我用一万种不同的方式来回忆她。中国人经常说'一万'，说这个一万，那个一万。"由此看来，即便没有母亲在身边谆谆教导，我也仍然在继续学习中国传统文化，我尊重母亲的中国属性和儒家思想的孝。体现在食物上，也有浓浓的"中国性"："水果什么国家都行，其他的一切则一定是中国的，不然的话，'一文不值'。""我"受母亲的影响而变得越来越中国，这其实是儒家学说中子女要听命于父母的孝维度。如："中国话中，'心肝很好听'。""她说我举行了一次盛大的中国式婚礼。""告诉佣人送英国饼干、中国鸭梨和比利时巧克力。""那是中国的银，柔软、纯净的银，就像钞票可以流动的银。"这些说明我对中国文化的接受。而在"阴气过盛"这一节，海伦因为极度的猜忌而被认为是阴气过盛，对此，我说道："这不是消极又是什么？我们中国有相同的说法叫倒霉，也许它更糟。"作者用了第一人称的"我们"，表明她对中国文化的接受和对中国性的极大认可。"我"虽然不是纯正的中国人，但"我"对中国母亲一直推崇的传统儒家文化早已全盘接受，变得越来越具有中国味，越来越具有儒家弟子的风范。"父母之命不可违"，父母的思想亦不可违，这正是儒家孝文化的道德操守。"我"因为中国母亲而接受儒家文化，因为儒家文化为而践行了孝,可以说,儒家文化于"我"于母亲同等重要,早已深入"我们"的骨髓。

结语

《礼记·郊特牲》认为:"万物本乎天,人本乎祖,此所以配上帝也。郊之祭也,大报本反始业。……君子反古复始,不忘其所生也;是以致其敬,发其情,竭力从事,以报其亲,不敢复也。"儒家文化教导我们不要违抗父母的意愿,要报答父母、尊敬父母。谭恩美虽不是纯正的中国人,但她对中国、对儒家文化了解颇深。她和她母亲之间的爱恨纠缠正是东西方文化冲突、对抗到最后走向融合的文化景观。儒家文化流淌在谭恩美的血液里,甚至她的骨子里都充斥着儒家文化的基因。谭恩美作为第二次华裔美国文学发展浪潮中的巨匠,通过回忆和母亲的种种往事将儒家文化重现,找到自身的中国属性。正如张龙海教授所说:"他们身上的中国性成为其他生活的支点。"(张龙海,2004)谭恩美身上所物化出的儒家文化表征正是她中国文化属性的体现,可以说,她与中国儒家文化有着割舍不断的情缘。华裔美国作家因其身份具有的双重性而被赋予写作的多重视角,这一独特性使他们能穿梭东西方世界之间,没有一位华裔作家能够完全摆脱东方或西方思想文化的影响,谭恩美也不例外。

参考文献

何中华. 2020. 柔性智慧:中国文化的主线——以《论语》为中心考察[J]. 孔子研究,(4):5-25.

江蓝生,谭景春,程荣. 2012. 现代汉语词典[M]. 北京:商务印书馆.

金学品. 2016. 华裔美国文学与儒家文化新探[M]. 武汉:武汉大学出版社.

李健孙. 2004. 荣誉与责任[M]. 王光林、张校勤,译. 南京:译林出版社.

梁簌溟. 1987. 中国文化要义[M]. 上海:学林出版社.

刘向辉,郭英剑. 2020. "畅销书之王"的"冷"与"热":谭恩美小说在中国大陆的译介出版与接受[J]. 外国语言文学,37(2):117-132.

谭恩美. 1992. 灶神之妻[M]. 凌月,译. 福建:海峡文艺出版社.

肖群忠. 2001. 孝与中国文化[M]. 北京:人民出版社.

张龙海. 2004. 属性和历史:解读美国华裔文学[M]. 厦门:厦门大学出版社.

文明的空间对抗:论《百年孤独》中的"异托邦"建构

焦新淳[*]

摘 要:本文聚焦《百年孤独》的"异托邦"构建,讨论分析异质文明入侵与规训的非良性空间对抗,以及异质文明在此对抗中共同灭亡,导致文明真空的结局。本文认为,在异质文明交流过程中,文明间适度的距离是人类文明得以延续与发展的保证。而适度距离意味着坚持本我文明的同时尊重他者文明。

关键词:《百年孤独》 异托邦 后殖民主义 空间

Title:Spatial Confrontation of Civilizations:On the Heterotopia Construction in *One Hundred Years of Solitude*

Abstract:Focusing on the construction of heterotopia in *One Hundred Years of Solitude*, this article dilates on the spatial confrontation of malignity as invasion and discipline between the different civilizations, leading to the extinction of both of civilizations, namely the vacuum without civilization. The article holds that during the contact of different civilizations, the maintenance and development of human civilizations are assured by appropriate distance between different civilization. This distance refers to the insistence on the self and due respects to the other.

Key words:*One Hundred Years of Solitude*, heterotopia, post-colonialism, space

"异托邦"(les hétérotopies)是现代社会空间构建的形式之一。在《词与物》(*The Order of Things*)前言中,福柯(Michel Foucault)通过分析博尔赫斯(Jorge Luis Borges)对中国某百科全书的引用,首次提及"异托邦"概念,即其"是扰乱人心的,因为它们秘密地损害了语言,阻碍了物的命名"(Foucault,1971:xix)。异托邦被描述为语言与思维空间的异质入侵者。在《异质空间》(*Of Other Spaces*)一文中,福柯将这一概念发展并具体化为"存在于现实空间中的异质空间",即现实世界中反主流权力话语的异质话语。异托邦

---

[*] 焦新淳,湖南师范大学外国语学院硕士研究生,研究方向:英美文学。

在陈述着其在场（present）的同时，也为非主流话语同主流话语创造了平等的对话机会。

此对抗关系也存在于《百年孤独》的异托邦建构中。在理性文明入侵魔幻文明时，二者也对彼此进行权力规训。在文本中，理性同魔幻实现了话语交互。但在二者的对话中，异质文明间的距离急剧缩小，文明话语间的冲突加剧，最终导致理性文明与魔幻文明一同走向毁灭。

本文将《百年孤独》置于异质文明交互角度下进行观察，重新审视后殖民视角下殖民话语的犯罪者身份与被殖民话语的受害者身份，对文本异托邦构建的空间进行考究，深入分析后殖民时代的文明困境：一方面是殖民文明对被殖民文明的过度干扰，另一方面是被殖民地文明对殖民文明的过度排斥，二者共同损害人类文明多样性的现象。在后殖民时代，保持异质文明间的距离是人类文明得以延续和发展的保证。

一、空间入侵

在《古典时期的疯癫史》（*Madness and Civilization*）中，福柯曾提及"疯癫在当今知识体系中保持沉默，只因为我们知道太多关于它的知识"（Foucault, 1988）。疯癫由于被理性认识而被理性话语所排斥。在对非理性的不断认识中，"疯癫取代了麻风病，被放逐至社会的边缘"。在理性话语下，非理性被驱逐至现实域边缘，但并未被踢出现实，成为现实域中的非现实幻想，保持着沉默。而《百年孤独》所建构的非理性空间则为理性与魔幻提供了一个得以交流的试验场。理性话语闯入非理性空间，以重现与改写历史的方式为理性在想象域中构建出一个虚拟世界的现实空间，将现实带入由魔幻空间主导的想象域。历史再一次在不属于它的时空上演。

马孔多的命运便是这一时空下理性与非理性冲突的结果。作为理性的急先锋，梅尔基亚德斯来到马孔多小镇，以西方科学在魔幻空间中为理性文明撕开了一条生存裂缝。这是现实域中殖民化的一个缩影。萨伊德（Edward Said）将理性的殖民进程概括为"东方［被殖民地］首先被了解，随后被侵略、被占领。最后再被［西方知识］重建……，成为现代的东方"（*Said*, 2003）。西方文明不断接近东方文明，对东方文明进行重构。在《百年孤独》文本所构建的想象域中，理性以科技作为文明交流的媒介，率先接触魔幻文明，重现了西方理性文明入侵非理性文明前夕的历史。

在与魔幻的空间对抗中，理性的裂缝不断扩大，甚至同魔幻空间发生重叠，侵占魔幻文明本体。这与"东方化东方"（Orientalized Orient）的殖民现象不谋而合（Said，2003），这是一个以殖民他者印象逐渐替换被殖民本我内涵的去本质化过程。在马孔多的现代化进程中，香蕉公司工人发生罢工运动。香蕉公司是马孔多被理性殖民的标记。理性在侵占魔幻空间的同时，也在吸收着作为魔幻文明载体的马孔多居民，对魔幻文明本体进行着改造。在梅尔基亚德斯来到马孔多时，理性首次在想象域中打开裂缝。代表着魔幻文明的乌尔苏拉等居民对梅尔基亚德斯带来的西方科技嗤之以鼻。而到罢工之时，理性文明中的劳资关系与人权观念却成了部分居民反抗的武器。对魔幻空间及其本体的压迫并未唤起文明载体的强烈反抗，反而是资本主义经济中不平衡的劳资关系引发了罢工运动。在曾经由魔幻所主宰的想象域中，理性空间从蚕食魔幻空间、挤压魔幻文明本体，进而将魔幻吞入想象域中的理性空间。在理性的过度干预下，魔幻文明发生了变异。列维-斯特劳斯（Levi-Strauss）将这种异质文明间的非正常交流视为"优越感取代多样性观念"的现象（列维-斯特劳斯，2006）。异质文明在交流的过程中，本我文明会按照其所属的文明话语生成参考系统，以此来观察并规训他者文明。但是他者文明却始终无法与本我文明一样，同参考系统高度兼容。本我文明产生优越感似乎成为了一种必然。

这种"优越感"使魔幻文明被纳入理性空间之时发生变异。但文明的变异却不是理性空间压迫的终点。在纳入魔幻本体后，理性消灭了其空间下的魔幻文明。资本家为解决罢工问题，对马孔多劳工进行屠杀。在进入想象域下的理性空间后，魔幻文明以理性话语对理性空间进行反抗，却受到了后者的压制。理性空间僭越魔幻空间、损害魔幻文明的同时，也在消灭作为理性宿主的魔幻文明本体。在梅尔基亚德斯初到马孔多时，这个宿主是接受了理性规训的何塞·阿尔卡蒂奥·布恩迪亚。在屠杀发生前夕，理性的宿主是进入劳资关系的马孔多劳工。象征着理性的时间与劳资关系在扩大想象域中的理性空间之时也清除了理性的魔幻载体。在屠杀发生后，几乎所有参与罢工的马孔多劳工命丧黄泉。他们正是被纳入理性空间的魔幻载体。香蕉公司劳工作为魔幻本体的一部分，他们的消亡表明了理性空间对魔幻文明的过度压制。而唯一的生还者何塞·阿尔卡蒂奥第二询问其他马孔多居民此事时，他们却毫不知情。被纳入理性空间的魔幻载体被理性所消灭，也被魔幻本身所遗忘。正如"遭到西方奴役或不得不追随西方的人民……一旦获得独立，他们便制定出目标［现代化］，要追赶西方，补上发展道路上失去的环节"（列维-斯特劳斯，2006）。被殖民地在获得独立后通过遵守殖民话语得以继续存在，但魔幻在与理性的空间争夺中就已经出现了对本体文明的遗忘。理性压制之现实并未消失，魔幻对自我的遗忘却开始出现。这是西方理性在此异托邦中所获得的最大空间，也是最贴近现实历史的时刻。理性过度干预魔幻文明进程，它不仅在侵占、重叠着魔幻空间，甚至在消灭、置换想象域下理性空间中的魔幻实在。

屠杀过后，理性空间也逐渐退出了想象域。象征着西方理性殖民的香蕉园与铁路先后衰败。魔幻的大雨冲刷了他们曾经存在的痕迹，而羊皮纸预言的飓风甚至卷去了他们曾占有的魔幻空间。理性对魔幻的过度侵占与干预反而使得理性失去了文明宿主。理性在想象域的裂缝不断缩小，最终被魔幻所放逐。

二、空间规训

在理性退出前，想象域中存在着与现实域不同的秩序对抗。同现实域的秩序关系一样，想象域下的秩序等级并非作为客观真理而存在。"在思想的起点，文化的基本代码……为每一个人建立了一套经验秩序。在思想的终端，则存在着科学与哲学理论，解释某一特殊秩序的内涵及其被选择的原因……该秩序下还存在着其他秩序"（Foucault，1971：xxii）。经验秩序在被文化代码选择并加工为某一时代特定的特殊秩序时，其合理性存在于哲学与科学。但是，其并非唯一或最优秩序。在此之下，依旧存在着其他沉默的秩序，等待着不同的哲学与科学赋予其合理性。也就是说，秩序之合理性是任意的（arbitrary）而并非自然的（natural），即特殊秩序是人为创造的主观性产物，秩序的等级差异只会在话语体系下产生，且在不同话语体系下等级序列也会发生变化。

在现实域下，理性的特殊秩序下存在着沉默的非理性秩序，魔幻是现实域的入侵者。"罪犯［非理性个体］被认为是全民公敌"，理性在将非理性放逐至社会边缘的同时，也在"通过权力关系对象化'非正常个体'……，使用惩罚干预存在或潜在的犯罪活动"（Foucault，1976：1976）。理性将非理性知识化、对象化，将后者纳入理性话语空间，并通过惩罚的方式来规训非理性，使非理性话语失声，非理性个体遵守理性话语。

而在想象域中，理性秩序与非理性秩序的等级关系发生倒置。作为想象域中的特殊秩序，魔幻文明在抵抗理性文明空间入侵的同时，也对理性文明主体与进入理性空间的魔幻文明主体进行规训。入侵与规训的交互关系体现为空间对文明载体的规训，而梅尔基亚德斯与何塞·阿尔卡蒂奥·布恩迪亚就是此空间规训的载体及产物。

理性先驱梅尔基亚德斯作为进入魔幻空间的理性主体，其理性在魔幻空间的规训下发生了偏移。小说多次叙述梅尔基亚德斯的存在状况。在其离开马孔多后，他"在新加坡的沙洲上死于热病，被丢到了爪哇海的最深处"（马尔克斯，2018）。而在马孔多居民患上失眠症与失忆症时，梅尔基亚德斯又魔幻般地出现。"他来自另一个世界，来自人们可以安睡并拥有记忆的世界。"（马尔克斯,2018:42)。在梅尔基亚德斯于马孔多去世前夕,"奥雷里亚诺听见他[梅尔基亚德斯]说:'我已经发热病死在新加坡的沙洲上……尸身搁浅在一处明晃晃的河湾里。'"(马尔克斯,2018:64)。在魔幻空间中,魔幻文明将理性主体的线性存在规约为环形存在,将从生至死的理性时间转化为生至死、死至生的魔幻循环。主体的死亡意识在理性主体中发生变化。在魔幻空间的规训下,理性存在发生变异,最后被魔幻空间所吞并。在村子暴发失眠症后,梅尔基亚德斯重至马孔多。这次他并没有传播西方科技,而是开始钻研羊皮纸上的预言。在追求发展的道路上,理性主体放弃理性科技,选择魔幻预言。这同样预示着理性主体在魔幻空间的规训下发生变异。梅尔基亚德斯以西方科技为媒介所建立的异质文明间的适度距离,为理性在想象域中创造生存空间,也对"村子[魔幻文明]的发展壮大做出过不可磨灭的贡献"(马尔克斯,2018:34)。而这一良性交流却被魔幻空间对理性主体的规训所破坏。"人们拒绝接受文化多样性的事实本身,人们宁可将所有不符合自己生活标准的都斥为不文明的或抛到自然中"(列维-斯特劳斯,2006)。而在想象域中,理性空间成为了这个不文明或自然的场所。梅尔基亚德斯在马孔多的去世意味着理性实体被踢出了魔幻空间,只留下了被规训的灵魂在魔幻空间徘徊。

而作为首位进入理性空间的魔幻主体,何塞·阿尔卡蒂奥·布恩迪亚同样受到了魔幻空间的规训。与脱离理性空间、进入魔幻空间的理性主体梅尔基亚德斯不同,何塞是处于理性空间与魔幻空间重叠空间中的魔幻主体,受到理性空间与魔幻空间的双重规训。在梅尔基亚德斯死后,何塞"以超常的力量……都砸个稀烂,像中了邪似的高喊着一种流利高亢却无人能懂的预言"(马尔克斯,2018:69)。人们认为他疯了,就将他绑到了树上。之后在尼尔卡诺神甫口中,人们才知道"何塞·阿尔卡蒂奥·布恩迪亚中的鬼话原来是拉丁语"(马尔克斯,2018:74)。在理性空间的规训中,想象域中沉默的理性秩序影响着魔幻文明载体,以代表理性思维的拉丁语对魔幻主体进行规训。作为异质文化间交流的产物,何塞最终却被魔幻文明标记,成为被疯癫放逐至魔幻空间边缘的理性文明。这便是监视理性的监狱。福柯认为,"监狱为惩罚提供了一个客观场所,来治疗[规训]罪犯"(Foucault,1976)。监狱的存在是为了将犯罪者规训并纳入社会系统,消除社会异端。但是"监狱的产生并未降低犯罪率……而是增加了犯罪现象……罪犯在出狱后也受到社会歧视"(Foucault,1976:265-268)。罪犯被永久标记,使得其难以被主流社会所接受。监狱成为为了区别而区别的话语工具,使得静态社会结构的存在成为可能。处于顶层的主流话语与处于沉默中的秩序间的绝对对立关系得以被确立,即存在着确立主流话语的被规训话语。在想象域的魔幻空间中,被绑在树上的理性罪犯何塞便是一个标记,强调着魔幻文明存在的合理性。

但这一合理性却建立在对异质理性文明持久的惩罚之上。魔幻面对理性的入侵,过度排斥理性文明,甚至对异质文明进行压制与摧毁式的规训。直至理性化的疯子何塞死亡,魔幻对这一载体的规训才终止。同理性对魔幻过度干预一样,魔幻对理性的过度抵制在损害理性文明的同时,也清除了异质间文化平等交流的机会。

在理性与魔幻的空间对抗中,最后的结果不是理性被驱逐出想象域,而是魔幻空间消失于想象域。持续了四年十一个月零两天的大雨洗去了理性空间存在的痕迹,也不断侵蚀魔幻空间。最终,羊皮纸预言的飓风卷走了支离破碎的魔幻文明。理性空间与魔幻空间被先后抹去,想象域成为真空,在《百年孤独》的最后一个符号中消散。

三、真空空间

想象域实在的消散是一种必然。文本通过叙事创造了想象域,在结束叙事时也就关闭了这一空间。但想象域曾经的存在痕迹却以记忆的形式入侵现实,转而成为现实域中的"非真实空间"(unreal space)(Foucault,1986)。也就是说,文本异托邦所构建出的想象域具有双重存在:其既作为想象域在现实域内的镜像而存在,又作为在现实域外并与现实域对立的实体空间而存在。

作为现实域中的想象域倒影,文本异托邦证明了现实域之外存在想象域。而作为现实域之外的想象域,《百年孤独》则展示了一个由于文明空间对抗而导致空间真空化的"非真实空间"。在这一空间中,理性文明与魔幻文明由于对异质文明过度干预,导致二者先后毁灭,使想象域中出现文明真空。对他者文明的过激行为并不难理解,因为"所有的文化都在对现实修正……对于人类来说,抵制来自异端文化的入侵是一种正常行为……本体文化倾向于完全转化其他异质文化。将异质文化视为本体文化视角下所观察到的文化印象,而并非其真正的模样"(Said,2003)。在异质文明的交流中,本我文明对他者文明的偏见极易产生。如果不对异质文明间的距离进行调控,文明间的和平交流可能会演变为文明的空间斗争,损害人类文明的多样性。

在马孔多,梅尔基亚德斯所带来的理性文明起初为魔幻文明带来了发展。随着对魔幻空间的探索,象征着劳资关系的香蕉公司进入魔幻空间。理性文明不断靠近魔幻文明,演变为理性资本对魔幻劳工的压迫。在理性对魔幻空间进一步的入侵中,理性空间纳入了马孔多居民。他们是魔幻文明的载体,也是理性文明的宿主。最终,异质文明间的非适度距离引发了罢工运动与大屠杀。文明的载体被消灭，理性失去了空间扩张的宿主，奄奄一息，而魔幻也抛弃了其文明载体，使得魔幻文明受损。理性文明对魔幻空间的过度干预使得两种文明的平衡打破，推动想象域空间的文明真空化。

但是，引起想象域空间的真空化并不只是理性文明的入侵与魔幻文明的遗忘，还有魔幻对理性的过分规训。在理性对魔幻文明的接触转为入侵前，魔幻文明就已经开始了对理性主体的压制。梅尔基亚德斯在魔幻空间开辟了象征着理性空间的实验室，却在此理性空间中研究着魔幻的羊皮纸预言。在无形的魔幻规训下，理性主体遗忘了理性文明，成为了魔幻文明的附庸。作为理性宿主的魔幻主体，何塞受到了魔幻文明更加严厉的规训。其被视为魔幻异端，被永久地放逐在魔幻空间边缘。魔幻规训仅对其加以区分，而并不同化，使其一生受到魔幻空间的歧视与压制。在大屠杀后，理性空间由于失去宿主而不断萎缩，而魔幻空间则在想象域中不断扩张。在魔幻与理性的二元对立被打破后，魔幻对自我的辨识也逐渐消散。

魔幻文明对理性的毁灭式规训，同样打破了魔幻与理性的共生关系。两种文明先后毁灭，引起想象域文明真空化。

在空间对抗中，魔幻与理性的对立关系并非异常。因为存在不同的文明话语，"几乎每个文化都自诩为唯一真正的文化……甚至否认其［他者］作为文化的存在"（列维－斯特劳斯，2006）。文明话语间的差异使得文明对立是一种无法避免的必然，但文明对立却并未阻止文明交流，反而使文明本体在其所属空间中发生变异。理性本体在理性空间成为了魔幻文明的宿主，而魔幻本体在魔幻空间成了文明的异端。在文明交流中，"为了进步，人们需要合作；而合作过程中，他们看到使他们合作有益而必要的多样性，这一多样性所带来的成果趋于统一"（列维－斯特劳斯，2006：62）。这也使得双向交流成为了双向规训，文明双方在交互时发生变异，进行同质化运动。这也就意味着，文化交流与文化规训本身就是一种不可避免的文化干预。而在《百年孤独》构建的异托邦中，文化干预上升为了激烈的文化对峙。在强调文明空间占领的同时，也在"剥夺陌生人［异质文化］最起码的生存现实，把他们变成'幽灵'或'幻影'"（马尔克斯，2006：13）。在激烈的斗争中，想象域的文明真空似乎也就成为了一种必然。

在《百年孤独》所建构的想象域下，理性与魔幻的空间对抗造成了文明真空。理性文明对魔幻空间的过度干涉，魔幻文明对理性空间的过度抵制以及对理性主体的过度侵犯，使得异质文明间的适度距离被打破，引发二者的毁灭。因此，文明间的距离必须加以控制。"孤立的文化无法独自构建真正积累的历史条件"（列维－斯特劳斯，2006：89）。人类文明的延续与进步依赖于多样性，而其多样性恰恰在于不同文明间的适度交流。但列维-斯特劳斯并未解释何为"适度"，这也使得文明距离成为一个无法估量的客观存在。

但该文本异托邦却给出了一个关于"适度"的答案：文明本体在其空间内不可发生本质上的变异。变异的理性本体遗忘了理性文明，变异的魔幻本体被魔幻文明遗忘。在文明交流中，只有不忘初心，并以宽广的胸怀尊重并接受其他异质文明，本我文明才得以延续与发展，人类文明的多样性才得以保留。

参考文献

Foucault, M. 1971. *The Order of Things* [M]. Trans. Gallimard, E. New York: Pantheon.

Foucault, M. 1988. *Madness and Civilization* [M]. Trans. Howard, R. New York: Vantage.

Foucault, M. 1986. "Of Other Spaces" [J]. Trans. Mickowiec, J. https://1lib.tk/book/3483564/100b99.

Foucault, M. 1976. *Discipline and Punishment* [M]. Trans. Sheridan, A. New York: Vantage.

Said, E. 2003. *Orientalism* [M]. London: Penguin.

列维-斯特劳斯. 2006. 种族与历史·种族与文化 [M]. 于秀英, 译. 北京：中国人民出版社.

马尔克斯. 2018. 百年孤独 [M]. 范晔, 译. 海口：南海出版公司.

书 评

真理的历险：评安托万·孔帕尼翁的《理论的幽灵：文学与常识》

宋心怡*

摘　要：《理论的幽灵：文学与常识》是法国文学史家、文艺批评家安托万·孔帕尼翁的代表作之一，书中回顾了20世纪西方文学理论的一些基本概念和西方文学理论在不同时期的历史处境。该书结合"作品""语言""指涉""作者"等常识性概念，尝试回答"什么是文学""文学与作者的关系""文学与现实的关系""文学与读者的关系""文学与语言的关系"等问题。此外，该书还从动态的历史角度讨论文学的运动和演进，并且从静态的非历史的角度讨论文学的价值和风格。这部著作是法国当代学界为数不多的文学理论类教材，2017年出版了中文译本。

关键词：文学理论　文学批评　诗学　常识　法国

Adventures of Truth: Review of Antoine Compagnon's *Literature, Theory, and Common Sense*

Abstract: *Literature, Theory, and Common Sense* is one of the masterpieces of French literary historian and literary critic Antoine Compagnon, which reviews some of the basic concepts of Western literary theory in the 20th century and the historical situation of Western literary theory at different times. Compagnon combines common sense concepts such as "work", "language", "referent", and "author" to try to answer questions such as "what is literature", "the relationship between literature and authors", "the relationship between literature and reality", "the relationship between literature and readers", and "the relationship between literature and language". In addition, he discusses the movement and evolution of literature from a dynamic historical perspective, and the value and style of literature from a static, non-historical perspective. This work is one of the few textbooks on literary theory in contemporary French academia and its Chinese translation came out in 2017.

---

* 宋心怡，中国社会科学院外国文学研究所助理研究员，研究方向：文艺学、法国现当代思想史与科技史。

真理的历险：评安托万·孔帕尼翁的《理论的幽灵：文学与常识》

Key words：literary theory, literary critic, poetics, common sense, France

《理论的幽灵：文学与常识》（*Le démon de la théorie. Littérature et sens commun*）是法国文学史家、文艺批评家安托万·孔帕尼翁（Antoine Comagnon）的代表作之一，问世于1998年，由巴黎瑟耶出版社（Seuil）推出，全书正文包含七章，正文前有引言、后有结语。该书对20世纪西方文学理论的一些基本概念和文学理论在不同时期的历史处境做出回顾，是当代法国学界为数不多的理论类教材。2017年，南京大学出版社推出了这部著作的中文译本。

该书引言简述了20世纪法国文学理论的发展历程。在20世纪上半叶，相较于同时期的欧洲和北美国家，法国的文学理论界显得闭塞落伍，唯有保尔·瓦雷里（Paul Valéry）的"诗学"课程与让·鲍兰（Jean Paulhan）的残稿《塔布城之花》（*Les Fleurs de Tarbes ou la Terreur dans les lettres*）堪为经典之作。法国理论界的迟滞状态主要归因于下述几个方面：其一，基于传承不息的民族传统而生发的文化优越感使法国思想家难以正视其他民族的文化成就；其二，科学实证主义精神是当时文学研究的主流，理论性研究极不受推崇；其三，大学教育偏重文本释义，这妨碍了明晰缜密的研究方法的形成；此外，法国学界长期缺乏语言学与语言哲学的指引，与日耳曼语系国家相比，法国的阐释学传统十分薄弱。进入20世纪中叶，文学史作为一门独立的学科被纳入法国大学体制，以对抗僵死的修辞学。从20世纪60年代开始，法国学界开始呼唤文学理论，以对抗文学史的霸权。到了六七十年代，新批评、诗学、结构主义、符号学等众多新奇的理论流派竞相萌发，随后在80年代走向辉煌，终于消弭此前近一个世纪的落伍。

西方最早的文学理论可以追溯至柏拉图的《理想国》与亚里士多德的《诗艺》，然而，这些早期的理论家们对文学理论的思考并不涉及研究范畴，而是指向文学自身，旨在探索文学创作的基本原则。及至19世纪，浪漫主义运动的洪流席卷欧洲，欧洲各国参照德国的大学模式对本国大学进行重建，现代意义上的文学理论应运而生。现代文学理论的研究范畴涉及那些隐藏于文学文本之后的普遍规律，它所指向的文学实践主要包括文学史和文学批评等研究活动。从这个意义上看，文学理论堪称文学作品、文学批评和文学研究的总体认识论。更为具体地说，文学批评作为一种品评文学作品的话语，主要强调评论者的阅读体验，即描写、解读、分析一部作品对读者所产生的意义和效果。就文学批评的评鉴维度而言，其理想之地是沙龙而非高等学府，其最佳形式是面对面的口语交谈，书籍杂志只是沙龙批评的一种变体。与文学批评不同，文学史主要关注那些外在于阅读体验的因素，以及那些涉及作品的来源、影响以及其他那些为非专业人士所忽视的因素。

历史地看，作为一门人文学科的文学史产生于19世纪后期，当时通行的叫法是语文学或语文研究。值得注意的是，人们有时将文学批评与文学史对立起来，将前者视作对文本做出评价的内在研究，将后者视作根据生成语境做出文本阐释的外在研究。与文学史不同的是，文学理论能够向批评家揭示"何为文学"以及相应的判断依据和价值标准，此外它还能够告诉文学史家"如何对待文学的特殊价值"。简言之，现代文学理论与文学研究实践形成了一组对照，通过理论性的分析和描写，通过批评实践，现代文学表现出反观自身的"自反意识"。

在阐释现代文学理论的基本内涵之余，书中还进一步区分了"单数"形式的文学理论和"复数"形式的文学理论。前者指涉一种分析和诘难的态度，一种怀疑和批判的立场，一种广义的、对所有批评实践的预设进行质疑和发问的"元批评"视角。它涉及一个基本的问题："我知道什么？"而后者则意味着文学理论具有多种多样的存在形态。各类文学理论究竟孰高孰低？对此不应该轻易褒贬，而应当抱着分析和怀疑的态度加以思考。

文学理论具有一定的批判性。通常而言，理论致力于批判文学研究的一些固有的观念，例如作者、意图、含义、表述、再现的问题，以及内容、背景、价值、个性、故事、影响、时代、风格等问题；而这些固有的观念又在顽强地着抵抗理论性的批评视角。在孔帕尼翁看来，正是理论与常识之间的无休止的角力赋予理论积极的存在价值。从这一观点出发，他在随后的行文过程中极力避免陷入理论与常识的极点，并且试图调和二者之间的矛盾，试图离文学的"真理"更近一步。

一、何为文学？

文学理论通常涉及下述问题：文学的概念、文学与作者的关系、文学与现实的关系、文学与读者的关系、文学与语言的关系。这些问题被归入"作者""作品""语言""指涉"等四个范畴，构成了全书正文第一章至第五章的主要内容。全书第六章着眼于动态的历史角度，讨论了文学的变化、运动和演进，第七章则从静态的非历史的角度讨论了文学的价值和风格。

何为文学？广义的文学是一个由文学文本构成的始终处于运动状态的共时系统，它随着新作品的问世不断得到重组，每部新作的出现都将引起传统的变动。亚里士多德的《诗艺》（*La poétique*）对史诗（genre épique）、戏剧（genre dramatique）和抒情诗（genre lyrique）三大传统体裁作出区分，其中抒

真理的历险：评安托万·孔帕尼翁的《理论的幽灵：文学与常识》

情诗使用第一人称进行表达，不具有前两者的虚构性质，因而长期以来备受轻视。在古典时期，史诗（épopée）与戏剧（drame）构成了两大主流体裁，它们分别对应着叙事与再现两种表意类型。狭义上的文学通常指涉诗歌（vers）形式的文学作品。进入19世纪，诗歌文学日趋衰落，叙事类文学与戏剧越来越多地抛弃诗歌的形式而采取散文的形式，抒情诗逐渐成为诗歌文学的别称。也是在这一时期，叙事体裁、模仿体裁与抒情体裁互相分隔，由小说、戏剧和诗歌三大文类构成的文学体系终于成型。20世纪以来，散文诗、自传、游记等边缘性的文学形式相继获得正名，儿童读物、侦探小说等亚文学形式被纳入文学范畴。

古典诗学和现代诗学就文学具有何种内涵的问题各执一词。从古代开始，直到18世纪中叶为止，古典诗学的观点占据主流。根据这一观点，文学是一种用语言再现或模仿人类行为的虚构形式，简言之，文学即虚构。后来随着新美学逐渐兴起，唯美论、审美的内在目的性等观点纷纷出现，文学的虚构属性不断受到质疑，文学逐渐与日常生活发生分离。19世纪末以来，唯美派、颓废派将文学体验视为唯一的、绝对的生命体验，在萨特（Jean-Paul Sartre）、普鲁斯特（Marcel Proust）、于斯曼斯（Joris-Karl Huysmans）等法国作家的小说里，这种文学观得以充分体现。还应强调的是，马拉美（Stéphane Mallarmé）、瓦雷里等法国象征派诗人使文学语言对立于日常生活用语，力图挖掘文学语言的特殊属性，而后世关于文学之形式主义的种种定义正是由此衍生出来的。就此，法国思想家米歇尔·福柯（Michel Foucault）指出，从浪漫主义直到马拉美，文学逐渐将自我封闭在一种较为彻底的"不及物"（intransitivité）的状态中。由此可以看到，从亚里士多德到康德，从马拉美到瓦雷里，关于文学之本质的"虚构观"逐渐让位于形式主义的"诗学"之定义。

与上述法国文艺家相比，俄罗斯形式主义者走得更远。他们向历史主义思潮和庸俗心理学分析宣战，企图建立一门文学的科学并确立文学研究的自主性。罗曼·雅各布森（Roman Jakobson）指出，文学研究的对象不是文学，而是文学性（littérarité），即"让一部文学作品得以成为文学作品的东西"或是"让语言信息变为艺术品的东西"。此外他还指出，文学语言应当面向自身，进行自我指涉，避免指涉外在世界。维克托·什克洛夫斯基（Viktor Shklovsky）认为，文学性的标准在于陌生化（défamiliarisation）或新奇感（étrangeté），这就是说，文学通过某些形式和手段激发读者的语言敏感度，将读者的感知体验从长期形成的习惯和本能的反应当中解放出来。实际上，雅各布森提出的文学性概念与诗学主张在很大程度上修正了马拉美"纯诗"与瓦雷里"诗学"对文学话语持有的本质主义观点。从俄罗斯形式主义的文学观来看，文学的本质并不在于使用和组织某些"纯语言"成分，而在于以全新的方式组织和使用那些"普通语言"材料。换言之，文学作品的特殊性在于以更精炼、更连贯、更复杂的方式组织日常语言。

美国文学评论家艾布拉姆斯（Meyer Howard Abrams）曾经采用三角形图式来描述文学交流的基本模型。处于三角形中间位置的是作品，三个边角上分别是世界、作者和读者。对文学的形式化分析主要关注作品，对文学表意机制的分析主要关注作者，对文学如何模仿现实世界的分析则聚焦世界，对文学接受情况的分析侧重读者。孔帕尼翁在书中参考了艾氏的"文学三角型"图式，就各要素之间的复杂关系加以描述。

二、作者问题

在文学研究中，作者问题（即作者的地位、他与作品的关系以及他对文本意义的责任）历来是引发争议的要点。传统文学观将文本的意图等同于作者的意图，令作者的意图充当文学阐释的尺度和标准。在语文学、实证主义和历史主义大行其道的年代，这一观念尤为盛行。与此不同的是，为俄国形式主义、美国新批评派和法国结构主义所形塑的现代文学观强调文学研究的独立性和文本自身的价值。这一观念试图抹去作者的地位，否认作者的意图对于作品表意机制所起到的决定性的作用。从现代文学观的视角望去，传统文学观在很大程度上消弭了文学阐释和文学批评的空间。

发生在20世纪60年代的"新旧批评"之争正是围绕着作者的地位而展开的。以索邦大学古典主义文学教授雷蒙·皮卡尔（Raymond Picard）为代表的旧批评一派坚持从文学史和作家生平出发，进而解释作者的意图。以罗兰·巴特（Roland Barthes）为代表的新批评一派（主要是结构主义批评家与后结构主义批评家）则承袭索绪尔（Ferdinand de Saussure）语言学观点，认为语言是一个自足的符号系统，文本的意义完全由语言系统而定、与作者意图无关。在面世于1968年的《作者之死》（La mort de l'auteur）中，巴特宣称文字无法再现或描绘任何先于陈述行为而发生的东西，语言只为自身负责；此外他还指出，作为终极意义的制造者与文本世界的统治者（上帝）的作者死了，作为意义阐释者的读者（作为一种功能而非实体）诞生了。1969年，另一位新批评的主将福柯在《何为作者》（Qu'est-ce que l'auteur）一文中将"作者功能"界定为一种意识形态和历史的建构、一种在处理文本过程中产生的心理学投射。如果将新、旧两种批评观进行对比，便能够发现，二者之间的固有矛

真理的历险：评安托万·孔帕尼翁的《理论的幽灵：文学与常识》

盾在于滥觞于古希腊传统的思想和语言（dianoia/logos）、意图与行动（voluntas/actio）之间的二元对立。而新、旧批评家之间的冲突则可以归结为反意图论和意图论、客观主义和主观主义、科学主义和人文主义之间的冲突。

旧批评将文本与作者之间的关系简化为作者的生平问题，这一做法还受到乔治·布莱（Georges Poulet）、勒内·韦勒克（René Wellek）、汉斯-格奥尔格·伽达默尔（Hans-Georg Gadamer）等学者的质疑。瑞士日内瓦大学教授布莱主张文学批评者通过作品走进作者的内心，寻找作者的深层意识，即世界观的结构、对自我和世界的意识以及引发各类行为的主观意图。相比之下，美国学者韦勒克和德国学者伽达默尔坚持一种更为温和的主张。他们相信，从作品的意义中难以推导出作者的真实意图，二者之间不存在必然的逻辑性。作为巴特的学生，孔帕尼翁对新批评的思想遗产持较为开放的态度。他指出，文学阐释的对象在于作品的意图而不是作家的构思或写作计划。同时他还客观地认识到，作者的意图与作品的含义往往有所出入，故而极端的意图论与反意图论势必走入死胡同。

三、文学如何呈现世界？

文学与世界之间存在着各式各样的关系，它们可以归结为两种类型：一是以亚里士多德主义、古典主义、现实主义、自然主义和马克思主义为代表的传统的"摹仿"论；二是反传统的现代类型。"摹仿论者"认为，文学讲述世界，文学是世界的再现。"反摹仿论者"则认为，文学只指涉自身并且主张用文学取代现实。"反摹仿论"对文学"及物性"的否定立场源自雅各布森和列维-斯特劳斯（Claude Lévi-Strauss）的结构主义语言观。雅各布森在《普通语言学随笔》（Essais de linguistique générale）一书开篇指出，文学语言所关注的是语言信息本身而非信息的生成情境，文学的这一"诗学功能"相较于其他功能而言起着主导作用。列维-斯特劳斯则以结构主义语言学为理论参照，提出人类学研究的新路径，并将这一理论参照发展为人文科学研究的普遍范式。在结构主义语言学的理论基础之上，神话分析在法国学界蓬勃发展，叙事学也风靡一时。

实际上，对"摹仿论"的排斥不只是现代文学观的特点，还是现代美学观的主要倾向之一。自马拉美（马拉美的名句"世间万物终将化为一本书"）以来，各派文艺家纷纷强调艺术作品的自足性。瓦雷里和纪德（André Gide）共同引领了反对现实主义传统的新型创作潮流。在福柯、德里达（Jacques Derrida）、布朗肖（Maurice Blanchot）等后世理论家那里，现实主义的"摹仿论"被视为资产阶级的意识形态，遭到了强烈的质疑。客观地看，现代派理论家对现实的否定无异于堂吉诃德大战风车的行为。

四、读者问题

自 20 世纪以来，作者之于文本的权威性逐渐减弱，读者之于文本的自由度不断增强。如果将文学批评视作一种阅读行为，那么，自 19 世纪末以来批评界发生的各类论争则反映出各类阅读方式之间的冲突。以阿纳托尔·法朗士（Anatole France）为代表的印象主义批评强调读者的感受，从属于人文主义传统。而以费尔迪南·布吕纳介（Ferdinand Brunetière）的科学主义批评和居斯塔夫·朗松（Gustave Lanson）的历史主义批评为代表的实证主义批评则试图消除读者的主观印象，进而确保批评活动的客观性。马拉美早于上述几位批评家出生，但他的观点更为激进。马拉美认为，文学具有自在性和纯粹性，文学作品既脱离作者的干扰，也脱离读者的干扰，简言之，文学既独立于生产者，也独立于接受者。

进入 20 世纪，英美新批评、形式主义和结构主义均试图排斥读者的价值。这一情况在 20 世纪下半叶发生改观。这里不得不提及德国康斯坦茨学派（Ecole de Constance）。任教于康斯坦茨大学的沃尔夫冈·伊瑟尔（Wolfgang Iser）和汉斯·罗伯特·姚斯（Hans Robert Jauss）受到阐释学启发，将目光投向长期备受忽视的"读者—文本"二项关系以及"读者—作者"二项关系，创立了一套以读者为核心的接受美学理论。在阿尔卑斯山麓另一侧，意大利学者翁贝托·埃科（Umberto Eco）大胆宣称一切艺术作品都是开放的，一部作品具有无数种解读方式；法国学者米歇尔·夏尔（Michel Charles）则认为对既有书本的解读会让读者联想到无穷无尽的潜在的书本，在这个意义上，现实的书本不具有任何优势。

前人对文本的过度关注使作者地位备受质疑，其后读者地位的上升似乎撼动了文本的封闭性并打破作者—文本之间的壁垒。积极地看，文本至上论能够维系一套关于文学的客观话语，而读者至上论则有助于建立一套关于文学的主观话语。然而，无论是极端的客观主义还是极端的主观主义都难以成立。或许那种介于关注他人和体验自我之间的中庸之道更为可取，尽管这通常不为理论界所推崇。

五、风格问题

宏观地说,诗学是指一种关于文学的科学,它致力于研究文学的本质属性。而微观意义上的诗学或文体学(stylistique)是对个体风格差异的研究。风格(style)一词在不同的历史时期具有不同的内涵。古希腊人区分了三种风格,即卑微风格(stilus humilis)、平庸风格(stilus mediocris)与高雅风格(stilus gravis)。中世纪修辞学家将这三种风格对应于抒情诗、史诗与戏剧三种体裁。自17世纪以来,风格逐渐与创作个体联系起来,作品风格往往被视为艺术家人格特征的外在表达。此后,随着艺术史与艺术批评不断发展,关于造型艺术的风格研究呈现上升之势。19世纪的德国历史学家认为艺术风格能够代表民族文化的主流价值和统一原则。随着古典修辞学在大学体制内日趋边缘化,风格研究逐渐让位于语言学研究。20世纪初,索绪尔的学生、瑞士语言学家夏尔·巴依(Charles Bally)试图从社会层面而非个体层面研究口语表达手段,由此建立起一门独特的口语风格学。到了60年代末,由于结构主义成为语言学的参考范式,对文学文本的语言学描述取代了关于作家个人风格的描述,米歇尔·利法泰尔(Michel Riffaterre)和纳尔逊·古德曼(Nelson Goodman)在此方面均有贡献。

六、历史与价值

在"文学性""意图""再现""接受""风格"等基本概念得到澄清之后,全书着眼于文学史学科和文学作品的价值判断问题。

对文学的历史性研究关注历史背景与文学作品之间的关系。古典主义文学观和形式主义文学观否认二者之间存在关联性,而历史主义和实证主义观点则认为,文学是历史的反映,研究者应当根据历史因素进行文学阐释,这些在前文当中已有所涉及。19、20世纪之交,朗松受到实证主义和社会学影响,为文学批评设计出一个客观的参考方案。他在法国的中学和大学开设文学史课程,以对抗当时流行的印象式批评。在朗松看来,文学作品既是艺术品,同时又具有史料价值。他将作家、作品、运动与流派置于相应的历史背景中,建立起一套历史的参照体系。这一宏大的文学史纲领将文学作品视作历史文献,涉及两个维度:对接受状况进行社会研究,对文本深层的观念结构进行研究,如今前者已被纳入社会史研究范畴,后者基本等同于文学观念史。

判断一部文学作品的价值标准通常是多元的,既涉及形式、美学、伦理维度，又涉及哲学和宗教维度。人们无法用理论化的方式去建构一套永远行之有效的价值规范。从柏拉图到启蒙时期，人们一直将美看作事物的客观属性。康德的《判断力批判》（*Kritik der Urteilskraft*）主张用审美判断的主观性和相对性取代客观性这一古典标准。根据康德的表述，美学不再是一门关于美的科学，而是关于审美和艺术鉴赏的科学。以康德为代表的现代派理论家强调文学价值的相对性，认为一部文学作品是否堪称经典完全取决于读者的审美趣味，这与严苛地捍卫古希腊、罗马传统的新古典主义形成了对垒。

七、结论：理论的历险

理论与常识是相伴相生的，文学理论试图化身为科学知识并摧毁常识，即巴特所批评的公众舆论、小资产阶级共识、直觉的偏见。每一种理论方案都部分地包含着真理，然而，由于文学现实无法完全理论化，理论便时常遭受上述常识的抵制。总的说来，孔帕尼翁通过让理论与常识互相倾听，成功地揭示了二者之间无休止的对抗，并促使读者对理论进行大胆怀疑，引发读者的批评意识。从这个意义上说，《理论的幽灵：文学与常识》堪称一场追寻文学世界之真理的历险。用孔帕尼翁自己的话来说，这是一场在理论指引下的认识论的历险。

参考文献

Compagnon, A. 1998. *Le démon de la théorie. Littérature et sens commun* [M]. Paris: Seuil.
安托万·孔帕尼翁. 2017. 理论的幽灵：文学与常识 [M]. 南京：南京大学出版社.

隐喻认知研究新突破*

——《拓展概念隐喻理论》评介

王 敏 王馥芳**

一、引言

自莱考夫和约翰逊（Lakoff & Johnson, 1980）在《我们赖以生存的隐喻》一书中提出概念隐喻理论（Conceptual Metaphor Theory，简称 CMT）以来，隐喻研究开始从语言修辞研究转向认知研究，即隐喻研究开始了"认知转向"。由于认知视角相对于文化和社会视角的狭窄性，近年来，学者们对认知视角下的语言研究提出了理论批判（Palmer，2006；王馥芳，2015），并由此催生了社会认知语言学和认知社会语言学研究等新的认知语言学分支学科。正是在此学术背景下，Kövecses 教授于 2020 年出版的著作突破了隐喻研究的认知视角局限性，而将更广义的社会文化语境视角和概念结构图式性层级思想引入隐喻研究，从而提出了一个既有继承性又有理论创新性和突破性的概念隐喻新理论："拓展概念隐喻理论"（Extended Conceptual Metaphor Theory，简称 EC-MT），为概念隐喻四十年的发展作出了新的贡献，从而推动了隐喻研究的新发展。

Kövecses 教授是匈牙利罗兰大学美国研究院的创办人之一，也是国际知名期刊 *Metaphor and Symbol*（《隐喻与符号》）的主编，在隐喻研究领域已出版 6 本专著。他主要研究人类语言中的情感概念化、跨文化中的隐喻变异、语篇中的隐转喻以及认知语言学视阈下语言、思维和文化之间的关系。该书是他在隐喻理论研究领域的第七本新著。

---

* 本文系北京社科基金研究基地重点项目"北京文化对外交流话语体系和国际话语权建构研究"（编号：18JDYYA001）的阶段性成果。

** 王敏，厦门工学院外国语学院副教授，研究方向：认知语言学、话语分析。王馥芳，北京外国语大学外国语言研究所教授，研究方向：认知语言学、词典学。

本文旨在对《拓展概念隐喻理论》一书进行较为深入的述评。我们将在简要介绍该书主要内容的基础上，深入阐述 ECMT 的理论精髓和理论突破点，并指出该理论存在的局限性。

二、内容概要

《拓展概念隐喻理论》一书提出了诸多新观点和看法。Kövecses 教授在该书的"前言"中说，全书的新观点主要体现在五个大胆的，但却是假设性和修正性的命题（proposition）上（P. xii）：①也许字面语言根本不存在；②也许转喻在某种意义上要比基本隐喻（primary metaphor）更为"基本"；③也许各种概念隐喻是不同图式性（schematicity）层面上的、相互具有层级关联性的各种概念结构；④也许概念隐喻不仅是概念的，而且必须是语境性的；⑤也许概念隐喻是在线和离线同时发生的现象（即它不仅仅是离线的）。上述五个命题构成了全书的主体：它们分别构成从第二章到第六章共五个章节的主要内容。也正是基于这五个命题，Kövecses 提出了一个既有继承性又有理论创新和突破性的概念隐喻新理论：概念隐喻多层理论。全书主要就是围绕着概念隐喻多层理论的提出和阐释进行。

全书由三部分组成，共分为八章。第一部分只包括第一章，主要探讨当代隐喻研究的问题及出路，着重论述"标准"概念隐喻理论中被学界普遍认同的许多普遍性特征，并指出这些特征所存在的突出问题。第二部分包括第二至第六章，主要介绍 ECMT 的核心思想和基本原理等。第三部分包括第七和第八章，主要介绍 ECMT 的学术地位及价值。

第二章主要从词源角度考察学界普遍认同的概念隐喻映射机制的方向性问题。一般认为，概念隐喻映射机制的方向是从具体概念到抽象概念，且不能逆转。然而从历时的角度看，具体概念也经历了比喻性的（figurative）概念化过程。由此作者指出，无论是具体概念还是抽象概念，都包含两部分：本体部分和认知部分。前者指规约性隐喻所决定的那部分概念内容，而后者指一个给定的具体概念的认知识解方式。决定一个概念意义是字面的还是比喻的，主要取决于到底是本体部分还是认知部分占主导地位。

第三章主要探讨在认知语言学范围内有争议的关联隐喻（correlation metaphors）生成过程中隐转喻之间的关系问题。争论的焦点是关联隐喻的产生是否与转喻有关。作者认为，产生争论的原因主要在于没有认识到隐喻概念结构的层次性，具体而言是未能分清框架和域之间的关系。关联隐喻的产生可以被描述为：在一个类似框架（frame-like）的心理结构中两个元素之间经历转喻概念化和图式化（schematization）认知操作之后，产生了一个初始框架外的概念，这个概念在进一步的隐喻认知操作中或充当概念隐喻的源域，或充当目标域，并且都可以被详述（elaboration），从而产生关联隐喻。基于此，作者通过引入概念结构具有图式性层次的思想，区分了框架和域之间不同的图式性程度。依赖于概念系统中的一些特定特征（概括性和详述），作者指出隐喻具有转喻基础。

第四章主要提出隐喻概念结构多层次性思想。CMT 认为，概念隐喻是两个概念域之间在单一类属层次上的概念映射，然而，真实话语中的隐喻表达并不符合这种映射。换言之，为什么会出现这种话语使用中的隐喻变异呢？作者认为源域概念的概念结构具有高度复杂性，这种复杂性体现在精度的差异上，而经典概念隐喻理论所提出的概念映射机制对这种精度并不敏感。因此，作者提出多层概念映射的新思想：隐喻的概念结构是多层的（分为四个层次：意象图式、域、框架和心理空间），因此，概念映射势必会在不同的层次上发生，即同一精度的概念结构之间的概念映射只发生在图式性程度相同的层次上；源域概念四个层次上的概念结构分别与目标域概念四个层次上的概念结构一一对应，这在一定程度上可以解决概念隐喻普遍性的问题。

第五章主要探讨隐喻认知研究的拓展语境观。CMT 的研究重心是去语境化的概念隐喻，因而难以解释许多使用中的语言隐喻。隐喻的拓展语境观认为，语境是概念隐喻的本质，即概念隐喻既有认知动因，也有语境动因。语境因素主要包含人类与世界在四个维度上的互动内容，它们是情景语境、话语语境、概念—认知语境和身体语境。语境参与隐喻义产生的四个认知过程：无意识选定隐喻的认知操作、说话人接触到各种形式的局部和全局语境、语境因素启动（prime）和建立概念路径。更具体地说，四种语境类型和属于它们的语境因素促使概念化者（无意识地）在话语中选择隐喻，启动效应只有在概念化者（说话者和听话者）能够在预期的目标域意义和被启动的特定经验内容之间建立适当的概念路径时才能发生。受语境影响最直接的图式性层级是心理空间层次。伴随着每一个心理空间的创生，语境会动态地发生变化，并影响一个情境在心理空间中的隐喻概念化。同时，一个反复发生的语境因素可能会导致一个框架或域的重构。语境对心理空间层次的影响是瞬间发生的，而框架和域受到语境的影响则需要更长的时间。

第六章主要探讨如何整合 CMT 和概念整合理论（CIT）的理论优势以解决概念隐喻理论无法处理的一个重要问题，即概念隐喻的生成并非是静态识解的结果，而是一个同时关涉在线和离线加工的过程。从隐喻的多层观来看，隐喻作为一种概念现象可以在四个不同的图式层次上被识别，其中的三个（意象图式、域和框架）是储存在人类长时记忆中的、为人类概念系统提供概念内容的去语境化的概念结构。当说话者在特定的交际环境中交际时，一方面他们会调用大量的隐性知识，即概念系统中稳定的概念内容，另一方面还要考虑当前语境下具体交际目标的限制，这就需要借助心理空间层面上的认知操作才能完成这一复杂的认知任务。语境的影响主要发生在心理空间层次上，而心理空间又是被更高层次（如意象图式、域和框架）的概念单位所结构的。

第七章主要概述 ECMT 中关涉的多层次概念结构所包含的要素及其语境观。ECMT 的多层次本质主要体现为隐喻意义的多样化、概念结构的多样化（意象图式、域、框架和心理空间）、特定记忆类型（长时记忆和工作记忆）的不同，以及特定本体地位（超个体地位、个体地位和次个体地位）的不同。ECMT 的语境观认为：语境和概念一样，都是概念隐喻的本质，且语境因素和人类经验的全部共同参与隐喻意义的生成。

第八章主要提出和论述隐喻认知研究新理论——拓展性概念隐喻理论模型（ECMT）。ECMT 是一个新的整合性隐喻认知研究框架，其是在整合其他隐喻认知研究各种理论优势基础上提出的一个语境本质论主导的、试图诉诸多层次概念结构以解决概念隐喻动态生成复杂性的拓展性隐喻认知分析框架。ECMT 把概念整合理论囊括进去，把概念整合过程中的隐喻映射作为一个发生在心理空间层次上的过程。ECMT 不仅吸收了 CMT 的系统映射观，而且还进一步指出了概念结构的图式性等级，以及不同概念结构之间的互动。它与 Gibbs（2017）的动态系统理论是兼容的，原因在于二者能很好地解释隐喻的创造性和对语境的敏感性。但动态系统理论的本质是一种工作记忆中的、在线的、心理空间层次上的隐喻现象，而未能充分重视另外三个层次（意象图式、域和框架）上的概念结构对隐喻意义生成的影响。ECMT 将概念隐喻看作在线和离线同时进行的认知活动，即人类工作记忆中的在线认知活动（心理空间的概念化）激活长时间记忆中的离线认知中的概念结构（意象图式、域和框架），离线认知中的概念结构可以用来结构在线认知中的概念。

三、简评

（一）解释模型的理论创新

作者所提出的隐喻解释新模型——拓展概念隐喻理论——在以下两个方面具有理论创新性：

第一，提出概念隐喻多层观的新论。主要通过区分概念隐喻之概念结构的多层性以解决隐喻性表达式（故意隐喻）的意义如何被创生和理解的问题。CMT 认为，隐喻性表达式的意义是基于概念隐喻，并诉诸单一类属层次（single generic level）的概念隐喻中的概念映射机制来解释故意隐喻的意义创生和理解过程。但作者认为，两个域之间的概念映射不足以令人信服地弥合故意隐喻的意义和概念隐喻之间所存在的巨大概念差距，而需要补充一种新的、基于四个（或更多）域或者四个（或更多）空间的解释模型。基于此，作者提出概念隐喻多层观：概念隐喻是一种复杂的多层概念结构，同时包含四个图式性程度由高到低的层次——意象图式层、域层、框架层和心理空间层——上的四种不同的概念结构。意象图式层、域层和框架层上的概念隐喻被称作"深层"隐喻，而心理空间层次上的则是"表层"隐喻。"深层"隐喻是本体上图式化程度最高的隐喻，而"表层"隐喻则是图式化程度最低的隐喻。事实上，故意隐喻同时既是故意的，也是非故意的，两者密不可分：它不但具有一个很大的非故意部分，即在意象图式、域和框架层次上的部分，而且实际上是基于非故意隐喻，即基于"深层"隐喻。由此，隐喻多层观诉诸四个（或更多）域或四个（或更多）空间的解释模型来解决故意隐喻的意义创生和理解过程：四个不同层次上的概念隐喻中的概念映射允准不同图式性层面上的隐喻性语言表达，即故意隐喻的意义创生和理解是一个由"深层"隐喻到"表层"隐喻的过程。

第二，提出故意隐喻意义创生和理解新论。ECMT 认为故意隐喻意义创生和理解是多样化、多层次概念隐喻中的多层次概念映射的结果。"我该把你比作夏日吗？"这一源于莎士比亚十四行诗的故意隐喻的意义到底是如何被创生和理解的呢？CMT 的解释是，首先，它是受到其背后的概念隐喻"爱/情感是高温"的允准。其次，"情感/爱是高温"这一概念隐喻中从"温度"这一源域到"情感/爱"这一目标域的概念映射解释了"我该把你比作夏日吗？"的意义，即意为：我该把你比作炙热的情感/爱吗？表达了诗人炽烈的爱慕之心。

ECMT 认为，故意隐喻是一个巨大的非故意概念包的结果。其解释是，首先，"我该把你比作夏日吗？"这一表达式的创生是受到其背后的多样化、多层次概念隐喻的允准，主要关涉四个图式化程度不同的层面上的四个不同的概念隐喻：

意象图式层面上的概念隐喻：强烈度是高温/寒冷；
域层次上的概念隐喻——情感是温度：情感强烈度是高温/寒冷度；
框架层次上的概念隐喻——爱是火：爱的强烈度是火的热度；
心理空间层次上的概念隐喻：诗人之爱的强烈度是夏日温度的高度。
其次，上面四个图式性程度由高到低的概念隐喻分四步渐次弥合了故意隐喻的意义和概念隐喻之间的概念差距。这里关涉到四个图式性程度由高到低的源域：气温、气温高/寒度、火的热度、夏日温度的高度。通过概念映射，这四个源域分别映射到四个图式性程度由高到低的目标域：强烈度、情感强烈度、爱的强烈度和诗人之爱的强烈度。经过四个层次上的四次概念映射，意象图式层面上的概念隐喻"强烈度是高温/寒冷"的图式性程度一步一步降低。最终到心理空间层次上，在语境诱导的作用下，创生了"诗人之爱的强烈度是夏日温度的高度"这一图式性程度最低的概念隐喻。基于这一概念隐喻，我们很容易推理出故意隐喻"我该把你比作夏日吗？"的意义为：我该把你比作炙热的情感/爱吗？表达了诗人极其强烈的爱慕程度。

（二）研究突破

该书的研究突破性主要表现在以下三个方面：

第一，拓展了概念隐喻意义产生的经验基础。CMT 认为，概念隐喻的经验基础源自人类身体与环境的互动，由此带来的后果是，在实际话语和跨文化交际中，隐喻的变异性无法得到有效解释，故此有学者甚至提出摒弃概念隐喻理论。在此背景下，该书作者提出 EMT 广义语境本质论，把语境囊括在概念隐喻的经验基础中，提出语境也是隐喻意义产生的经验基础，但其中基于体验性的经验占据经验基础的中心地位。

第二，把隐喻概念映射原则的适用范围从共时拓展到历时。隐喻概念映射原则是从具体概念域到抽象概念域。然而，基于认知语言学的体验主义哲学基础，抽象概念不是先验的（transcendental），而是体验性的。概念的体验性本质决定了概念的建构性本质，而概念的建构性本质则决定了概念的范式性本质，即每一个概念本质上都是一个概念范畴。有鉴于概念范畴本身的抽象性，从严格意义上来说不仅没有纯粹的具体概念，也没有纯粹的抽象概念。实际使用的隐喻表达式中，许多概念如 smell（嗅觉）不仅可以充当源域，也可以充当目标域。原因在于，共时的具体概念在历时中也可能是抽象概念，这个抽象概念在历时发展中是由隐喻映射原则发展而来的。

第三，提出概念映射机制多层次认知操作思想，将隐喻概念结构的单一层级观发展为多层观。CMT 单一层级的概念映射无法解释话语使用中隐喻意义的多样性和复杂性问题。概念隐喻的多层观实现了概念隐喻系统的统一解释。在系统的横轴上，源域概念和目标域概念之间的概念结构在同一图式层次上进行概念映射。在纵轴上，概念结构根据图式性程度差异分为四个层级。在语言交际中，心理空间层次的隐喻概念结构被语言中的隐喻表达所激活，心理空间中的概念结构填充（fill）了框架层次上概念结构中的角色和角色之间的关系。

框架中的概念结构凸显了域矩阵概念结构的某一个特定方面。域层次上的概念结构继承了一个或多个意象图式的拓扑性意义。至此，各种不同的隐喻意义在这一理论模型中可获得详尽的解释。

（三）理论不足

作为一个高度整合的语言理论，虽然 ECMT 可以系统性地解释隐喻认知研究的普遍性和差异性问题，但仔细阅读这本书，发现 ECMT 存在以下三点不足。

其一，语境的引入是一把"双刃剑"，有可能动摇拓展概念隐喻理论的根基。作者在书中提出：语境作为一种概念材料会参与隐喻意义的生成中，不同的语境类型和语境因素可以诱导隐喻意义的产生。因此，体验不是人类认知的唯一基础，认知是以多种方式为基础的，它还包含情境、语言、身体和认知概念等方面的经验和知识。不同的语言代表不同的社会文化语境。若语境会参与隐喻意义生成，那么，不同的社会文化语境势必造就不同的隐喻系统。由此，不同的社会文化语境中，隐喻变异势必不可避免。若隐喻变异的程度超过某个临界点，势必动摇标准概念隐喻理论的根基。若标准概念隐喻理论的根基不稳，那么，作者所提出的拓展概念隐喻理论的根基也自然不稳。

其二，理论模型的实践操作存在困难。作者根据图式性的程度差异区分了两个重要的术语——"域"和"框架"。虽然作者在理论上界定了这两个术语所涵盖的范围，但这种区分只是理论上的，在语言实践中两者难以完全区分。这是因为，域和框架均为人类大脑中无意识经验知识的组织结构，它们在很大程度上都受到文化和个体经验的限制。若把文化和个体等语境因素考虑进来，"域"和"框架"的完全区分几乎是不可能的：某些社会文化语境中的"域"在另一些社会文化中可能会变成"框架"。此外，对于"存在"这一图式性程度最高的概念而言，其"域"和"框架"是完全重合的。由此，在将拓展概念隐喻理论应用到具体语言分析中时，如何在操作层面上确定域和框架的范围在很大程度存在困难。

其三，理论模型有待验证。作者在该书（第 131、133、167 页）中提到，ECMT 只是一个理论假设，是否具有神经科学和心理学上的现实性还有待于进一步验证。

尽管存在不足，但瑕不掩瑜。该书的主要目的是把隐喻研究放在一个更广阔的认知—功能视野中，从而实现隐喻的统一性解释，真正践行"意义的整体认知研究"（王馥芳，2014：89）。此外，该书的语言通俗易懂，且辅以大量的语言实例分析，非常值得一读。

参考文献

Gibbs, R. W. 2017. The embodied and discourse views of metaphor: Why these are not so different and how they can be brought closer together [M]. // Hampe. B. (ed.). *Metaphor: Embodied Cognition and Discourse*. Cambridge: Cambridge University Press: 319 – 334.

Lakoff, G. & Johnson, M. 1980. *Metaphors We Live By* [M]. Chicago: University of Chicago Press.

Palmer, G. 2006. When does cognitive linguistics become cultural? Case studies in Tagalog voice and Shona noun classifiers [M]. // Luchjenbroers J. (ed.). *Cognitive linguistics Investigations: Across Languages, Fields and Philosophical Boundaries*. Amsterdam/Philadelphia: John Benjamins Publishing Company: 13 – 46.

王馥芳. 2014. 认知语言学反思性批评 [M]. 北京: 外语教学与研究出版社.

王馥芳. 2015. 认知语言学方法论反思性批评 [J]. 外语研究, (1): 5 – 11, 112.

实践理论视域下的市场化翻译行为[*]

——兼评《翻译与实践理论》

朱立刚 郭 铭[**]

摘 要：翻译实践理论是指与具体翻译活动密切相关的理论。当今的翻译活动日益市场化，这让翻译理论面临挑战。Maeve Olohan 的新书《翻译与实践理论》的出版，为我们打开了一扇理解市场情景下翻译行为的大门。《翻译与实践理论》从社会实践学的独特视角对当今市场主导的翻译格局进行了较系统的分析。本文通过回顾市场化翻译活动特点，从翻译的物质要素、能级要素和示意要素三方面对翻译实践问题进行了探讨。

关键词：实践理论 翻译市场化

Title: A Study of Commercial Translation Activities from the Perspective of Practice Theory and Comments on *Translation and Practice Theory*

Abstract: Practice translation theory refers to the theory related with concrete translation theories. Nowadays, translation is growing commercialized. Maeve Olohan's new book *Translation and Practice Theory* opens a door for us to understand translation activities in the context of market from a unique perspective of practical commercial translation activities. We will introduce this volume systematically, with a review of the development of commercial translation features from three dimensions, such as physics, competence and meaning.

Key words: Practice Theory, Translation, Commercialization

一、引言

近年来，西方翻译研究的关注热点逐渐从产品、过程转移到翻译行为。表

---

[*] 本文受新疆维吾尔自治区教育厅"印度媒体与智库涉疆舆论语料库考察和认知话语分析"项目资助，特此感谢。

[**] 朱立刚，新疆大学副教授，研究方向为翻译、语言学理论与实践。郭铭，河北经济贸易大学硕士，研究方向为语料库翻译学。

现之一是视听、脑电、眼动跟踪（Muñoz，2016；Lacruz & Jääskeläinen，2018）等物质行为研究的涌现。表现之二是对这些现代工具和研究手段提供理论支撑。我们知道，翻译是一项复杂的社会活动，任何脱离理论支撑的现代工具都难以从根本上解决问题。图里（Toury）（1995）曾经指出，翻译需要大量的实践性和描述性的理论而非传统的规定性（prescriptive）的理论。这样看来，从社会学和功能主义的角度切入翻译研究是非常必要的。

当前的翻译理论纯学术色彩浓厚，对如今以非文学的市场化的翻译为主的实践研究尚有缺憾，比如更多关注较抽象的译者思维或风格，对工作间（workplace）、肢体（body）等因素很少留意，而这些恰恰是实战中最不可或缺的。在此背景下，曼彻斯特大学翻译与跨文化中心助理教授奥洛汉（Maeve Olohan）推出新作《翻译与实践理论》，目的是借助社会实践学理论视角，更好地描述、解释当下带有广泛社会与物质性（socio-material）的市场翻译行为。国内对奥洛汉（Maeve Olohan）的了解主要来自她的《翻译研究语料库入门》（罗选民等，2005）和《科技翻译》（黎斌、马欣，2017）。此后，奥洛汉逐渐由技术转向理论，2021年由劳特利奇出版社出版的《翻译与实践理论》便是她不懈探索的结晶。本文针对日益市场化的翻译活动进行特点梳理，同时对奥洛汉著作的主要内容及价值加以评析。

二、翻译实践理论研究特点

翻译不仅是思想的交流，更是一门实践科学。傅雷、许渊冲等老一辈翻译家都把实践看作第一理论。首先，实践理论主要基于真实的译者行动和多样化、市场化的翻译活动，对实践理论的本质属性、核心要素以及动态过程进行挖掘。以往研究有的以更宏观和全面的视角，对翻译社会实践背后宏大的社会体系进行描写、重构（邢杰等，2016），有的以高度学术化的范式，比如，欧洲很多研究是将译员的反应作为一种不同情景模式下的口笔译测验（Littau，2016）。不过，无论是宏观考察还是干预下的行为实验，都同真实处境存在差距。此外，他们取材单纯，优先选择富有文化性、符号性的文本，知名作家、翻译家和偶然的大事件。奥洛汉（p. 18，56）认为稳定、频繁，能够重复产出和再现的实践更有意义，因此将研究对象定位在行业的主力军，即普通译者和语言服务机构及其实时的（real-time）工作状态，考察活跃在民间的以翻译为谋生手段的群体，关注工作间、肢体等微观要素，这些都是行为人的典型特征。

翻译活动具有社会复杂性，很容易陷入实践理论研究中所难以避免的琐碎化问题（Reckwitz，2002：25），对非文学的市场化的翻译实践的指导力不够。对此，奥洛汉排除其他因素干扰，以物质、示意和能级要素为主线，聚焦各要素在翻译实践中的运作方式与交互作用。在具体的理论分析中，通过要素分析，很好地揭示了作为实践主体的译者和语言服务机构和作为实践客体的翻译工作之间的微妙关系。

其次，实践理论研究多致力对实践的深层整合和思想建构，触发了"第三代"社会翻译研究热潮。20世纪70年代布迪厄（P. Bourdieu）的《实践理论概要》是实践理论的先驱。第二代实践理论以本世纪初Schatzki、Reckwitz等提出"理想化实践"理论为代表。当代的奥洛汉和Shove等人属于第三代实践研究（p.20）。前两代人的探讨终其一点，离不开思想活动，而第三代实践研究的特点是更关注物质和思想的互动。例如，从力学和医学等角度考虑译者"肢体"要素的变化是如何影响翻译结果的。Bourdieu理论架构中，核心解释单位是"惯习"（habitus），实践概念不是一个明确的单位。奥洛汉将实践概念提升到实体的高度，试图以实践理论来回答"翻译是什么"的问题。这也是基于实践的解释和实践理论的区别（Schatzki，1996：153）。

奥洛汉的特点是一方面对社会翻译理论的一次深层次的整合。其创造性地将Schatzki构成实践组织原则的理解、规则和意识—情感结构与Shove等（2012）提出的物质、能级、示意要素结合起来，并用于探讨翻译实践的联系和演进。比如，一个翻译决策并非译者主观想法，而是肢体与外界的人事、理性和物质资源的实践连接机制作用的结果，体现了物质资源配置有规律组合和流动。另一方面，奥洛汉提出将实践理论作为概念方法，并把它作为一个底层思想。该书将实践理论要素与市场化的翻译进行对接，将大量日常实践与翻译进行类比，比如和饮食、驾驶、医疗等进行类比。奥洛汉的要素分析涉及视角、框架、方法和评估体系。值得注意的是，书中的很多概念渗透着生物翻译学的思想，比如束列、中枢、连接等。实践被视为特定时间、场所的肢体活动，具有特定的意图，包括各种不同的知识和材料。正如作者所言（p.130），实践理论将让翻译学者重新认识翻译活动的能产性及其社会物质复杂性。

三、本书的内容与思想

全书分8个章节，第1—2章引言部分是问题概述与理论导入，第3—5章深入剖析了实践理论三个组成要素，第6—7章是要素之间的互动及演进，最后一章是方法论总结。引言部分先以一个典型自由译者的工作体验，即

L. Mounzer 译《巴黎评论》的经历为切入点，在充分观察和理论思考后，提出商业化背景下的实践理论的构想。具体而言，当下的翻译实践由哪些要素构成，彼此之间有何关联？实践理论框架能否应对翻译研究面临的挑战？

作者首先关注产品、过程到实践三个环节。"以译文为导向"和"以翻译过程为导向"长期占据主导地位。但翻译与社会密不可分，受社会学理论启发，翻译研究开始朝译者中心转移。本章对这一趋势进行概述，认为译者研究的重点在于追溯普通从业者的实践轨迹，比如个体、机构译者的工作间（比如家庭、医院、学校）及工作模式。社会上大部分是非文学的市场化翻译，由无数自由译者完成，他们一般借助中间机构"语言服务提供商"（LSP，简称"服务商"）来接收任务和获取报酬。作者采取民族志方法对三类服务商（包括 2~3 个雇员的 LSP1 和 LSP4、40 个雇员的 LSP2）的项目经理、译员、行政和技术人员进行了长达 250 个小时的跟踪记录，并对 6 名项目经理和 6 名总经理做了访谈，巧妙地将翻译活动引入实践理论的研究范畴。

实践理论假设是该书的立论基础。作者从哲学渊源、工作定义和研究范式三个方面总述了早期的实践理论，系统分析了 Schatzki（1996）的实践组织原则与 Shove, Pantzar & Watson（2012）提出的实践"三要素"模型。在此基础上，提出实践理论是一种概念方法（conceptual approach）。具体而言，实践概念的组织有赖于"理解""规则"和"意识—情感结构"。根据 Schatzki 的理论，理解（包括实践性理解和通识性理解）就是"说"和"做"，两者通过规则连接起来，而意识逻辑负责说与做的内容，情感是说与做的心理预设标准，即有所鼓励抑或仅是可接受的。根据 Shove 等，实践有"三要素"，即"物质"（materials）、"能级"（competence）和"示意"（meaning），实践要素既作为具体行动（practice-as-performance），又作为该行动在时空向度延伸的实体（practice-as-entity）。

任何实体必有物理和化学成分，涉及物质要素、能级要素和示意要素（第 3—5 章）。一方面，作者将翻译的物质要素分为两大类：一类为译者的肢体，作为说和做的承载者；另一类为其他物质实体，包括基础设施、设备和资源。网络、信息通讯平台（ICT）是基本设施，电脑、翻译软件（memsource、CAT）是设备，工作间里能源消耗是资源参与。工作间的传统词典正在被自动语音识别、术语库等先进设备工具取代，新的语言学工具达 17 种。另一方面，作者从物质要素视角分析了记忆库的运用。一般企业都有自己的翻译记忆库，大型服务商（LSP3）甚至还配备 20 多种 CAT 软件。记忆库有利于译者间的交流共享，利用记忆库数据，译者根据手头的任务进行检索和匹配，然后选择采用历史译文或自行编辑。

"能级"是实践最活跃的要素，指理解的多种实现形式和实践知识。实践知识（knowing-in-practice）帮助我们理解说和做如何在专业工作中不断产出和复现，这种理解就是能级。对此本章分三方面来探讨。首先是能级范域的多维扩张趋势，从语言、翻译到文化、技术等。其次是能级获取的详细分析，即知识如何从一个局部实践中抽象出来运用到其他地方的实践中去。最后是译者培训和招募中的能级训练。这里将学习实践与翻译实践进行区分，前者的示意、物质和能级是学校普遍知识，后者会介入专业的能级，属于实质性实践，因此在翻译工作间的培训比课堂里的更有效。

"示意"指任何一次实践参与带来的社会性与象征性意义的合称，它可以理解为一项实践的发起原因、方法、目的、评价标准、实施准则和完成意义。实践性理解主要是如何完成肢体动作，示意则涉及人们所掌握的、意识的和熟知的事物。示意要素不是实践活动的具体内容，而是形而上的原则。本章依照前文第 2 章的概念定义，从通识性理解、规则以及意识—情感结构三个角度剖析了专业人员面对的从构思到执行的各环节的问题，例如，示意要素如何作用于服务商从事的一系列翻译活动，包括口译、配字幕、配音、桌面出版（DTP）、语言质保（LQA）、编辑审校（TEP）和机译后编辑（PEMT）。

实践之间的连接和发展演化如何进行？作者指出，实践要素相互依赖和连接方式决定实践的产生、留存和改变。实践的基本单位是"物质组织"（material arrangement），它们将形成"束列"（bundle）［实践理解（说和做）加物质组织］，束列可进一步组合形成更庞大的实践"集群"（constellations）。作者分析指出，翻译项目是一次实践协同（Plenum of Practice），要经历从物质组织（CAT 的应用、原文—译文逐句核对）到束列（审校、定稿、项目管理等）再到集群（出版）的过程，期中关键的连接是理解的达成和意识—情感结构。实践和集群的联系方式主要是共依赖性（co-dependence），比如，负责任务分派的项目经理要从 LSP 数据库记录中找到背景匹配的译者。肢体与物质之间的连接互动最密集。比如，译者同时是文本和社会的建构者，体现了身体与物质对象、常识和专门知识的连接。

实践内部各要素的发展的必然结果，即实践的演化。时代的进步日新月异，领域术语在更迭，比如肯塔基的葡萄酒业由农业到工业模式。并且，在线神经网络机译（NMT）、记忆库和机译结合、人工智能等技术也在升级。随着物质设备的剧烈变化和顾客要求的攀升，2018 年后使用机译和 CAT 的服务商已超过半数。根据对译者工作间的实地调查，新的翻译实践比传统实践在要素分布上有显著改变。比如，译后编辑由专门的人员的工作变为译者份内的事，对能级提出了新的要求。桌前软件条件在持续更新，译者平均 1/3 的时间花在领域研究，陌生任务的时长付出会增加50%。

最后，概述翻译实践的研究法（第8章），以A. Mol在《多重身体》中的动脉硬化病症为例，展示了如何从实践理论角度理解病例在不同医疗部门的连接。类比Mol使用的民族学和本体论方法，探讨翻译实践研究的方法论特征。作者认为，翻译实践研究要遵循从理论到实证的整体性原则。根据Mol思路，分析了实践研究的民族志法常用的长期观察、情景访谈、聊天等具体方法的优势与不足。作者总结了翻译实践研究所面临的一些挑战，比如如何选择要研究的服务商、如何进入译者工作间、对服务商的跟踪调查能否正式获批等。最后，描绘了实践领域有待探索的新兴领域，尤其是特定翻译的现场和参与者情况，实践的溯源、矛盾和权力制约等。

四、结语

该书难免有不足之处。比如，研究过程过度追求要素的逐个参与，实际上物质、肢体、情感要素常常混合交织起来，很难达到作者所希望的理想化分割。并且，实践理论的解释力仍然存疑，商业性翻译的实际操作中很少听命于理论的摆布，比如，作者在对工作间的考察时发现，很多译者并未严格按照翻译流程进行译后的检查、编辑。

从书中的论证来看，以"三要素"的具体条目的阐释为轴心，主要是对shovel等人提出的理论的平移和完善，缺少范式的突破。这种方式对于翻译学概念的创新有积极作用，但只是提供了大量社会学、生物语言学等概念方法的配套工具（toolkit），很难基于翻译本身来构建起一个普遍的实践理论。此外，有的理论问题仍有待论证，比如哪些元素之间的连接是中心节点？实践的核心原则是"理解"还是"意识—情感"？当然，这些也是作为该书逻辑起点的Schatzki和Shove等理论的症结所在。最后，对翻译过程的分析的研究范本较少，主要来自语言服务商发布的公用语料，因此涵盖面较窄。当然，这些问题也为后来的探讨留下了充足的空间。

总而言之，《翻译与实践理论》一书有着很强的理论和应用价值，它是在具体市场场景中谈实践理论，有助于完善实践翻译学的框架。从研究法的角度，该书资料来源广泛而生动，对新时代、新领域的翻译具有方法论启示。翻译步入了数字人文时代，随着时代发展进化出很多新的翻译实践。自由译者和翻译服务中介、翻译协会和技术公司等诸多参与者也在与时俱新。作者敏锐地捕捉到新的业态特征，从实践理论的视角对新涌现出的神经网络、手机翻译、云端管理、人工智能等进行了分析，并从元素变化发展角度解释了不同实践的淘汰、更替的原因。由于翻译实践始终处在复杂而动态的社会环境，书中采用了互动论方法（interactionist），即综合运用了包括民族志式长期观察、民族志访谈、田野调查、案例分析、事后分析等方法，拓展翻译研究视野，为口笔译实践教学提供了参考。从这个角度讲，《翻译与实践理论》非常值得一读。

参考文献

Lacruz, I., Riitta, J. 2018. *Innovation and Expansion in Translation Process Research* [M]. Amsterdam and Philadelphia: John Benjamins.

Littau, K. 2016. Translation and theatricalities of Communication [J]. *Translation Studies*, (1): 82–96.

Reckwitz, A. 2002. Toward a Theory of Social Practices: A Development in Culturalist Theorizing [J]. *European Journal of Social Theory*, 5, (2): 243–263.

Schatzki, T. R. 1996. *Social Practices: A Wittgensteinian Approach to Human Activity and the Social* [M]. Cambridge: Cambridge University Press.

Toury, G. 1995. *Descriptive Translation Studies and Beyond* [M]. Amsterdam: Benjamins.

Shove, E., Pantzar, M. and Watson, M. 2012. *The Dynamics of Social Practice* [M]. London: SAGE.

Muñoz, M. R. (ed.). 2016. *Reembedding Translation Process Research* [M]. Amsterdam and Philadelphia: John Benjamins.

黎斌, 马欣. 2017. 科技翻译教材的新视野：奥洛汉的《科技翻译》评介 [J]. 中国科技翻译, 30 (1): 3.

罗选民, 董娜, 黎土旺. 2005. 语料库与翻译研究：兼评 Maeve Olohan 的《翻译研究语料库入门》[J]. 外语与外语教学, (12): 52–56.

邢杰, 陈颢琛, 程曦. 2016. 翻译社会学研究二十年：溯源与展望 [J]. 中国翻译, (4): 14–20.